U0904782

中国西部地区
自我发展能力及其构建研究

Research On the Construction of the Self-development Capacity in Western China

孙根紧 著

西南财经大学出版社

图书在版编目(CIP)数据

中国西部地区自我发展能力及其构建研究/孙根紧著.—成都:西南财经大学出版社,2014.6
ISBN 978-7-5504-1448-8

Ⅰ.①中… Ⅱ.①孙… Ⅲ.①西部经济—区域经济发展—研究
Ⅳ.①F127

中国版本图书馆CIP数据核字(2014)第128678号

中国西部地区自我发展能力及其构建研究
孙根紧 著

责任编辑:刘佳庆
助理编辑:孙志鹏
封面设计:杨红鹰 墨创文化
责任印制:封俊川

出版发行	西南财经大学出版社(四川省成都市光华村街55号)
网　址	http://www.bookcj.com
电子邮件	bookcj@foxmail.com
邮政编码	610074
电　话	028-87353785　87352368
照　排	四川胜翔数码印务设计有限公司
印　刷	郫县犀浦印刷厂
成品尺寸	170mm×240mm
印　张	15.5
字　数	290千字
版　次	2014年6月第1版
印　次	2014年6月第1次印刷
书　号	ISBN 978-7-5504-1448-8
定　价	49.80元

摘 要

缩小地区差距、促进区域协调发展不仅是提升我国国民经济整体效率，推动国民经济平稳发展的迫切需要，也是构建社会主义和谐社会，实现社会公平的必然要求。新中国成立以来，党和政府为缩小西部地区与东部沿海地区之间的发展差距，实现东、中、西部三大经济地带的协调发展做出了不懈努力。尤其是西部大开发战略实施以来，西部地区在国家纵向投资和高速度工业化的外部驱动下实现了经济社会的较快发展，但时至今日西部地区与中东部地区之间的发展差距依然存在，而且发展差距的缩小速度越来越慢。基于此，我们不禁会产生这样的疑问：导致西部地区与中东部地区之间产生发展差距的根本原因究竟是什么？西部地区依靠大规模投资实现的快速发展是否具有可持续性？一旦外部推动力量消失，西部地区是继续实现快速发展，还是原地踏步、停滞不前，抑或重返贫穷与落后？

这些疑问的答案就在西部地区自我发展能力构建之上。

构建西部地区的自我发展能力，是实现西部地区经济社会持续健康发展，进而缩小与中东部地区的发展差距，促进区域协调发展的根本要求。2010 年 7 月中共中央、国务院召开的西部大开发工作会议强调指出，今后 10 年是深入推进西部大开发承前启后的关键时期，新形势下深入实施西部大开发战略，必须以增强自我发展能力为主线。《中华人民共和国国民经济和社会发展第十二个五年规划纲要》中也明确提出，深入实施西部大开发战略，要“大力发展科技教育，增强自我发展能力。”由此以来，在新一轮西部大开发纵深推进的过程中，西部地区的发展重点已从生态恢复重建和基础设施建设，转向西部地区自我发展能力的培育与提升之上。因此，在这样的新形势下，探讨西部地区自我发展能力及其构建具有重要的理论价值和实践意义。

本书围绕“西部地区自我发展能力的培育与提升”这一主题，利用文献分析法、比较分析法、历史分析法，以及规范分析与实证分析相结合、定性分析与定量分析相结合的分析方法展开研究。我们在对关于区域自我发展能力的国内外研究文献进行细致梳理和简要述评之后，对区域自我发展能力的概念和内涵进行了重新界定，构建了区域自我发展能力形成机理的理论模型，探讨了区域自我发展能力的生成机制。通过设计一套区域自我发展能力评价指标体系，对我国西部地区的自我发展能力水平进行了实证分析，并在对国外欠发达地区自我发展能力培育的经验与教训进行归纳总结的基础上，对我国西部地区自我发展能力提升进行了战略分析。通过研究我们发现，目前西部地区自我发展能力水平低下，而且呈现出区域差异性特征；西部地区的自我发展能力现状是多种影响因素相互作用的综合结果，因此通过区域开发逐步构建西部地区的自我发展能力，是推动西部地区持续健康发展的根本要求。在新形势下构建西部地区的自我发展能力，应从战略高度采取各种有效措施对区域自我发展能力进行培育和提升。

本书可能存在的创新之处有以下四点：

第一，科学界定了区域自我发展能力的内涵。本书认为，区域自我发展能力是指在发展过程中，区域主体基于自身现实条件，依靠系统内部发展机制，充分利用区域内外部的各种资源，发挥区域优势、扬长避短，挖掘区域发展潜力，激发区域活力，以实现区域内部经济、社会、生态、文化等持续健康发展的一种能力。它是一种综合性概念，强调在开放环境下，依靠区域系统自身力量对区域内外部的各种资源进行优化配置以实现区域的内源性发展，其本质是区域系统利用自身力量对区域内外各种资源实现优化配置的能力。区域自我发展能力具有空间一般性，欠发达地区、中等发达地区和发达地区都面临着地区自我发展能力培育、提升或维持问题。

第二，在区域自我发展能力阶段性特征分析中，我们将一个地区的自我发展能力水平发展分为四个阶段：初始发展阶段、较低自我发展能力水平阶段、较高自我发展能力水平阶段和完备自我发展能力水平阶段。通过阐述一个地区在每个自我发展水平阶段的发展表现，间接回答了“一个地区实现什么样的发展状态，才算是具有了自我发展的能力?”这一问题。

第三，构建了区域自我发展能力形成机理的理论模型。虽然区域自我发展能力的承载主体是区域内部企业、家庭、地方政府和非政府组织，但区域自我发展能力形成的推动主体除上述四类行为主体外，还包括区域外部的中央政府和其他地区。区域内部企业、家庭、政府和非政府组织在区域自我发展能力的形成过程中发挥根本性基础作用，而来自中央政府和其他地区的推动力量要通过区域内部行为主体发挥作用，但其作用程度的强弱则能够加快或延缓地区自我发展能力的形成进程。

第四，为“西部地区自我发展能力低下”这一论断提供了有力证据。通过构建区域自我发展能力评价指标体系，对东、中、西部地区自我发展能力对比分析，研究结论直接支持了“西部地区自我发展能力低下”这一直观判断，也为东西部地区发展差距的长期存在找到了深层次原因，为实现区域协调发展提供了一个全新的视角。

关键词：区域自我发展能力；资源自我优化配置能力；生成机制；西部地区；评价分析

Abstract

It is not only the urgent need for enhancing the overall efficiency of the national economy and promoting the stable development of the national economy in China, but also is the requirement for constructing the socialistic harmonious society and realizing the social equity, to promote the regional development coordinately with narrowing the gaps among regions. Since the founding of New China, we have made unremitting efforts to narrow the disparity between the western regions and the eastern coastal areas, aimed to coordinate the development among the three major economic zones. Especially since the Strategy of Western Development, the western region has achieved the rapid development of economy and society, under both the external driving of the national longitudinal investment and the high-speed industrialization, but today there is still the development gap between the western regions and the eastern areas, and the gap-narrowing speed is getting slower.

Based on this, there can't help but produce such questions: what is the fundamental reason for the development gap between the western regions and the eastern earns? Whether is the model of development sustainable relying on the large-scale investment in the western region? Once the external force disappearing, will the western region continue to develop quickly, or stand still, or return to the poverty and backwardness?

The answers to these questions may be depending on the construction of regional self-development capability in the western region.

It is the fundamental requirement for achieving economic and social development sustainablly and healthly in the western region, and thus promoting the regional development coordinately with narrowing the gaps among regions, to build the capacity of self-development in the western region. In July, 2010, CPC Central Committee stressed in a work conference that it is the critical period for promoting the western region's development for the next ten years, and it must enhance the self-development ability as the main line, to further the implementation of the western development strategy. The 12th Five-Year Plan of The People's Republic of China's National Economy and Society Development put forward that clearly, for the in-depth implementation of the Western Development Strategy, we should enhance the capacity of self-development by developing science, technology and education vigorously. Thus since the new round of large-scale development of the western region deepening, the focus of western region development turns from ecological restoration and reconstruction and infrastructure construction, to enhancing western regions' ability of self-development. In this new situation, it has important theoretical value and practical significance to explore the self-development capabilities in the western region.

This paper focuses on the theme of the promotion of western region's self-development ability, using literature analysis, comparative analysis, historical analysis, specification analysis & empirical analysis combining qualitative analysis and quantitative analysis combining analysis to expand research further. In this paper, the innovative points that may be existing are the following:

Firstly, the concept of regional self-development capacity is be defined scientifically in this paper. There argues that the regional self-development capacity is a comprehensive concept, which emphasizes the use of various resources to achieve regional endogenous development in an open environment, relying on its own strength of regional system. Its essence is the ability to optimize the allocation of a variety of resources with the regional systems' own strength.

Secondly, in the analysis of the regional self-development stagical characteristics, we divide the promoting process of regional self-development level into four stages: an initial capacity stage, the lower level of self-development capacity stage, the higher level of self-development capacity stage and a complete self-development capacity level stage. By describing the performance of a region in various stages, we answered indirectly that "what kind of development state is realized for that, it is considered to have the self-development ability for a region?"

Thirdly, the theoretical model of the formation mechanism for the regional self-development capacity is built in this paper. The bearing bodies of regional self-development capacity include intra-regional enterprises, families, local governments and non-governmental organizations, in addition to the above four categories of actors, the promoting bodies include the Central Government and other regions. Intra–regional enterprises, families, local governments and non–governmental organizations play the basic roles in the formation process of regional self–development capacity, the driving force from the Central Government and other regions play roles through intra–regional actors, to speed up or slow down the rate of formation of the self–development capacity.

Fourthly, we provide the strong evidence for that western regions' self–development capacity is low, by building regional self–development capability evaluation index system, and then doing the comparative analysis for the self–development ability of the eastern region, the central region and the western region. We have found the deep–seated reasons for the long–term existence of the development gap between the eastern region and the western region, and provided a new perspective for the realizing the regional development coordinately.

Key words: Regional Self–Development Capacity; the Ability of Configure Optimally Resources by Oneself; the Generation Mechanism; Western Region; Evaluation and Analysis

目 录

第一章 导论

第一节 选题背景和意义

一、选题背景

（一）历史背景：中国区域发展战略不断转变

中国是一个区域发展差异极大的发展中大国，各个地区的发展基础和发展条件千差万别，从而导致各个地区的发展水平相差悬殊。这种在长期发展过程中逐步形成、并在以后相当长一段时间内还要长期存在且有逐步扩大趋势的地区发展差距，已经严重影响到了我国国民经济运行中资源的空间配置效率，经济发展的速度和质量，以及经济社会发展的公平性。因此，缩小地区发展差距、促进区域协调发展不仅是提升国民经济整体效率，推动国民经济平稳发展的迫切需要，也是构建社会主义和谐社会，实现社会公平的必然要求。

新中国成立以来，党和政府在经济社会发展过程中分阶段实施了侧重点各不相同的区域发展战略，努力在经济效率与社会公平之间寻求平衡，以期缩小西部地区与东部沿海地区之间的发展差距，实现东、中、西部三大经济地带的协调发展。从时间维度看，新中国成立后，我国区域发展的总体战略依次经历了区域均衡发展、区域非均衡发展、区域协调发展和区域统筹发展四个阶段的历史演变过程。在这一过程之中，西部地区经济社会的发展方式和发展重点发生了巨大转变：由“嵌入式”发展来奠定工业基础，到“维持性”发展来输出原材料和初级产品，到“援助式”发展来加强能源与原材料基地建设、扶贫开发以及生态环境重建，再到“大开发式”发展来统筹西部地区经济、社会与生态环境之间的协调发展。

1. 第一阶段（1949—1978 年）：区域均衡发展战略阶段

从战略背景看，新中国成立伊始，我国经济发展面临着复杂而又严峻的国内和国际形势。从国内情况看，新中国成立后我国生产力基础极其薄弱，国民经济体系千疮百孔，百废待兴，而且生产力布局也极不合理，由旧中国遗留下来的近代工业绝大多数分布在东部沿海地区。有统计数据显示，在占全国面积不到12%的东部沿海地区，集中了中国当时70%的工业，而内地绝大部分地区的经济发展水平仍然处于自然经济和半自然经济状态。工业生产区位与资源富饶的西部地区相距甚远，导致了工业生产与原料产地的严重脱节，这一生产力布局状况在很大程度上阻碍了国民经济的恢复和发展。从国际形势看，世界上资本主义与社会主义两大阵营赫然对峙，新中国依然面临西方资本主义国家的敌视、封锁与孤立，国家安全依然受到严峻挑战。

以毛泽东为核心的第一代中央领导集体出于平衡生产力布局和国家安全的考虑，主张“战略与策略西移”，把经济重心从东部沿海地区逐步向中西部地区转移。在“一五”时期，全国实施了156项工业发展重点工程，东部沿海地区仅有27项，东北老工业基地有54项，而内地就有75项，这些项目的实施有力推动了中西部地区的工业快速发展，以及太原、兰州、西安、洛阳等新的工业基地的形成。[①] 在“三五”时期，中西部地区的工业发展重点是建立相对独立的工业体系，同时加大对西南地区和西北地区大型水电站的建设力度。20世纪60年代后期到改革开放前，国家以国防安全出发开展了轰轰烈烈的“三线建设”。从“二五”时期到“五五”时期，我国内地基本建设投资在全国基本建设投资中所占的比重超过了50%。各个时期沿海与内地基本建设投资比例如表1.1所示。

表1.1　　各时期沿海与内地基本建设投资所占比重（%）

地区	“一五”时期	“二五”时期	1963—1965	“三五”时期	“四五”时期	“五五”时期	“六五”时期	“七五”时期	“八五”时期	“九五”时期
沿海	36.9	38.4	34.9	26.9	35.5	42.2	47.7	51.3	52.9	52.3
内地	46.8	56.0	58.3	64.7	54.4	50.0	46.5	39.9	38.2	40.3
沿海/内地	0.79	0.69	0.60	0.42	0.65	0.84	1.03	1.29	1.39	1.30

资料来源：陆大道，等.中国区域发展的理论与实践［M］.北京：科学出版社，2003：112.

从实施效果来看，经过这一时期的内地建设，国内不合理的生产力布局状况得到了改善，国家安全得到了有效保障。对毫无工业基础的西部地区而言，这一时期的大规模建设奠定了西部地区的工业基础，推动了西部地区国民经济

① 聂华林，李泉，杨建国.发展区域经济学通论［M］.北京：中国社会科学出版社，2006：696.

的快速发展。但这是一种“嵌入式”发展，其中的建设项目不仅无法融入当地经济体系，而且相互之间也无法建立起正常的经济联系，难以实现关联效应和规模效应。① 与此同时，大量人力资本与物力资本进入西部地区，在一定程度上削弱了东部地区的经济发展动力。因此，这一阶段的均衡战略是一种强调公平忽视效率的低水平均衡战略。1979 年，国家提出了调整国民经济发展的战略方针，这种低水平的均衡发展战略随即停止，整个国民经济建设即将进入一个崭新的历史时期。

2. 第二阶段（1979—1991 年）：区域非均衡发展战略阶段

从战略背景看，20 世纪 70 年代末到 80 年代，国际国内政治和经济形势出现了一系列新的变化。全球冷战格局得到缓和，国家领导人对世界局势做出了新的判断——和平与发展是当今的时代主题；一些西方工业发达国家的产业结构已经开始进入转型升级阶段，新一轮的国际分工和国际产业转移初现端倪，这为中国东部地区的经济发展提供了大好机遇。为尽快融入国际经济分工体系中，中国政府已经开始进行经济体制改革，大力倡导外向型经济发展。

在此背景下，为促进国民经济高速增长，提高宏观经济效益，增强国家经济实力，尽快缩小与西方发达国家之间的发展差距，中央政府决定将工作重心转移到社会主义现代化建设上来，实行经济体制改革，由计划经济体制向有计划的商品经济体制转变。在邓小平“两个大局”战略构想指导下实施非均衡区域发展战略②，优先支持区位条件和经济基础较好的东部沿海地区经济发展，在国家资本投资重点东移的同时，逐步开放沿海地区，以吸引外资，承接国际产业转移。在这一时期，西部地区作为矿产资源和原材料基地，采矿业和原材料初级加工业得到了一定程度的发展。③

从实施效果看，非均衡发展战略秉承“效率优先”原则，激发了国内经济的发展活力，推动了沿海地区经济的快速发展。但对西部地区来说，这是一个被遗忘的年代，作为能源和原材料基地，大量资源从这里源源不断地被输出，而且要在不平等的价格体系下面临“双重利润损失”，资本积累能力被大

① 林善炜. 中国经济结构调整战略［M］. 北京：中国社会科学出版社，2003：360.

② 在研究经济发展规律和总结我国经济建设的经验教训的基础上，邓小平提出了“两个大局”的发展战略思想，“沿海地区要加快对外开放，较快地先发展起来，从而带动内地更好地发展，这是一个大局。内地要顾全这个大局。反过来，发展到一定的时候，又要求沿海拿出更多力量来帮助内地发展，这也是个大局。”参见卫炜，刘客. 邓小平理论发展史［M］. 上海：上海人民出版社，2002：401.

③《中国国民经济和社会发展第七个五年计划》进一步把全国划分为东部、中部、西部三大经济地带，提出“要加速东部沿海地带的发展，同时把能源、原材料建设放到中部建设，并积极做好进一步开发西部地带的准备。”

大削弱，自我发展发展后劲不足，东西部地区之间的发展差距进一步扩大。①

3. 第三阶段（1992—1999 年）：区域协调发展战略

从战略背景看，在非均衡发展战略推动下，东部地区经济发展迅速，国内各种形式的经济合作活动蓬勃开展，区域经济呈现出日益活跃的态势。但在这种繁荣景象的背后，各个地区的经济发展差距不断扩大，地区之间的发展矛盾和贸易摩擦不断加剧，“诸侯经济”遍地开花，地区差距与地方保护主义问题亟待解决。中国国民经济发展的战略重点也应该由东部沿海地区向中西部地区转移，从“效率优先”向“兼顾公平”转变，以期顺利解决沿海同内地的贫富差距悬殊问题，实现共同富裕，以及区域经济的协调发展。

为了优化生产力布局，促进地区经济的持续健康发展，中国共产党在十四大报告中明确提出，各个地区在经济发展过程中要遵循“因地制宜、合理分工、优势互补、共同发展”的原则，加强区域交流与合作。1994 年，国务院在《90 年代国家产业政策纲要》中明确提出“在继续发挥经济发达地区优势并加快其发展的同时，积极扶持欠发达地区的经济发展，逐步缩小经济发达地区与欠发达地区的差距”，这是中央政府文件第一次明确提出缩小地区差距的区域发展要求。

1995 年 9 月，《中共中央关于制定国民经济和社会发展“九五”计划和 2010 年远景目标的建议》中明确提出，在今后相当长的一段时间内，我国的国民经济和社会发展要“坚持区域经济协调发展，逐步缩小地区发展差距”，这标志着我国的区域发展总体战略正式进入区域协调发展战略阶段。中央政府在产业政策、项目政策、财政政策、外资政策、扶贫政策以及地方合作政策等诸多方面向中西部地区倾斜，给中西部地区更多倾斜性政策支持，以期推动这些地区的较快发展，实现与东部地区的协调发展。②

从实施效果看，在国家和东部发达地区的支持与援助下，西部地区投资增长明显加快，但是由于西部地区基础薄弱，没有形成自身的资本集聚与积累能力，经济发展速度仍然较慢，与东部地区的发展差距也在不断扩大；农村地区扶贫工作效果显著，但部分地区的生态环境处于持续恶化状态。因而，从总体看来，西部地区仍未形成自我发展能力。

4. 第四阶段（1999 年至今）：区域统筹发展战略阶段

从战略背景看，中国东西部地区发展差距的历史存在和过分扩大，长期困

---

① 从 1979 到 1992 年，东部地区与西部地区之间人均国内生产总值的相对差距，由 43.3%迅速上升到 49.9%。参见陆大道，等. 中国区域发展的理论与实践［M］. 北京：科学出版社，2003：121.

② 余永跃. 当代中国西部大开发的制度创新［M］. 北京：中国社会科学出版社，2005：221.

扰着国民经济的持续健康发展，历史的脚步已经走到亟须实现“两个大局”中后一个“大局”面前；国民经济结构的调整与产业结构的优化升级都要求西部地区承接从东部转移过来的加工工业；加之受国际金融危机影响，我国出口受阻，外贸需求不足，西部地区的开发可以为经济发展提供更为广阔的需求市场。在此背景下，党的十五届四中全会正式提出了西部大开发战略。

2000 年 12 月，中央政府颁布的《关于西部大开发若干政策措施的通知》提出，西部大开发的重点是加快基础设施和生态环境建设；巩固农业基础地位，调整工业结构，发展特色旅游业；发展科技教育文化卫生事业。2003 年，中国共产党的十六届三中全会第一次提出“统筹区域发展”战略，随后东北老工业基地振兴发展战略与中部地区崛起发展战略相继出台。2005 年，党的十六届五中全会提出要实施区域发展总体战略。就西部地区而言，在十年的基础建设阶段里，市场机制与宏观调控共同发挥作用以推动西部地区发展，建设内容非常广泛，包括加快基础设施建设；加强生态建设和环境保护；调整产业结构，发展特色产业；发展科技教育事业，加快人才培养；加大对外开放，提高利用外资水平；等等。①

从实施效果看，区域统筹发展战略的实施，使各个地区呈现出良好的发展态势。就西部地区而言，西部大开发战略实施以来，西部地区在优化生态环境、改善基础设施、调整经济结构、加强民族团结、维护社会稳定、扭转发展差距等方面取得了重大进展。②

（二）现实背景：区域发展差距依然存在

新中国成立后，随着国家区域发展战略的演变，国内区域差距经历了由大逐步缩小，随后又不断扩大的变迁过程。改革开放前，在区域均衡发展战略下，东部沿海地区与内地之间的发展差距逐步缩小，而在改革开放后至 1991 年的十多年里，国家实施非均衡的区域发展战略，政策向东部沿海地区倾斜，推动了东部地区经济的飞速发展，但是由于西部地区的体制改革相对滞后，经济发展仍然较慢，东西部地区之间的发展差距进一步扩大。1992 年，国家为缩小国内区域发展差距，平衡国内生产力布局，促进区域协调发展，实施了协调区域发展战略，东部、中部、西部和东北地区的发展差距有所缩小，但发展差距仍然较大。21 世纪以来，国家实施了统筹区域发展的总体战略，但是区

---

① 张军扩，侯永志. 中国区域政策与区域发展［M］. 北京：中国发展出版社，2010：53-63.

② 林建华，任保平. 西部大开发战略 10 年绩效评价：1999—2008［J］. 开发研究，2009（1）：48-52. 单海鹏. 西部大开发：10 年绩效评价［J］. 兰州商学院学报，2010，26（1）：26-32.

域发展差距依然存在，而且东部与西部地区之间的绝对差有扩大的趋势。①

另外，一些学者通过实证分析方法对我国的地区发展差距和地区经济发展的收敛性进行了研究，结果表明我国东、中、西部三大经济地带之间的经济发展差距不存在收敛性②，而且差距呈现逐年扩大的趋势③，但是西部地区与东部地区人均 GDP 的绝对差距已经开始由不断扩大向稳步缩小的阶段转化④。

（三）理论背景：区域差距产生缘由与区域协调发展之路的深入探究

长期以来，大量学者对我国区域发展差距产生的原因进行了深入分析，按照研究结论的不同可以将其划分为以下四个类型。一是发展环境差异论，如许召元、李善同（2006）提出区位条件、经济环境、基础设施水平和城市化水平等方面的差别是导致我国区域之间存在发展差距的原因。⑤ 二是生产要素差异论，这种观点认为生产要素的投入的质和量、要素之间的配置效率、使用效率等是导致区域发展差距产生的主要原因，持有此观点的学者有杨晓光等（2002）⑥，王小鲁、樊纲（2004）⑦，李国璋等（2010）⑧。三是制度体制差异论，如郭将（2009）⑨ 提出，区域在发展过程中过分依赖区域比较优势会导致区域经济发展产生路径依赖，不会发生赶超，因而会导致区域发展差距。张美涛、陈永志（2012）⑩ 认为，从历史发展和地区实践看，区域发展政策的差异会产生不同的经济分散与集聚的力量，进而对地区经济差距产生巨大影响。程必定（2007）⑪ 认为，改革开放以来我国的区域差距逐步扩大，这与中央政府区域政策目标在效率与公平上的孰为“优先”的偏差有关。四是经济结构差

① 李昌明. 中国区域发展态势、差距、原因及对策研究［J］. 经济学动态，2010（2）：62-65.

② 石风光，李宗植. 中国区域经济差距收敛性的协整检验［J］. 管理评论，2010，22（4）：34-38.

③ 彭文斌，刘友金. 我国东中西三大区域经济差距的时空演变特征［J］. 经济地理，2010，30（4）：574-578.

④ 孙久文，夏文清. 区域差距与亟待解决的问题［J］. 改革，2011（6）：48-53。

⑤ 许召元，李善同. 近年来中国地区差距的变化趋势［J］. 经济研究，2006（7）：106-116.

⑥ 杨晓光，樊杰，赵燕霞. 20 世纪 90 年代中国区域经济增长的要素分析［J］. 地理学报，2002，57（6）：701-708.

⑦ 王小鲁，樊纲. 中国地区差距的变动趋势和影响因素［J］. 经济研究，2004（1）：33-44.

⑧ 李国璋，周彩云，江金荣. 区域全要素生产率的估算及其对地区差距的贡献［J］. 数量经济技术经济研究，2010（5）：49-61.

⑨ 郭将. 中国区域差距扩大与公平问题研究——基于比较优势的思考［J］. 经济问题探索，2009（10）：40-45.

⑩ 张美涛，陈永志. 政府政策与区域经济差距的新经济地理学思考［J］. 贵州社会科学，2012（7）：95-100.

⑪ 程必定. 效率、公平与区域协调发展［J］. 财经科学，2007（5）：55-61.

异论，如赵祥（2012）[①] 认为一个地区的产业结构就决定了该地区的经济发展水平，那些拥有生产效率高、收益能力强、规模经济性和关联效应较大产业的地区的经济发展水平就较高；反之，区域经济的发展水平就较低，因而区域差距本质上是产业空间分布格局所导致的经济结果。

另外，还有诸多学者从不同角度为实现区域协调发展提出了可行路径。殷存毅（2004）[②] 提出以产权的分割或置换来克服行政区划对资源配置效率的负面影响，推动政府职能的转变，以期为实现区域协调发展提供新思路。程必定（2007）[③] 认为，中央政府应该确立效率与公平兼顾的区域政策目标，并建议国家开征“统筹税”来实现基于“效率与公平兼顾”的区域协调发展。胡鞍钢（2007）[④] 提出，实施区域协调发展战略，通过构建公平、竞争、统一的国内市场，促进各种生产要素流动，加快城镇化进程的措施有助于缩小地区之间的发展差距，而其关键是实施知识发展战略，开发与提升劳动力素质。安虎森、蒲业潇（2010）[⑤] 提出，应该实施采取一系列旨在实现区域协调发展的政策，包括促进劳动力自由流动、扩大一般性转移支付、改革资源税、鼓励高学历人才到内陆地区创业等。范恒山（2011）[⑥] 认为可以通过深入实施区域发展总体战略和主体功能区战略，来实现区域协调发展。魏后凯、高春亮（2012）[⑦] 认为，在新的形势下应通过建立完善的，能够促进基本公共服务均等化的财政转移支付体系、促进产业转移的支持政策体系、差别化的国家区域援助政策体系和以都市圈为中心的国土开发政策体系，全面促进区域协调发展。

（四）时代背景：增加西部自我发展能力是缩小地区差距的根本要求

马克思主义哲学认为，内因是事物发展的源泉与动力，是事物发展的根本原因；外因是事物发展变化不可缺少的条件，外因通过内因起作用。因而，对事物的发展来说，内因要比外因重要得多。国家实施协调区域发展战略以来，尤其是西部大开发战略实施以来，西部地区在中央和东中部发达省份的支持与

---

① 赵祥. 趋同还是趋异？——一个关于区域经济差距变动的新视角［J］. 江淮论坛，2012（4）：29-36.

② 殷存毅. 区域协调发展：一种制度性的分析［J］. 公共管理评论，2004（2）：25-53.

③ 程必定. 效率、公平与区域协调发展［J］. 财经科学，2007（5）：55-61.

④ 胡鞍钢. 中国：走向区域协调发展［J］. 经济前沿，2007（Z1）：4-9.

⑤ 安虎森，蒲业潇. 循环累积因果机制与我国区域协调发展［J］. 华中师范大学学报：人文社会科学版，2010，49（3）：36-41.

⑥ 范恒山. 我国促进区域协调发展的理论与实践［J］. 经济社会体制比较，2011（6）：1-9.

⑦ 魏后凯，高春亮. 中国区域协调发展态势与政策调整思路［J］. 河南社会科学，2012，20（1）:73-81.

援助下，经济社会得到了很大发展，自然生态环境恶化态势得到了有效遏制，但西部地区与东中部地区之间仍存在较大的发展差距，而且有研究文献表明，差距缩小的速度在不断下降。这说明通过外部力量的推动不可能维持西部地区的长期持续发展，援助式开发和发展不能改变西部地区的落后状态，也就不可能有效缩小西部地区与东中部地区之间的发展差距。因此，培育和提升西部地区的自我发展能力，激发西部地区经济社会发展的内部活力是实现西部经济社会长期快速发展的根本途径，也是缩小西部地区与东中部发达地区之间发展差距，促进区域协调发展的根本要求。

在新一轮西部大开发向纵深推进的过程中，西部地区的发展重点已从生态恢复重建和基础设施建设，转向区域自我发展能力的培育与提升之上。2010年7月中共中央、国务院召开的西部大开发工作会议强调指出，今后10年是深入推进西部大开发承前启后的关键时期，新形势下深入实施西部大开发战略，必须以增强自我发展能力为主线。①《中华人民共和国国民经济和社会发展第十二个五年规划纲要》中也明确提出，深入实施西部大开发战略，要“大力发展科技教育，增强自我发展能力”②。中央与西部各省份已经将区域自我发展能力培育作为经济社会发展实践活动的根本目标，对深入研究区域自我能力的本质内涵，构建区域自我发展能力的理论体系提出了迫切需求，但学术界关于区域自我发展能力的研究仍然很不到位。针对关于区域自我发展能力的理论研究落后于发展实践的这一现状，选择西部地区自我发展能力作为研究主题就显得十分具有理论价值和实践意义。

二、选题意义

（一）学术意义

本书从探寻缩小地区发展差距、促进区域协调发展之路的视角提出问题，通过科学界定区域自我发展能力的内涵，深入分析区域自我发展能力的生成机理，揭示区域自我发展能力的生成路径，探讨了区域自我发展能力形成的动力，提出了西部地区自我发展能力构建的总体思路和主要措施，以期构建一个完整的区域自我发展能力理论体系框架。这一框架的建立，不仅进一步丰富了区域经济发展理论，也为地方经济社会的持续健康发展提供了新的理论指导，

---

① 中共中央、国务院在北京召开西部大开发工作会议［EB/OL］. http://www.gov.cn/ldhd/2010-07/06/content_1647116.htm. 2010-07-06.

② 中华人民共和国国民经济和社会发展第十二个五年规划纲要［N］. 中国青年报，2011-03-17.

是对区域协调发展理论的有益补充。

（二）实践意义

我国西部大开发已经由基础建设阶段进入加快发展阶段，通过构建西部地区自我发展能力，为缩小地区发展差距，促进区域协调发展提供了一条切实可靠的路径。区域自我发展能力理论所倡导的，通过激发区域经济系统内部活力推动经济发展，对欠发达地区开发的资本投入论和比较优势发展战略的质疑和补充，有助于西部地区在经济发展过程中合理定位，选择更为合适的发展战略和发展道路，努力增强自身的发展能力，实现由自我发展能力作为驱动力的内生性持续发展。与此同时，中央和其他地区的援助内容和方式也要从项目建设转移到自我发展能力培育上来，变“输血”拉动发展为“造血”功能培育，推动西部地区自我发展能力的形成。

第二节　研究目的和内容

一、研究目的

（一）为缩小地区差距、促进区域协调发展研究提供一个新的视角

一般来说，中国缩小地区差距、促进区域协调发展研究都是基于新古典经济学理论和比较优势理论，强调欠发达地区生产要素的大量投入和比较优势战略的实施，以期通过大量“外援帮扶”实现经济发展，达到缩小地区差距、促进区域协调发展的目的，但实践结果并不十分理想。其原因在于，虽然西部地区在要素禀赋决定论和比较优势理论指导下，在中央政府的倾斜性政策扶持和发达地区人道主义援助下实现了较快发展，但这种外源型发展方式无助于受援地区自我发展能力的形成，相反会使西部地区坠入“静态比较利益陷阱”，进而无法摆脱其与东部发达地区相对的落后地位。因此，如何培育西部地区的自我发展能力，为缩小地区差距、实现区域协调发展提供了一个新的研究视角。

（二）为西部地区经济发展研究提供可资借鉴的理论体系

中国东西部地区之间长期存在的发展差距源于两者之间自我发展能力水平的差异性，因此西部地区的发展重点要从“硬条件”——基础设施建设转向“软条件”——自我发展能力提升上，通过培育区域自我发展能力实现西部地区经济的持续发展，推动地区发展差距不断缩小。区域自我发展能力的本质是依靠自身力量实现资源的优化配置，其核心是资本积累和技术创新，因而在西

部地区经济发展研究中，基于资源优化配置的资本积累和技术创新的相关研究是重中之重。

（三）为西部大开发战略的纵深化实施提供理论指导

目前，我国的西部大开发战略已从基础发展阶段进入到快速发展阶段，西部大开发的纵深化从根本上要求改变西部地区经济发展现状，实现内生型发展。依据西部地区内部各个地区的自我发展能力现状，因地制宜地制定区域自我发展战略，并在此战略的指导下，有针对性地对那些处于不同的能力水平阶段上和具备不同区域特征的地区，提出了实现其持续发展的相关对策措施。

二、研究内容

本书围绕“西部地区自我发展能力的培育与提升”这一主题，利用文献分析法、比较分析法、历史分析法以及规范分析与实证分析相结合、定性分析与定量分析相结合的分析方法，从理论分析和实践探索两个方面展开研究。我们在对关于区域自我发展能力的国内外研究文献进行细致梳理和简要述评之后，对区域自我发展能力的概念和内涵重新进行了界定，构建了区域自我发展能力形成机理的理论模型，探讨了区域自我发展能力的生成机制。通过设计一套区域自我发展能力评价指标体系，对我国西部地区的自我发展能力水平进行了实证分析，并在对国外欠发达地区自我发展能力培育的经验与教训进行归纳总结的基础上，对我国西部地区自我发展能力提升进行了战略分析。通过研究我们发现，目前西部地区自我发展能力水平低下，而且呈现出区域差异性特征；西部地区的自我发展能力现状是多种影响因素相互作用的综合结果，因此通过区域开发逐步构建西部地区的自我发展能力，是推动西部地区持续健康发展的根本要求。在新形势下，构建西部地区的自我发展能力，应从战略高度采取各种有效措施对区域自我发展能力进行培育和提升。

本书一共分为八章，除第一章导论外，第二、三、四章是从理论上探讨区域自我发展能力的本质与生成机制。第五、六、七章是从西部大开发的伟大实践中探索中国西部地区自我发展能力构建的具体思路。第八章是研究结论与展望。各个篇章的主要内容概括如下：

（一）导论

在第一章导论中，我们阐述了本书的选题背景和研究意义，并对行文思路和研究方法进行了简单介绍。

（二）基于研究内容的文献述评

第二章分为两个部分，第一部分是对研究过程中将要运用到的、已经成熟的理论知识进行简单介绍，其中包括新经济增长理论、新经济地理学理论、区域发展理论和能力理论。

在第二部分中，对现有的关于区域自我发展能力研究的国内外文献进行了细致梳理和简要评述。尽管已有研究能够认识到区域自我发展能力是一个综合性概念，在地区发展过程中起着基础性和决定性作用，而且一个地区的自我发展能力具有可塑性，但是仍存在以下不足之处：一是区域自我发展能力的概念和内涵尚未分析透彻，为后续研究造成了障碍；二是并没有从根本上把握区域自我发展能力的本质，认为只有欠发达地区才存在自我发展能力的培育问题，没有认识到自我发展能力的空间一般性，中等发达地区和发达地区也需要面对自我发展能力的提升和维持问题；三是关于西部地区自我发展能力的评价研究仍不到位；四是西部地区的自我发展能力构建的相关研究仍然不足。

因此，本书将尝试对下述几个问题做出回答：比如究竟什么是区域的自我发展能力，它的本质是什么？区域自我发展能力具有哪些一般特性？一个地区实现什么样的发展状态，才算是具备了自我发展的能力？对西部地区而言，区域自我发展能力现状如何，其影响因素以及深层次原因有哪些？如何去培育、提升抑或维持西部地区自我发展能力？诸如上述问题，不仅具有深刻的理论研究价值，也具有重要的时代意义。

（三）区域自我发展能力的理论分析框架

第三章是本书的理论分析框架。其内容包括对区域自我发展能力的基本内涵、构成要素、特征和形成机理的阐述。

区域自我发展能力是一种特定地区在经济发展过程中表现出来的综合能力，具备这种能力的地区能够在发展过程中依靠自身力量去创造资源，集聚、利用区域内外部的各种资源，实现区域内部经济、社会、生态、文化等方面的持续健康发展。它是区域内部企业、家庭、地方政府和非政府组织等行为主体，在生产和生活过程中表现出来的一种综合能力，其本质是一种依靠自身力量实现资源优化配置的能力。一个地区实现了自我发展并不代表它是在封闭环境中实现发展，而是强调区域系统本身依靠自身力量对区域内外部资源的有效率地利用以推动区域发展。另外，虽然区域自我发展能力不同于区域竞争力、区域创新能力和可持续发展能力，但与它们又有着千丝万缕的联系。总的来说，区域自我发展能力的范畴要大于区域竞争力、区域创新能力和可持续发展能力。

从不同的角度看，区域自我发展能力是由不同的要素构成。从发展主体看，区域自我发展能力表现为宏观行为主体——区域的自我发展能力，也表现为区域微观行为主体——家庭、企业、地方政府和非政府组织所具备的自我发展能力。从发展要素看，区域自我发展能力表现为区域行为主体在对自然资本、物质资本、人力资本、知识资本和社会资本的利用能力。从发展内容看，区域自我发展能力又由创新开发能力、要素集聚能力、资源利用能力和协调发展能力构成。从能力的实现状况看，区域自我发展能力又可以分为现实区域自我发展能力和潜在区域自我发展能力两种类型。总之，从本质上讲，区域自我发展能力是一个地区依靠自身力量实现资源的优化配置，不断增加区域财富、提升社会福利水平的能力。

一般来讲，区域自我发展能力作为一种区域层面的行为能力，它表现出综合性、系统性、动态性、阶段性和可塑性特征。虽然区域自我发展能力的承载主体包括区域内部企业、家庭、地方政府和非政府组织，但是在一个地区发展能力的形成过程中，不仅需要区域内部这四种行为主体发挥主观能动性，自己去追求能力的提高，而且可能存在、也需要中央政府和其他地区的推动作用。来自中央政府的倾斜性政策扶植和其他地区的人道主义援助或者竞合关系下的经济社会交往活动，都会在受援地区自我发展能力的形成过程中发挥重要作用。

（四）区域自我发展能力的生成机制

第四章是区域自我发展能力的生成机制，介绍了区域自我发展能力形成的影响因素、形成动力和生成路径。区域自我发展能力的形成及其作用的发挥受多种因素的影响，在本书中我们将这些因素归纳为自然条件、自然资源、区位条件、物质资本、劳动力资源、科学技术、社会制度和偶然性历史事件等。

区域内部民众对高质量生活的个体追求和国家对区域协调发展的宏观需求构成了某一地区自我发展能力形成的动力源泉，因而这一地区自我发展能力的形成受市场竞争和政策调控两个源动力的双重驱动。区域内部企业的逐利性、地方政府的责任感和次级地域单元在竞合关系中对区域利益的追求构成了一个地区自我发展能力形成的内部动力；而其外部动力则有中央政府的扶持政策、其他区域的援助和区域之间的竞争与合作等外部力量构成。

对一个特定的地区来说，其自我发展能力的生成路径包括以下几个方面：开发与提升劳动力素质、培养企业家精神、促进技术创新、推动产业结构优化升级、转变地方政府职能、改善中央政府对地区发展的制度安排、加强区域合作，扩大对外开放等。

（五）中国西部地区自我发展能力评价研究

在第五章中，我们基于第三、四章的理论分析，设计一套区域自我发展能力评价指标体系，并利用这一区域自我发展能力评价指标体系，对 2011 年我国 31 个省份的自我发展能力水平进行因子分析。评价结果显示，总体而言，西部地区的自我发展能力水平低于东中部地区。其原因在于，与东部发达地区相比，我国西部地区整体上自然环境恶劣，区位条件不佳，历史文化传统相对保守，加之长期以来国家对西部地区发展的制度安排不完善，导致西部地区资本积累缓慢，高素质劳动力缺乏，区域创新能力和竞争能力低下。与此同时，在广袤的西部地区内部，各个地区之间的发展条件和发展基础不同，从而使得西部地区的自我发展能力水平呈现出区域差异性特征。

在西部地区内部，各个省份的自我发展能力水平，以及创新开发能力、要素集聚能力、资源利用能力和协调发展能力等各项细分指标评价水平也都存在较大差异。在西部地区的各个省份之中，四川省具有较高的自我发展能力水平，而青海、宁夏和西藏三个地区的自我发展能力水平最低。通过聚类分析，可以将西部地区的12个省份划分为三种类型。

在四川省内，21个地级市之间的自我发展能力水平，以及创新开发能力、要素集聚能力、资源利用能力和协调发展能力等各项细分指标评价水平也存在很大不同。成都市、攀枝花市、德阳市和绵阳市是四川省经济发展的增长极，具有较高的自我发展能力，而甘孜州、阿坝州和巴中市则是自我发展能力水平最低的地区。通过聚类分析，可以将四川省21个地区划分为三个类型，其划分结果与按照水平高低排序划分结果基本一致。

（六）欠发达地区自我发展能力培育的国际经验与启示

通过对美国、苏联、日本和巴西等国家对欠发达地区的开发过程进行回顾，总结这些国家在欠发达地区自我发展能力培育的经验和教训。本书中归纳出来几点经验启示：不断完善法律体系，为欠发达地区自我发展能力培育提供制度保障；成立专门的区域开发机构，为欠发达地区自我发展能力培育提供组织保障；大力推动基础设施建设，为欠发达地区自我发展能力培育提供基础保障；在区域开发过程中注重环境保护和生态环境建设，为欠发达地区自我发展能力培育提供环境保障；积极实施倾斜性财政金融政策，为欠发达地区自我发展能力培育提供资金保障；大力发展教育科技事业，为欠发达地区自我发展能力培育提供智力支持调动地方政府和民间力量积极性和推动区域产业结构优化升级等。

在我国西部地区自我发展能力的构建过程中，既要积极借鉴国外的先进经验，加快构建进程，也要认真吸取失败的教训，在积极探索新的自我发展能力培育途径的同时，尽量避免那些在西部地区的特殊环境下容易产生的错误。

（七）西部地区自我发展能力构建的战略分析

新时期西部地区构建自我发展能力的总体思路是：既要调动本土潜能，又要吸引和嵌入外源性资源；既要发挥区域比较优势，又要培育区域竞争优势；

既要遵循效率优先，又要兼顾公平；既要加强资源开发，又要注重环境保护和生态建设。在西部地区发展战略总体思路的指导下，西部地区的自我发展能力可以通过以下几个途径进行构建：一是逐步完善国家对西部地区发展的制度安排；二是加快转变国家对西部地区的支持与援助方式；三是提升劳动力素质；四是积极承接产业转移，不断优化产业结构，积极构建西部地区现代产业体系；五是积极培育和完善西部地区的创新体系；六是大力发展非公有制经济；七是加快实现公共服务均等化；八是加强各种层次的区域合作；九是进一步扩大对外开放。

（八）结语

在本书的最后一章，我们就全书研究的主要结论进行概括，阐述了本书研究过程中可能存在的创新之处，并在此基础上对区域自我发展能力领域的进一步研究做出展望。

第三节　研究思路和方法

一、研究思路

科学严谨的概念界定是对事物进行深入研究的理论基点。本书在相关理论回顾和文献综述之后，将区域自我发展能力的概念界定为“在发展过程中，区域主体基于自身现实条件，依靠系统内部发展机制，充分利用区域内外部各种资源，发挥区域优势、扬长避短，挖掘区域发展潜力，激发区域发展活力，以实现区域内部经济、社会、生态、文化等持续健康发展的一种能力”，其本质是依靠区域系统自身力量实现资源优化配置的能力，其内涵可以从发展主体、发展方式、发展机制和发展目的等四个层面进一步阐述。区域自我发展能力内涵丰富、外延广阔，可以分别从发展主体、发展要素、发展内容和实现状况等不同的角度分析其构成要素。从理论上讲，区域自我发展能力具有综合性、系统性、动态性、阶段性和可塑性等五大特征。在分析其特征之后，我们深入分析区域自我发展能力的形成机理，并尝试构建区域自我发展能力形成机理的理论模型。在此之后，从影响因素、形成动力和生成路径三个方面探讨区域自我发展能力的形成机制。在明确区域自我发展能力的内涵与形成机制之后，本书基于区域自我发展能力的构成要素构造评价指标体系，并运用这一指标体系分别对西部地区和四川省的自我发展能力水平进行评价分析，通过比较分析探明西部地区和四川省的自我发展能力状况，并对存在的问题进行深层次的原因分析，找出这些地区进行自我发展能力构建需要进一步努力的方向。通过对国外欠发达地区开发过程的回顾，归纳总结出其中自我发展能力培育的经验和启示。在此基础上，我们对西部地区自我发展能力构建的总体思路和主要措施进行了探讨。最后对全书的研究结论进行归纳总结，并对进一步深入研究做出展望。

本书的研究思路可以通过下面的技术线路图粗略表达。

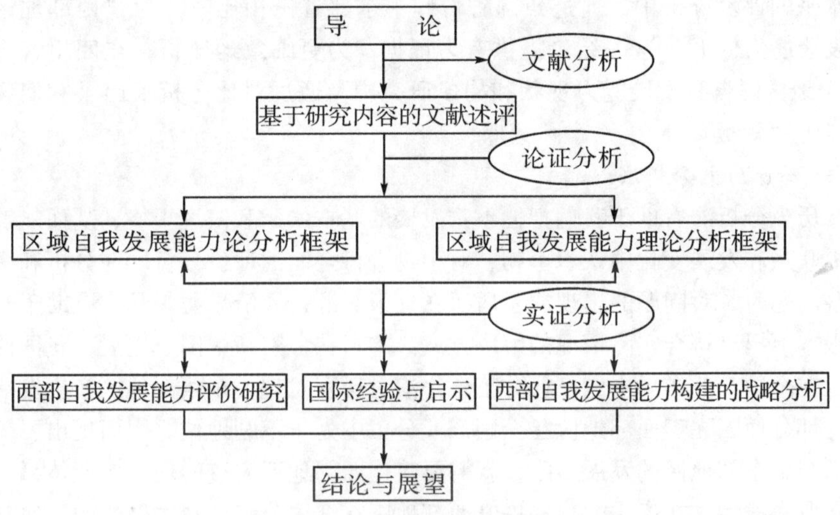

图 1.1　本书的技术路线图

二、研究方法

（一）文献分析法

广泛地搜集、阅读相关文献，并深入细致地梳理与归纳总结，是进行科学研究的基本前提。通过阅读优秀的文献，不仅有助于我们把握该领域研究的历史脉络和前沿动态，在研究中“少走弯路”，也可以帮助我们理清研究思路，洞察已有文献研究中存在的不足之处，寻找那些我们通过进一步研究可能实现的创新点。可以说，内容扎实、条理清晰的文献综述写作，是研究者“站在巨人的肩膀上”在科学研究道路上迈出的第一步。本书通过对区域自我发展能力相关文献的阅读发现，已有研究取得了下列共识：一是相对于外部力量而言，区域自我发展能力在一个地区的发展过程中起基础性作用；二是区域自我发展能力是一个综合性概念，有诸多要素构成，但对不同空间范围尺度下的区域主体来说，自我发展能力的构成要素存在一定的差异性；三是区域自我发展能力受物质资本、人力资本、地理区位、历史因素、文化传统、政经制度、宗教信仰、战乱以及其他历史偶发事件等诸多因素影响；四是区域自我发展能力具有可塑性。但是这一领域仍有许多需要进一步研究的地方。

（二）比较分析法

通过比较分析，能够更好地找出问题的根源或者差异性所在，以便采取更具有针对性的应对措施。在对我国31个省份和四川省21个地级市自我发展能力水平的评价分析中，通过西部省份和中东部省份相比较，为“西部地区自我发展能力低下”这一结论提供有力证据；为更细致地分析，在四川省内部21个地区的自我发展能力现状和构成研究中，通过对比分析找出了它们各自的能力“短板”所在。

（三）历史分析法

历史分析法有助于我们把握事物发展的基本线索和演进规律，从而能够从历史联系和发展变化中认识事物，对事物进行全面的评价分析。在分析和解决某些问题时，对问题的出现或矛盾所在追根溯源，弄清来龙去脉，有助于我们从根本上提出符合实际情况的解决方案。本书在考察新中国成立后，我国西部地区在全国产业布局中的产业分工合作演进历程发现，东西部地区产生发展差距的部分原因在于西部地区在全国产业分工中处于不利地位，因而提出要缩小西部与中东部地区的发展差距，就需要建构西部地区完整的现代产业体系，发展产业多样性，在逐步改善和提升西部地区在全国分工体系中地位的同时，形成经济内循环加速资本积累。

（四）规范分析法与实证分析法相结合

本研究领域属于应用经济学，具有较强的实用性特点，研究结论的最终目的是为区域经济发展提供理论依据。规范分析法以一定的价值判断为标准，提出行为标准和决策依据，并为实现某种经济预期提出具有指导意义的行为决策，而实证分析往往能够给某一案例以事实指导。本书对区域自我发展能力的基本内涵和形成机理进行了规范分析，然后以我国西部地区的自我发展能力培育为例进行了实证分析，揭示西部地区自我发展能力生成、提升或维持的路径选择。基于理论基础和事实情况，通过规范分析与实证分析相结合得出的结论，将为培育西部地区自我发展能力服务。

（五）定性分析法与定量分析法相结合

定性分析是一种以语言描述为主的分析手段，它通过归纳和演绎、分析与综合，以及抽象与概括等分析方法，揭示事物的本质与内在规律，而定量分析则依据数理方法对事物进行探索性、诊断性与预测性研究。在定量分析和定性分析的关系中，定性分析是定量分析的基础，而定量分析既可以对定性分析的假设和结论进行修正和补充，也可以对研究对象进行更深入细致的分析，以补充定性分析过于粗略、过于倚重经验的缺陷。定性分析和定量分析各自所具备的特性与优缺点要求我们在社会科学的具体研究中，将定量分析手段和定性分析手段结合起来使用。因此，在本书中，笔者使用定性分析方法着重分析了区域自我发展能力的生成路径，并根据区域自我发展能力的内涵和影响因素等定性分析内容设计了一套地区自我发展能力水平评价指标体系，采取定量分析手段对我国 31 个省份和四川省 21 个地级市州的自我发展能力水平进行分析，以期从一个更为深入细致的层面分析西部地区的自我发展能力现状，以期能够对那些处于不同发展阶段的地区提出具有针对性的能力提升策略。

第二章 理论基础与文献述评

学术研究往往是在已有基础理论和研究成果的基础上不断推进的。通过文献回顾，增加研究者对基础理论的深入理解以及对研究前沿的准确把握，引领研究者“站在巨人肩膀上”对学术专题进行创新性研究。在这里，我们将区域自我发展能力作为一个学术专题进行系统性研究，有必要对已有相关研究文献进行细致梳理与归纳总结。本章将首先对区域自我发展能力的理论基础进行简单阐述，再按照一定的逻辑思路对关于区域自我发展能力的研究成果做出回顾评述。

第一节 区域自我发展能力的理论基础

区域自我发展能力是当前中国学术界关于区域经济发展问题研究的焦点之一。它主要是建立在四个方面的理论基础之上：一是新经济增长理论，二是新经济地理理论，三是区域发展理论，四是能力理论。下面我们分别从上述四个方面来追溯区域自我发展能力研究的理论渊源。

一、新经济增长理论

现代经济增长理论发端于 20 世纪 40 年代的哈罗德—多马模型（Harrod-Domar Model），该模型将储蓄和资本投资视为经济稳定增长的主要因素，但其所阐释的是经济长期均衡增长的“刀锋条件”，不能解决长期增长的稳定性问题。罗伯特·索洛（Robert M. Solow）和斯旺（Swan）发现传统生产要素（劳动和物质资本）无法解释全部的经济增长，为此将外生的技术进步视为一种重要的生产要素引入解释模型中，从而建立了新古典增长理论（Neo-classical Growth Theory），该理论认为经济长期均衡增长取决于外生的技术进步率，但它无法使长期增长在经济系统内部得到解释。随后，阿罗（Kenneth Arrow）、宇泽弘文（Hirofumi Uzawa）等尝试通过将技术“内生化”来解释经济长期增长，但由于将技术进步归为生产经验的积累而无法解决“索洛剩余（Solow residual）”问题。自20世纪80年代中期以来，以保尔·罗默（Paul Romer）和罗伯特·卢卡斯（Robert Lucas）为代表的一批经济学家，在将技术进步“内生化”的基础上创立了可以解释长期经济增长的理论——新经济增长理论（New Economic Growth Theory）。新增长理论并非一种达成共识的理论，而是一系列基于规模收益递增和不完全竞争的角度来说明一国经济如何实现长期增长的研究成果的总称，其最重要的共同特征是试图使增长率内生化，因而也称为内生性增长理论（Endogenous Growth Theory）。

新经济增长理论与传统增长理论的重大差别在于，它认为经济发展的动力来自经济系统内部，而不是由外生的技术进步和人口增长所决定的。“内生增长的目的，就是理解技术知识与各种经济和社会结构特性之间的相互作用，以及这种相互作用如何导致经济增长。”① 其理论的核心在于假定“当资本存量增加时，其边际生产率不能减少为零”。在此假设下，规模收益递增保证长期成为可能。然而在收益递增的前提下，“市场定价”的企业竞争行为不再是一个有效的假定。为此，新增长理论强调了两种机制：马歇尔学说的外部效应，张伯伦学说的产品多样性，即不完全竞争。阿罗（Arrow，1962）② 认为技术进步是一个经济系统的内生变量，一个厂商进行投资不仅有助于提高自身的生产率，也会通过外溢推动这一经济系统中其他生产厂商效率的进一步提高。因此，他通过构建“边干边学”模型，试图将新古典经济增长模型中的外生性技术内生化，用技术的外部性来解释经济增长。罗默（Romer，1986）③ 在《政治经济学》期刊上发表的“报酬递增与长期增长”一文中，进一步深化了阿罗的研究，提出了一个由外部性、报酬递减和新知识生产中的报酬三个要素共同构成的竞争性均衡模型，开辟了知识外溢和报酬递增的内生性增长思路的研究。他认为，知识是私人投资的产物，它具有极强的溢出效应，以至于知识溢出能够弥补因固定生产要素存在而引起的知识资本边际产品递减，从而使得知识投资的社会收益率保持不变或呈递增趋势。在社会投资过程中，知识溢出

---

① （美）菲利普·阿吉翁，彼得·霍伊特．内生经济增长［M］．陶然，倪彬华，译．北京：北京大学出版社，2004：2.

② Arrow, Kenneth J., The Economic Implications of Learning by Doing [J]. Review of Economic Studies, 1962, 29: 156-172.

③ Romer, P. M. Increasing returns and long-run growth [J]. Journal of Political Economy, 1986, 94 (5): 1002-1037.

不断产生，社会收益率得以维持或提高，从而推动经济长期增长。卢卡斯(1988)[①] 将舒尔茨的人力资本和索罗的技术进步概念相结合并具体化为“每个人”的、“专业化的人力资本”，提出两资本模型。将技术进步解释为人力资本的溢出效应，说明经济增长是只有专业化的人力资本不断积累的结果。与上述学者提出技术进步源于资本（物质资本，抑或人力资本）投资不同，巴罗（Barro，1999)[②] 认为技术进步表现为政府提供服务所带来的私人厂商生产率和社会生产率的提高。另外，大多数新经济增长模型都强调了政策对经济增长的重要作用。

新经济增长理论提供了将社区、制度和包括学习、领导能力及社会资本在内的非传统经济变量视作区域经济发展进程中的主要投入的一种方式。[③] 为了更好地分析各种发展要素在经济增长过程中的作用，新经济增长理论将这些发展要素区分为内生性因素和外生性因素。对于外生性生产要素的作用而言，新经济增长理论的观点与传统经济增长理论一致，这些外生性要素的大规模投入可以在一定程度上推动一个国家或地区经济的增长，但是一旦要素投入停止，这一经济系统的增长也随即停止。而新经济增长理论认为，即使是封闭条件下，一个国家和地区的经济系统也可以实现增长和发展，其关键在于经济系统中内生性要素的存在。虽然一个国家或地区的经济增长受外生要素的影响和更高阶条件的制约，但系统内生性要素的增加和积累可以扩大生产可能性边界，因此即使是完全内生或者是封闭的经济系统，通过内生变量的不断进步，区域经济系统得以自我维持和持续增长（Arrow，1962；Arthur，1994；Kilpatrick，1998)。

区域经济发展是区域发展的重要内容，是区域内部社会发展，政治发展和文化发展的基础。区域自我发展强调依赖区域系统内部力量来实现自身的发展，因而在一个区域内，经济实现内生性发展，是实现区域自我发展的基本保障。一个地区的经济增长与发展涉及众多要素，但是一些外生性要素，诸如国际（区际）贸易、劳动力流动和迁徙、知识溢出和技术创新的扩散、商业周期以及资本流动等等，虽然在一个地区的经济发展过程中具有十分重要的作用，但这些因素并不在区域发展力量的控制范围之内。而一些内生性要素，诸

① Lucas Robert E.，Jr.，On the Mechanics of Development [J]. Journal of Monetory Economies，1988，22：3-40.

② Barro，Robert J.，Economic Growth in a Cross Section of countries [J]. Quarterly Journal of Economics，1999：106.

③ （澳）罗伯特·J. 斯廷森，罗杰·R. 斯托，布莱恩·H. 罗伯茨. 区域经济发展分析与规划战略 [M]. 朱启贵，译. 上海：格致出版社，上海人民出版社，2012：289.

如学习、领导能力、制度、物质基础设施和人力资本等等，可以通过本土化发展来实现其作用发挥。新经济增长理论致力于解释这些内生性发展要素在一个国家或地区经济增长中的作用，强调经济系统在增长过程中的自我推动作用，体现了区域内部系统依靠自身力量也能维持区域经济的增长和发展的观点。因此，新经济增长理论成为了区域自我发展能力研究的主要理论基础之一。

二、新经济地理学理论①

新经济地理学（New Economic Geography）研究的蓬勃开展，与经济全球化和区域化的趋势日益显现不无关系。它对“空间”的引入，在很大程度上弥补了主流经济学有意或无意地在经济研究过程中将空间忽略的遗憾。由于传统经济增长理论将报酬递减与完全竞争视为最基本的前提假设条件，无法解释技术因素和制度因素推动现实经济增长的巨大作用，因此，经济学家提出了规模经济、报酬递增和不完全竞争假设前提，并通过构建新的经济增长模型来解释全球化背景下的经济现象。新经济地理学吸收了传统区位理论中的空间集聚理论以及运输费用理论，强调由规模经济和运费的相互作用产生的内在集聚力，以及由于某些生产要素的不可移动性等带来的与集聚力相反的作用力，二者对空间经济活动的影响。新经济地理所研究的主要内容大致可以分为两个方面：一是经济活动的空间聚集，二是区域经济增长收敛的动态变化。

在克鲁格曼（PaulR. Krugman）和维纳布尔斯（Anthony J. Venables）看来，空间集聚的动力主要来自于三个方面：劳动力共享、中间产品的供求关系和技术外溢。相对而言，克鲁格曼更关注资本外部性，强调资本外部性对于形成国家内部经济发展空间上的不平衡分布的重要性。交通运输成本和劳动力的可移动性是决定空间集聚的关键因素。资本外部性的相对规模、劳动力的转移性和交通成本将决定经济活动和财富在空间的配置。马丁（Martin Lawrence Weitzman）则强调区位竞争中的外部性问题。他认为，在经济集聚过程中，赢得第一次区位竞争使得获胜区域对其他区域内部的企业具有较大的吸引力，所以参与最初区位竞争的第一个企业虽然可以获得较大的财政激励，但随后的其他企业却能够从该区域的产业聚集中形成外部经济中获益。对在区位竞争中获胜的区域而言，更重要的利益在于为随后进入的厂商提供了一个良好的环境。在同一区位的厂商数目随着外生的相对成本优势和内生的聚集优势的增加而增

① 郭利平，沈玉芳. 新经济地理学的进展与评价［J］. 学术研究，2003（7）：73-76. 王淑莉. 新经济地理与区域经济学研究述评——以区域为例［J］. 广西社会科学，2006，132（6）：43-47.

加，从而在竞争中获胜的区域形成低于产业簇群，使该区域走上一条自我发展的良性循环道路，由此产生和拉大区域经济发展差异。

关于地区经济增长收敛性动态变化的研究是新经济地理学关注的又一主题。在新古典增长理论中，假定资本和劳动收益递减，发展中国家因具有较低的人均资本存量而拥有较高的资本边际生产率和资本报酬率，由此可预测发展中国家应具有较快的增长速度，并最终赶上发达国家。但现实的情况与新古典经济增长理论相去甚远。报酬递增生产函数则表明区域收敛率很慢，存在着内生变量和内生效应，区域将有条件地收敛于不同的区域稳定状态，而没有一个统一的稳定状态，由此在地区经济增长过程中存在收益递增。按照新经济地理学，资本外部性的相对规模、劳动力的可移动性和交通成本将决定经济活动和财富在空间配置上的区域整合程度。一方面，当资本外部性及劳动力的迁移通过区域整合增加时，新经济地理学模型将预言更大规模的空间集聚，富裕中心和较差的边缘区之间的差距将加大，经验结果似乎也支持这个预测；另一方面，如果区域之间仍然存在着不可流动性，那么中心地区的劳动力和由于拥挤而带来的成本就会增加，并有利于经济活动的扩散和区域集聚的减弱。

三、区域发展理论

（一）马克思主义的劳动地域分工理论

马克思主义劳动地域分工理论的基本思想起源于马克思和恩格斯的生产力布局理论，在苏联经济地理学领域学者的继承与发展下，逐步得以形成完整的理论体系。中国经济地理学和区域经济学领域的一些学者，创造性地继承与发展了马克思主义的生产力布局理论和苏联的劳动地域分工理论，并不同程度地吸收一些西方经济学理论中的合理元素，进一步丰富了马克思主义的劳动地域分工理论。马克思主义的劳动地域分工理论对苏联、东欧，以及新中国成立初期的区域开发和规划建设，起到了重要的指导作用。

生产力布局失衡是地区之间资源配置不平衡在区域经济发展层面的反映。马克思和恩格斯认为，地区经济的不平衡发展是资本主义经济不平衡发展规律的空间形式，而社会主义社会采取措施实现生产力均衡配置，逐步消灭地区之间的发展差距。[①] 在《反杜林论》一书中，恩格斯针对资本主义制度下生产力以工业部门形式过分集中于大城市，从而导致城乡严重对立的局面提出：“从大工业在全国尽可能平衡地分布是消灭城市和乡村的分离的条件这方面来说，

① 吴传清．马克思主义区域经济理论研究［M］．北京：经济科学出版社，2006：3.

消灭城市和乡村的分离也不是什么空想的。"[①] 这里所说的生产力的平衡分布并非强调地区之间的均衡化发展，而是一种旨在消除城乡对立，缩小发展差距的共同发展途径。

马克思和恩格斯在论述如何实现社会主义生产力平衡布局和协调发展的过程中，提出了生产力布局的基本原则：按照统一的计划协调地配置生产力原则；工业生产尽可能接近原材料产地原则；应有利于促进工农结合和城乡结合原则和应有利于促进环境保护与生态平衡原则。[②] 列宁和斯大林在苏联的社会主义建设实践中继承了生产力布局理论，进一步丰富了实现生产力平衡布局的基本原则，提出了加强区域比较优势发挥和区域协作等区域发展思想。

苏联学者巴郎斯基是苏联劳动地域分工理论的创始人，他在《地理分工》一书中将地理分工定义为"社会分工的空间形式"，利用经济利益和运输成本等经济学概念阐述了地理分工的形成机制。萨乌什金是苏联劳动地域分工理论的集大成者，他对巴郎斯基的地理分工理论进行拓展。苏联学者的劳动地理分工理论揭示了劳动分工的地理意义，标志着马克思主义劳动地域分工理论体系的不断成熟。

另外，一些中国学者在继承马克思主义劳动地域分工理论基本思想的基础上，结合中国社会主义建设过程中区域发展与规划的实际需要，对劳动地域分工进行了拓展性研究。杨开忠（1989）认为地域分工的发展是社会再生产结构发展的空间表现，其影响因素包括自然资源、人口和劳动力资源、资本因素、技术因素、运输因素和集聚因子等[③]。方创琳（2000）构建了一个包括地域分工发展论、地域分工竞争论、地域分工协调论、地域分工合作论、地域分工效益论和地域分工层次论等六大内容的劳动地域分工理论框架[④]。陈才（2001）认为，劳动地域分工是劳动部门分工在地域上的体现和落实，其形成前提是各个地区发展条件的差异性，其动因是获取最大化的经济、社会、生态效益，其主要物质内容是产业、产业部门结构和产业空间结构，并且以经济地域和经济地域系统为表现形式[⑤]。中国学术界对劳动地域分工问题的研究，进一步丰富了马克思主义劳动地域分工理论。

马克思主义的劳动地域分工理论关于生产力均衡布局和协调配置、工农结合和城乡结合等问题的分析，对目前我国区域发展过程中生产要素流动，产业

---

① 恩格斯. 反杜林论［M］//马克思恩格斯选集：第3卷. 北京：人民出版社，1995：647.

② 吴传清. 马克思主义区域经济理论研究［M］. 北京：经济科学出版社，2006：5-7.

③ 杨开忠. 中国区域发展研究［M］. 北京：海洋出版社，1989：41-62.

④ 方创琳. 区域发展规划论［M］. 北京：科学出版社，2000：13-14.

⑤ 陈才. 区域经济地理学［M］. 北京：科学出版社，2001：30-33.

结构优化升级，以及区域经济协调发展都具有重要的指导意义。①

（二）区域优势理论

区域优势是指一个地区所客观存在的比较有利的自然、经济、技术和社会条件，以及在这些条件基础上，通过区域经济运动所形成的具有跨区意义的经济部门，其本质是生产层面上的优势（程必定，1989）。② 区域优势研究的思想源于国际贸易领域中的地域分工理论。从地域空间意义上讲，国家也是一种层面的地区范围，对国家优势的研究也是属于区域优势研究的范畴。由此以来，区域优势理论主要包括以下三个方面：

1. 绝对优势理论

绝对优势理论又称为绝对成本论，是由英国古典经济学家亚当·斯密（Adan Smith）在其代表性著作《国富论》③ 中提出来的。绝对成本优势理论基于以下几个假设：一是区域之间可以进行自由贸易，且没有交易成本；二是劳动是唯一的生产要素，劳动与劳动产品处于完全竞争市场；三是任何一个地区都有自己的绝对成本优势。绝对成本优势理论认为，由于各个国家的地理条件、自然禀赋以及后天生产条件上的差异，形成了某些商品生产成本的绝对差，一国可集中资本和劳动生产具有绝对成本优势的产品，同另一个国家具有绝对成本优势的产品相互交换，这样贸易双方都可获得最大的利益，而要取得最大利益，只有在自由贸易的条件下才能实现。绝对成本优势理论从劳动分工的生产领域强调以绝对成本优势参与国际分工与贸易，是对国际贸易理论的重大贡献，但它无法解释一些任何产品生产都处于劣势的国家（或地区）参与分工与贸易的现实。

绝对成本优势理论也适用于区域产业分工，任何地区都应该按照其绝对有利的生产条件进行产业选择和专业化生产，然后进行区域交换，这样会使得各个地区的资源实现更有效率的空间配置，从而提高区域劳动生产率。绝对优势理论仅仅部分地解释了地域分工和国际贸易的发生原因，但无法解释一些几乎在所有产品生产中都落后于其贸易伙伴的国家参与地域分工和国际贸易的经济现实。

2. 比较优势理论

比较优势理论又称为比较成本论，是由古典经济学家大卫·李嘉图

---

① 丁任重，李标. 马克思的劳动地域分工理论与中国的区域经济格局变迁［J］. 当代经济研究，2012（11）：27-32.

② 程必定. 区域经济学［M］. 合肥：安徽人民出版社，1989：174-175.

③ （英）亚当·斯密. 国富论［M］. 郭大力，王亚南，译. 南京：译林出版社，2011.

(David Ricardo) 在其经典著作《政治经济学及赋税原理》① 一书中首次提出来的。他认为，任何国家都有其相对有利的条件，即比较优势。在两个国家中，即使生产的内容相近，但生产同类商品的生产费用不相同。这样一来，如果两个国家中其中一个能以相对较低的成本生产最利于本国的商品，并以这种商品出口换取在本国生产相对不利的商品，将使两个国家的资源配置效率提高，使双方都能获得“比较利益”。这就是所谓的比较优势理论，其实质是强调在各个国家之间劳动生产率的差异，因此提出在参与分工时应该遵循“两利相权取其重，两害相权取其轻”的原则。虽然大卫·李嘉图的比较优势理论比亚当·斯密的绝对优势理论更为符合现实经济情况，但是其理论分析进建立在单一的生产要素——劳动之上，未免过于简单化。

赫克歇尔（Eli F. Heckscher）和俄林（Bertil Ohlin）基于新古典经济学理论，用生产要素禀赋的差异性导致的价格差异来解释地域分工和国际贸易的发生。赫克歇尔（Eli F. Heckscher）在《对外贸易对收入分配的影响》一书中分析了各个国家要素禀赋的差异性对其比较优势形成的重要影响，提出各个国家都会出口密集地使用本国相对丰裕的生产要素的产品，因此要素禀赋的国际差异是国际贸易发生的充分条件。奥林（Bertil Ohlin）继承并发展了赫克歇尔(Eli F. Heckscher) 的思想，在《地区间贸易和国际贸易》一书中写道：“贸易的首要条件是某些商品在某一地区生产要比在另一地区便宜。在每一个地区，出口品中包含着该地区拥有比在其他地区拥有的较便宜的相对大量的生产要素，而进口别的地区能较便宜地生产的商品。简言之，进口那些含有较大比例生产要素昂贵的商品，而出口那些含有较大比例生产要素便宜的商品。”②这就是赫—俄要素禀赋理论，其核心是相对价格差异。虽然这一理论弥补了绝对优势理论和比较优势理论基于单一生产要素的缺憾，但是也存在不足之处，如“里昂惕夫之谜”③ 的存在。随后，一部分学者在针对如何解释“里昂惕夫之谜”展开研究，补充了赫—俄要素禀赋理论；还有一部分学者针对赫—俄要素禀赋理论没有关注到的因素进行研究，进一步丰富和拓展了比较优势理论。

---

① （英）大卫·李嘉图. 政治经济学及赋税原理［M］. 郭大力，王亚南，译. 南京：译林出版社，2011.

② （瑞典）贝蒂尔·奥林. 区际地区间贸易和国际贸易［M］. 王继祖，译. 北京：首都经济贸易大学出版社，2008：21.

③ 第二次世界大战之后，美国著名经济学家、诺贝尔经济学奖获得者里昂惕夫分别在1953年和1956年，以美国为对象对赫—俄模式进行了验证。研究发现，在美国这一普遍被认为资本比劳动力富裕的国家，在1947年后1951年两年中，出口的竟然是劳动密集型产品，而进口的却是资本密集型产品。这一验证结果与赫—俄理论之间的矛盾被称为“里昂惕夫之谜”。

20世纪50年代以来，学术界突破了传统贸易理论中的“不变生产规模报酬”和“完全竞争”的前提假设，基于产品差异性、不完全竞争、规模报酬递增等假设，引入技术要素、人力技能要素、研究与开发要素、信息要素和管理要素等内生性生产要素，进一步拓展了比较优势理论研究，形成了产业内贸易理论、需求相似理论、规模经济理论和协议分工理论。① 这些理论从不同视角解释了地域分工和国际贸易的发生，丰富了国际贸易理论，同时也为各个地区在发展中合理定位，寻求发展之路提供了可借鉴的理论观点。

比较优势理论为区域经济发展，尤其是欠发达地区的发展指出了一条可行路径。虽然那些遵循比较优势进行经济发展的地区确实在较短时间内，取得不同程度的经济发展更为容易，但是这些地区也可能会面临“比较优势陷阱”②的困扰，这就使学术界和实践部门开始对比较优势理论进行更多、更深入的思考。

3. 国家竞争优势理论

迈克尔·波特（Michael E. Potter）是竞争优势理论的集大成者，国家竞争优势理论是其竞争优势理论重要的组成部分，它旨在解释“为什么特定的国家会成为特定产业中具有较强国际竞争力的母国基地”。③ 波特在《国家竞争优势》一书中将“国家竞争优势”定义为一个国家使其国内企业或行业在一定的领域创造和保持竞争优势的能力。他认为，一个国家的产业是否具有国际竞争力取决于这个国家是否具有竞争优势，而国家竞争优势由要素条件、相关产业和支持产业、企业战略、结构和竞争等四组因素决定。为了明确地描述一个国家如何实现其竞争优势，波特提出了著名的“钻石模型”，其中强调了机遇和政府在竞争优势形成中的重要作用。

相对于绝对优势和比较优势来说，竞争优势是一个国家或地区的较高层次的优势，这种优势更难获得，然而一旦具备了竞争优势，这一国家或地区的经济发展将会快速提升，在区际贸易中的地位将大幅度提高。因此，注重质量和效益的对外贸易不能停留在比较优势上，需要将这种比较优势转化为竞争优势

① 刘秉镰，杜传忠. 区域产业经济概论［M］. 北京：经济科学出版社，2010：38-39.

② 比较优势陷阱是指一个国家或地区，尤其是指发展中国家或欠发达地区，按照比较优势生产并出口初级产品和劳动密集型产品，这样与那些生产并出口资本或技术密集型产品的经济发达国家或地区进行贸易时，始终处于不利地位，长期下去会阻碍这些落后经济体的发展，从而陷入“比较利益陷阱”。

③ （美）迈克尔·波特. 国家竞争优势［M］. 李明轩，邱如美，译. 北京：华夏出版社，2002.

(洪银兴，1997)[①]。

4. 大国综合优势理论

欧阳峣（2011）基于中国、印度、俄罗斯、巴西和美国等国家的经济发展状况，提出了“大国综合优势”概念，他认为“所谓大国综合优势，是指由于大国特征和多元特征所决定的一种特殊优势，它是通过整合大国的各种有利的资源而形成的融各种优势于一体的综合优势。”[②] 这是一种复合型优势，它的形成是要素禀赋、市场容量、经济规模以及技术和人力资本的适应性、区域经济互补性、经济部门的完整性等多个因素综合形成的集成效应。

5. 后发优势理论

后发优势的概念最早由美国经济史学家格申克龙（A. Gerschenkron）在20世纪50年代提出来的，其主要内容是指发展中国家收入水平、技术发展水平、产业结构水平与发达国家之间存在差距，可以利用这些差距，通过引进技术的方式加速技术变迁，从而使经济发展得更快（林毅夫，2003)。[③] 郭熙保和胡汉昌（2004)[④] 认为，发展中国家的后发优势具有多维性，不仅具有技术的后发优势，也存在资本、制度、人工、结构等方面的后发优势，而林毅夫(2002)[⑤] 则认为发展中国家的后发优势其实就是一种比较优势。王必达(2004)[⑥] 研究了区域层面的后发优势，他认为区域后发优势就是后发地区因其经济发展相对迟缓而形成的有利条件或存在的各种机遇。

区域优势理论的相关内容大多是基于国家层面展开讨论的，但是对一个国家内部的地区来说，在很大程度上也同样适用。遵循比较优势，可以使一个地区，尤其是欠发达地区，以最小的成本和最大的可能性获得发展机会；通过不断培育竞争优势，可以提升这一地区在区际竞争与合作过程中的地区，实现赶超发展。对于发达地区来说，维持和发挥竞争优势则可以实现其持久的竞争力。

（三）大推动理论

英国著名经济学家保罗·N. 罗森斯坦·罗丹（Rosenstein-Rodan，1943）基于现实经济生活中工业的补充性、生产的不可分割性、市场不完善，基础设

---

① 洪银兴. 从比较优势到竞争优势——兼论国际贸易的比较利益理论的缺陷［J］. 经济研究，1997（6）：20-26.

② 欧阳峣. 大国综合优势［M］. 上海：格致出版社，2011：52.

③ 林毅夫. 后发优势与后发劣势［J］. 经济学（季刊），2003，2（4）：989-1004.

④ 郭熙保，胡汉昌. 后发优势新论［J］. 武汉大学学报：哲学社会科学版，2004，57（3）：351-357.

⑤ 林毅夫. 后发国家究竟是有优势还是劣势？［J］. 经济前沿，2002（10）：11-12.

⑥ 王必达. 后发优势与区域发展［M］. 上海：复旦大学出版社，2004.

施滞后和储蓄不足等五个方面的理由，提出在促进区域发展过程中需要“大推动”。他认为，在一个国家或地区的经济发展过程中，只有以最小临界投资规模进行同时投资，并且保证这些投资流入的产业部门是相互补充的，才能产生“外部经济效果”。所谓的“外部经济效果”反映在市场需求和生产供给两个方面：一方面是同时对几个相互补充的产业部门进行大规模投资，通过投资需求创造更为广阔的市场，这就突破了一些发展中国家或欠发达地区在发展过程中，狭小的市场容量对国民经济快速健康发展的制约；另一方面，同时对几个相互补充的产业部门进行大规模投资，这样就可以使不同类型的企业通过相互协作而降低生产成本，从而增加企业生产利润。一个地区内部，所有或者大多数企业生产成本的降低和利润的提高，增加了地区储蓄总量，为这一地区资本积累和扩大再生产提供了更大的可能性。总之，在一个特定时期内，对某一地区内部几个相互补充的产业部门进行大规模投资，有助于开拓地区市场、降低社会生产成本，从而可以在需求和供给两个方面同时推动地区经济发展。

大推动理论强调，在一个较短时期内，某一特定地区对几个相互补充的产业部门进行的大规模投资不能小于某一个所谓的“最小临界投资规模”，一旦小于这一投资规模，就不会产生应有的带动效应，也就不能推动地区经济实现腾飞。这样就要求这一地区具有大量的资本积累，然而这恰恰是欠发达地区所面临的重要制约因素之一。要想“启动”地区经济发展，就必须集聚大量的资本，那么所需要的大量资本来自哪里呢？很显然，保罗·N. 罗森斯坦·罗丹（Rosenstein-Rodan）也考虑到了这一问题，他认为实现大推动所需的资本主要来源于国内储蓄和国际资本引进。一方面，为了实现经济发展，一个国家或地区需要在不降低国内（或区内）原有消费水平上的基础上，利用一切可以利用的资本增加投资，增加地区生产总值。提高整体收入中的储蓄份额，并努力将储蓄有效转化为投资，以继续增加投资。在“投资—产出—储蓄—投资”的良性循环下实现资本积累和扩大再生产的发生。另一方面，积极引进国际资本推动地区工业化发展，这样既可以实现保持消费水平的前提下增加投资，又可以通过国际投资增加区域收入，提高边际储蓄率，增加地区投资来源。

大推动理论关于通过大规模资本投资来推动地区经济发展的观点与传统经济增长理论一致，并且在现实的区域经济发展实践活动中也得到了不同程度的印证。因此，大推动理论为我国西部地区的经济发展过程中进行大规模投资、积极引进外资提供了理论依据，同时也提醒我们在西部地区经济发展过程中要充分关注发展产业之间的关联度。

（四）临界最小努力命题理论

1957年，美国经济学家哈维·莱宾斯坦（Harvey Leeibenstein）在《经济落后和经济增长》一书中提出了临界最小努力命题理论。该理论认为，对一个发展中国家而言，只有努力使国民经济达到某一特定水平，以突破低水平的均衡状态才能够获得长期持续的经济发展。

在哈维·莱宾斯坦（Harvey Leeibenstein）看来，保罗·N. 罗森斯坦·罗丹（Rosenstein-Rodan）关于发展中国家和欠发达地区难以实现经济发展分析过于浅层化。他认为，发展中国家所遭受的“低生产率—低储蓄率—低投资—低生产率”的恶性循环只是表面现象，一个国家或地区经济发展过程中的冲击或刺激才是决定其能否实现发展的根本力量。发展中国家或欠发达地区都是处于一种相对稳定的发展状态，如果产生一种冲击或刺激，它所产生的波动足以打破已有的、使经济正在处于的稳定状态，就可以带来经济发展的启动；如果波动冲击较小，不足以干扰经济现有的稳定状态，那么这一国家或地经济区就仍然处于“停滞”状态。这就是所谓的“临界最小努力命题”。因此，哈维·莱宾斯坦（Harvey Leeibenstein）指出，一个国家需要凭借重大的技术进步或投资的增长来克服使经济稳定的力量，以启动经济发展。

在一个发展中国家或欠发达地区的发展过程中，提高人均收入的刺激力量与制约人均收入提高的因素并存，而且在长期内，前者往往要小于后者，从而导致人均收入始终处于仅能维持生存的均衡点之上。只有足够大的外来刺激才能够实现人均收入的大幅度提升，进而为消费水平提高和资本积累提供了可能性。在这种条件下，发展中国家或欠发达地区就有可能摆脱“恶性循环”，迈向持久性经济发展。这样一来，一个国家或地区启动经济发展就需要在一定的时期受到大于临界最小规模增长的刺激，这些刺激可以是创办企业、提高劳动力素质，也可以是提高储蓄和投资在国民收入中的比例等活动。

（五）增长极理论

针对以罗森斯坦·罗丹（Rosenstein-Rodan）的“大推进”理论和纳克斯（R. Nurkse）的“恶性贫困循环”理论为代表的平衡增长战略，法国经济学家弗朗索瓦·佩鲁（F. Perroux）在《经济空间：理论的应用》和《略论增长极的概念》等一系列著述中，系统地阐述了洛施（August Losch，1939）关于区域经济活动具有向增长极集中的趋势这一思想，提出了以“增长极”为标志，以“不平等动力学”或“支配学”为基础的非平衡增长战略——增长极理论。增长极概念有两种不同的含义，一种是在经济意义上，特指某一推进型产业或公司；二是在地理意义上特指某个地理区位或空间单元。① 佩鲁（F. Perroux）认为，“增长极”是由主导部门和具有创新能力的企业在某些地区或

---

① 费洪平. 区域经济增长理论再评述［J］. 改革与战略，1994（1）：60-63.

大城市的集聚发展而形成的多功能经济活动中心，这些经济活动中心能够吸引和辐射作用，促进自身并推动其他部门和地区的经济增长。“增长极”的形成至少要满足三个条件：在该地区有足够具有创新能力的企业和企业家群体；具有一定的规模经济效益；具有良好的经济发展环境。

增长极理论不仅改变了经济增长理论研究的传统路径，也对区域经济政策的实践活动产生了巨大影响。希金斯（Higgins）认为，虽然佩鲁（F. Perroux）的理论体系没有凯恩斯体系完整，但如果能够进一步系统化和模型化，那么“对计划和政策方面的理论基础来说，佩鲁（F. Perroux）的体系将比凯恩斯和熊彼得的体系更有用”。① 斯佩格尔（Spiegel）则盛赞佩鲁（F. Perroux）是“现今唯一活着的发展一种理论体系能够挑战传统均衡分析的经济学家”②。

增长极理论的理论源泉是西方成熟的区位理论、悄然崛起的发展经济学，以及熊彼特的创新理论。它的实质是强调一个国家或地区在现实上是不可能实施平衡发展战略的，经济增长通常是从一个或数个增长中心逐步向其他部门或地区传导，政府应通过倾斜投资政策有意识地培养某个产业（支配企业）或城市（地区）作为经济增长极，带动相关产业或地区经济的整体发展。③ 从空间角度看，增长极的经济发展对周围地区产生两方面的影响，一是极化效应，即通过各种途径使得有限的稀缺资源集中投入到发展潜力大、规模经济和投资效益明显的少数地区，从而形成增长极并同周围地区形成一个势差；二是扩散效应，即通过创新活动的示范效应，先进技术和管理经验的推广，产业间的关联效应以及生产要素对周边地区的扩散等途径，刺激落后地区经济的快速发展。在短期内极化效应强于扩散效应，地区差距扩大，但随着时间的推移，当增长极的经济规模达到一定程度时，扩散效应则会强于极化效应。因此，可以先通过实施增长极战略推动区域经济发展，再通过强化增长极的扩散效应将其经济增长的动力机制传导到周围落后地区，带动后者共同发展，最终实现区域经济的整体性发展。

但是佩鲁（F. Perroux）的增长极理论仍存在两个致命缺陷，一是它过分强调增长极的正面效应而对负面效应不置一词；二是忽视了增长极的空间特征。佩鲁的后继者缪尔达尔（G. Myrdal）和布代维尔（J. Boudeville）针对上

---

① Regional Economic Development, Edited by B. Higgins and D. J. Savoie, Unwin Hyman Ltd, 1988.

② 安虎森. 增长极理论评述［J］. 南开经济研究，1997（1）：31-37.

③（法）弗朗索瓦·佩鲁. 略论增长极概念［M］. 经济学译丛，1988（9）.（美）艾伯特·赫希曼. 经济发展战略［M］. 曹征海，潘照东，译. 北京：经济科学出版社，1991.

述两个方面的理论缺陷进行了修正，使得增长极理论更加完善。20世纪60年代，在艾萨尔德（W. Isard）、胡佛（Hoover）、弗里德曼（Friedman）和布朗（Brown）等人的推动下，增长极理论取得了长足发展也日益呈现出理论政策化和实用化的阶段特征。①

区域经济发展的常态是非平衡性发展。在区域自我发展能力培育成长，有必要在区域内部一些发展基础好的地区建设增长极，实现这些地区的极化效应，同时强化区域内部的次级地域单元的交流合作，形成区域增长极体系，强化增长极的扩散效应，从而带动区域整体发展。

（六）地理上的二元经济理论②

上文已叙及，佩鲁（F. Perroux）的“增长极”理论强调，一个地区内部经济“增长极”的形成对其自身及其周围其他地区发展的带动作用，而忽视了“增长极”对其他地区发展的不利影响。1957年，瑞典经济学家、诺贝尔奖获得者缪尔达尔（G. Myedal）在《经济理论和不发达地区》一书中，提出了“地理上的二元经济”结构（geographical dual economy）理论，利用生产活动的互补性和循环累积因果关系的作用机制，阐述了“增长极”在发展过程中对周围地区的不利影响，从而补充和完善了“增长极”理论。

阿林·杨格（1996）③ 在对亚当·斯密（Adam Smith）的关于劳动分工受到市场广度限制的论点进行拓展性研究时，提出了循环累积因果关系的思想。他认为，虽然劳动分工受市场广度的限制，但由于市场广度存在着随产品成本下降而不断扩张，进而推动劳动分工深化的可能性。如果地区收入不变而产品价格因生产成本降低而下降，那么人们的购买力就会增加，这就等同于市场扩张，因此阿林·杨格提出了地区经济发展过程的自我增强机制：产品成本因劳动分工的深化而不断下降，由产品成本降低带来的产品价格下降刺激市场购买力的增加，市场需求的增加等同于市场广度的进一步扩大，市场广度的扩大促进劳动分工进一步深化和生产成本的降低，从而进一步地降低产品价格，扩大市场广度，如此循环积累。

缪尔达尔（G. Myedal，1991）④ 在阐释地理上的二元经济产生的原因及其消除路径的过程中进一步完善了循环累积因果关系。与新古典主义发展理论

① 孙根紧，丁志帆. 经济增长极的选择与培育［J］. 理论观察，2011（6）：40-42.

② 王必达. 后发优势与区域发展［M］. 上海：复旦大学出版社，2004：23-25. 魏后凯. 现代区域经济学［M］. 北京：经济管理出版社，2011：288-289.

③ （美）阿林·杨格. 报酬递增与经济进步［J］. 经济体制比较，1996（4）：52-57.

④ （瑞典）纲纳·缪尔达尔. 世界反贫困的挑战［M］. 顾朝阳，等，译. 北京：北京经济学院出版社，1991.

的静态均衡思想不同，他认为一个国家或地区的经济发展受技术进步、社会、经济、政治、文化和历史传统等多种因素影响，市场机制的自发调节机制无助于各个地区之间的均衡发展，相反会进一步强化区域不平衡的发展局面。这就是所谓的“循环积累因果关系论”。在经济发展初期，各个地区人均收入、工资水平和利润率都是大致相等的，且生产要素可以自由流动。这时，如果某些地区受到外部因素的作用，经济增长速度快于其他地区，经济发展就会出现不平衡。这种不平衡发展会引起“累积性因果循环”，使发达地区发展更快，发展慢的地区更慢，从而逐渐增大地区经济差距，形成地区性二元结构。由于这种地区二元经济结构的存在，各地区之间劳动力转移、资本的运动和贸易的开展不仅会阻碍某些落后地区的发展，而且还可以使整个经济增长放慢。

在这种累积性因果循环过程中，发展要素因要素收益差异由落后地区向发达地区流动而产生“回波效应”（backwash effect），即经济发展中落后地区受到发达地区不利影响后所产生的地区经济发展差距扩大的不良后果。但缪尔达尔认为“回波效应”（backwash effect）的作用并不是无节制的，地区发展差距的扩大也是有限度的，因为发达地区不仅有“回波效应”（backwash effect），还可以产生“扩散效应”（spread effect）。当发达地区发展到一定程度后，由于人口稠密、交通拥挤、污染严重、资本过剩、自然资源相对不足等原因，使发达地区生产成本上升，外部经济效益逐渐变小，从而减弱经济增长的势头。在这种情况下，一方面，发达地区再扩大生产规模，快速增长已变得相对不经济，因此就会将资本、技术、劳动力等向其他地区扩散出去，或者为了自己的进一步发展而将资本、技术、劳动力等向其他地区扩散出去，但无论怎样，这种扩散都会带动或帮助落后地区发展；另一方面，发达地区增长的减速会使社会对不发达地区产品、资源等需求增加，从而刺激他们的发展。其结果，使落后地区的经济得到较快发展，与发达地区的差别逐渐缩小，直达平衡。

缪尔达尔（G. Myedal）将这一“循环累积”、不断演进的过程分为三个环节：首先产生“初始变化”，并且呈现出一种“循环累积”的变化态势，即一个因素发生变化（初始变化），会引起另一个因素发生相应的变化，并强化先前的因素（次级强化），使经济沿着原先因素的发展方向发展。缪尔达尔（G. Myedal）认为，“市场的力量通常倾向于增加而不是减小区际不平等”①，为防止积累性因果循环造成的贫富差距无限扩大，不应消极地等待发达地区产生“扩散效应”来消除这种差别，而应该由政府采取一定的特殊措施来刺激不发达地区的发展，尤其是不发达地区的政府应制定相应的政策来发展自己的

① Myrdal，G. Economic Theory and Under-Development Regions，London Duckworth，1957：26.

经济，缩小这种差别。

卡尔多（N. Kaldor，1970）在继承了缪尔达尔强调的聚集经济、报酬递增、要素的迁入等产生的利益循环积累（即强调反吸效应对区域增长影响）的思想，并把这一思想整合到他的相对效率工资概念之中，提出了一个与缪尔达尔基本相似的区域经济增长模型①。所谓的相对效率工资，是指货币工资（W）与生产力增长率（U）的比值（W/U）。W/U 可以决定一个区域在全国市场中所占的份额，W/U 值越低，表明该区域的产出增长率越高。卡尔多认为，在一国范围内，由于制度的同质性，每个区域的货币工资水平及其增长率都相同。因此，在发达地区，由于集聚经济二是规模报酬递增，因而其产出增长率和生产力增长率提高，致使相对工资效率下降。反过来，相对效率工资的下降又导致区域产出增长率的进一步提高。这种循环累积的利益将使发达地区经济以更快的速度增长。卡尔多认为，我们现实的世界是由累积过程驱动的动态世界，与标准的规模报酬不变的模型相去甚远，他提出了“均衡经济学的不相关性”的论点。

（七）区域发展阶段理论

区域经济由低级向高级化发展需要经历漫长的历史过程。在这一过程中，要素供给特征、经济活动内容以及经济结构都将发生巨大变化，而且在不同的发展阶段中，区域经济表现出不同的阶段性特征。了解区域经济增长的演化过程，有助于制定相应的经济发展战略，以推动区域经济的现代化进程。区域发展阶段理论就是从历史变迁视角考察发展的阶段性，以及在各个历史发展阶段所表现出的特征。

1. 胡弗—费雪的区域发展阶段理论

1949 年，美国著名区域经济学家埃德加·胡弗（Hoover）和约瑟夫·费雪（Fisher）在其所发表《区域经济增长研究》一文中建立了他们的区域发展阶段理论。他们认为，任何区域的发展都存在着“标准阶段次序”。这种标准阶段次序可以表述为以下几个过程：

（1）自给自足经济阶段。这是区域经济发展的初始阶段，其特征是区域投资和区际贸易很少，产业发展以农业为主，区域人口绝大部分为农业人口，经济活动均随农业资源呈均匀分布。在这一阶段中，当地居民几乎完全与生活必需品的供给联系在一起，基本上没有贸易上的投资，人口是按照维持自给自足经济所必需的资源基础而分布的。

（2）乡村工业崛起阶段。随着交通运输业的发展，乡村工业及其相关产

① 魏后凯. 西方区域经济发展理论［J］. 开发研究，1990（5）：54-59.

业随之产生，由于乡村工业的原料、市场和劳动力仍来源于农业区域，因此，乡村工业的分布与农业人口的分布相对应。随着交通运输的日益发展，贸易往来和地区专业化生产也在区域中发展起来，第二阶层的人口开始出现，他们进行着简单的手工业生产，为当地农民服务。由于乡村手工业生产所需的原材料、市场和劳动力全部是由农业人口提供的，所以手工业与基本阶层农业人口直接相关。

(3) 农业生产结构转换阶段。随着区域间贸易的日益扩大，区域农业生产开始由粗放型农业转变为集约型且专业化的园艺、牧业、果蔬等生产。

(4) 工业化阶段。由于人口的增加以及农业生产发展到相当规模后所产生的规模报酬递减现象，迫使区域不得不谋求工业化，谋求制造业和矿业的发展。工业化阶段一般分为前后两期：即以农、林、矿产加工业，如食品加工业、木材加工业、纺织工业为主的前期发展阶段，和仍以炼钢、石油炼制业、金属加工制造业、化学制造业为主的后期发展阶段。

(5) 服务业输出阶段。区域经济发展的最后阶段，是以服务业，如资本、技术以及专业性服务等输出为主的发展阶段。在区域经济成长的最后一个阶段，区域实现了为出口服务的第三产业专业化生产。这时区域开始输出资本、收敛技术人员和为欠发达地区提供专业化服务。

胡佛和费雪的发展阶段理论隐含着这样的命题：经济区域的发展也可以说是农村发展，都必须经历两个相辅相成的成长过程：一是经济发展必须经历的自给自足的封闭型经济向开放型商品经济转变的历史过程。在这一转变过程中运输成本的下降起着关键的作用，因为只有运输成本降低，才能使区域间贸易成为可能，这也就是说交通运输条件的改善是发展过程中不可缺少的一大因素。二是区域经济必须要相应地完成由第一产业向第二产业到第三产业的过渡。其中最为关键的一步是区域工业化战略的实施。甚至在胡佛他们看来，由农业、采掘业等初级产业向以制造业为中心的次级产业过渡，被认为是维持区域发展的唯一途径。

2. 罗斯托的经济发展阶段理论

美国著名经济学家罗斯托长期致力于经济成长阶段研究，他在《经济成长的阶段——非共产党宣言》一书中，运用归纳现代史的方法，对已经工业化了的国家的经济增长经验进行了总结，以主导产业部门综合体系、制度结构、人类的目标追求等为标准，把国家和区域经济的增长划分为6个阶段：传统社会阶段、“起飞”创造前提阶段、起飞阶段、成熟阶段、高额群众消费阶段和追求生活质量阶段。

罗斯托认为，“起飞”就是突破经济的传统停滞状态，它需要三个条件，一是具有较高的资本积累能力。资本积累占国民收入的10%以上。三个途径实现资本积累，私人储蓄，政府发行债券、征税和出让共有土地等，国外（区域外）资本输入。二是建立“起飞”的主导部门，这个主导部门发展速度快，既能带动其他部门，又能赚取外汇以便引进技术，购买外国产品。三是要有制度上的改革，即建立一种能保证“起飞”的制度。

较高比例的资本积累确保了经济增长的资本需求；主导部门的建立和发展所带来的外汇收入，可以用来引进技术，同时由于进行了保障投资利益的制度变革，外国可以直接进行投资建厂带来新技术；一旦建立了主导部门，它就会对整个国民经济起“连锁反应”，带动其他部门的发展，引起地方经济的变化，增加劳动力供给，因而经济发展所需要的原料生产、交通运输、劳动力供给等问题都能得到解决。因此，一个国家只要具备了上述三个条件，经济就可以实现“起飞”，一旦“起飞”经济就能够“自动持续成长”了。

3. 陆大道的区域空间结构演变阶段论①

我国著名经济地理学家陆大道认为，社会经济的空间结构是历史发展的函数，处在不断变化发展之中。在1988年出版的《区位论及区域研究方法》一书中，他提出区域空间结构的演变经历的四个阶段，并且每一阶段有其自身的特点。后来在1999年出版的《区域发展及其空间结构》中进一步深化了这一理论。

第一阶段：农业占绝对优势的阶段。这一阶段，生产力水平低下，社会生产和社会极为封闭。商品经济有所发展，城市开始出现，但仅属于一种较为低级的居民点，仅作为商品交换的场所。城乡之间人员、物质、信息等方面缺乏交流，道路等区域基础设施水平低。总体上，区域空间结构处于不平衡状态，社会经济空间组织的构架呈原始状态，空间结构较为稳定。

第二阶段：由农业经济向工业化的过渡阶段。社会分工开始明显，出现了繁荣的手工业以及制造业，道路等区域基础设施大大改善。随着商品生产和商品交换的扩大，城乡之间的联系加强，交流日益频繁，城市的区位优势凸现。总体上说，空间集聚的不平衡开始出现，社会经济空间组织的构架在先发达起来的地区开始形成点—轴状态，区域的城镇居民点开始形成等级—规模体系。

第三阶段工业化中期阶段。这一阶段，社会生产力得到进一步的解放，区域经济进入强烈动态增长期。科技迅速发展，第三产业开始出现，城市之间的交换、交流越来越频繁。由于集聚经济因素的强烈作用，大城市越来越发展，区域的第二、三中心开始出现。大区域间的不平衡加剧。

① 陆大道. 区位论及区域研究方法［M］. 北京：经济科学出版社，1988. 陆大道. 区域发展及其空间结构［M］. 北京：科学出版社，1999.

第四阶段：工业化后期及后工业化阶段。科学技术高度发展，产业结构趋于高度化，社会福利水平大为提高，现代化的交通运输和通信网络基本形成，地区之间就业、收入、消费和选择机会的差异逐步消失，区域空间结构趋于“平衡”。

陆大道说描述的空间结构演变的四个阶段，反映了社会经济空间集聚或分散趋势变化的一般规律。从这一过程中可以看出，在漫长的农业社会中，社会经济的空间结构在理论上是“平衡”的；随着社会经济的发展，集聚开始出现，空间不平衡加剧；到了工业化的后期或后工业化时期，空间结构又重新回到“平衡”状态。

4. 陈栋生等的区域经济成长阶段论①

我国著名区域经济学家陈栋生等在 1993 年出版的《区域经济学》中对区域经济成长阶段进行了研究。他们认为，区域经济的成长是一个渐进的过程，可分为待开发、成长、成熟和衰退等四个阶段。

（1）待开发阶段：区域经济处于为开发或不发育的状态，社会生产力水平低下，传统农业处于经济活动的主体地位，第一产业在产业结构中所占的比重极高，商品经济不发育，市场规模狭小，资金积累能力很低，区域自我发展能力差，经济增长速度缓慢。

（2）成长阶段：区域经济高速增长，经济总量规模迅速扩大；技术创新能力不断增强；要素配置更为有效，经济结构明显优化；商品经济逐步发育，区域专业化分工出现并迅速发展；人口和经济活动不断向城市集聚，带动经济增长的增长极由此产生。

（3）成熟阶段：经济高速增长的势头减缓并逐渐趋于稳定；工业化达到了较高的水平，第三产业较为发达，基础设施齐备，交通和通信网络基本形成；生产部门结构的综合性日益突出，区域内部资金积累能力增强；人们的消费结构发生了根本性变化。但此时也往往会形成潜在的经济衰退因素。如“空间不可转移”和“不易转移”的要素价格上涨，使生产成本和生活费用提高；设备刚性导致越来越多的产业和产品的比较优势逐渐丧失；技术老化、市场萎缩和资源枯竭导致产业的衰退。

（4）衰退阶段：经济增长失去了原有的增长势头；处于衰退状态的传统产业在产业结构中所占比重大，导致经济增长的结构性衰退；经济增长停滞，区域逐渐走向衰退。

陈栋生等认为，当一个区域开始出现经济增长衰退的征兆时，如果能够及

① 陈栋生，等. 区域经济学［M］. 郑州：河南人民出版社，1993.

时采取有效的政策，通过经济的多元化和结构的高度化，并建立与之相适应的经济体制，就可以防止出现进一步的衰退，使经济增长趋于稳定，甚至有可能促进经济进入新的增长时期。

5. 郝寿义与安虎森的一般性区域增长阶段论①

郝寿义和安虎森在《区域经济学》教材中提出了一般性的区域增长阶段论。

（1）待开发阶段。在这一阶段中，传统的农业处于经济活动的主体地位，经济发展水平低下，劳动生产率低。经济活动和区域内人们的基本生存需求密切相关，从整体上讲，还处于自给自足的状态。区域资本供给能力不足，难以推动第二产业和第三产业的发展，基础设施改善不大。经济基本处于封闭状态，与区域外的经济联系微弱。生产条件落后，传统的生产手段仍然在经济活动中起支配地位。由于劳动生产率低，传统经济占经济的主体地位，要素配置不合理，经济结构落后，经济增长缓慢。

（2）成长阶段。由于区域的优势矿产资源得到大规模开发，或者通过自身的资本积累，区域的农产品加工能力和水平不断提高；或者区域外资本的流入，利用区域内丰裕的廉价的劳动力，发展使用本地资源的加工工业或来料加工工业，区域的工业化开始启动，并加速发展。工业逐渐超过农业成为区域经济的主导部门。由于劳动生产率不断提高，资本供给能力大大增强，要素配置更为有效，经济结构明显改善，经济增长速度比较快。

（3）成熟阶段。区域经济基本实现了现代化，工业、农业等物质生产部门的增长速度低于第三产业的增长速度，劳动力由物质生产部门向第三产业转移。推动区域经济增长的因素，已经由要素投入数量的增加转变为要素配置效率的提高和技术创新能力的增强。劳动力价格迅速上升，迫使劳动密集型产业逐渐由资本和技术密集型产业所取代，从而促使区域产业结构高级化。由于要素供给质量的明显提高，技术创新能力增强，产业的结构不断升级，区域经济增长较快。

（4）高级化阶段。经济完全实现现代化，推动经济增长的主导因素，已经由要素投入的增加转变为技术和组织创新。区域经济和区域外部的联系更为密切。人们的消费结构发生了根本性变化，物质消费已退居次要地位，追求精神享受，不仅是一种时尚，而且成为主流，服务于这种消费结构变化的第三产业的发展，将是推进经济发展的重要力量之一。

---

① 郝寿义，安虎森. 区域经济学［M］. 北京：经济科学出版社，2004：211-214.

四、能力理论

（一）能力理论的源泉：古典劳动分工理论

能力理论的思想渊源可以追溯到英国古典经济学家亚当·斯密（Adam Smith）的劳动分工理论。他认为“劳动生产力最大的改良，以及在任何地方指导劳动或应用劳动时所用的熟练技巧和判断力的大部分，都是分工的结果”。[①] 在这里，这种“指导劳动或应用劳动时所用的熟练技巧和判断力”可以视为一种由分工带来的能力，以这种“能力”按照绝对有利的生产条件进行专业化生产可以提高劳动生产率。古典劳动分工理论不仅适用于企业内部员工之间处理生产协作关系，也适用于国家（或地区）之间在社会生产中生产关系的处理。所有国家（或地区）都按照自己的绝对优势进行生产，势必会提高整个社会的劳动生产率，获取最大化劳动成果，然后通过交换互通有无来增进双方利益，进而提高整个社会的福利水平。

但是亚当·斯密的劳动分工理论也存在一个致命缺陷，它无法解释事实上存在的一种现象，那些在各个生产领域都具有绝对优势的国家（或地区）与在各个生产领域都处于绝对劣势的国家（或地区）之间的贸易行为。英国古典经济学家大卫·李嘉图（David Ricardo）继承和发扬了亚当·斯密的绝对成本优势理论，提出了“比较成本优势理论”。他认为一些存在贸易关系的国家（或地区）之间的分工并不是源于各自的绝对优势，而是相对而言的比较优势。当一个国家（或地区）在各个生产领域都比另一国家（或地区）具有优势时，两者就会按照“两优取其重，两劣取其轻”的原则进行生产分工，由此一来双方都能够最大限度地挖掘自身的生产潜力，提高劳动生产率，进而通过国际贸易提升整体福利水平。基于绝对优势和比较优势的古典劳动分工理论在一定程度上解释了产业工人，国家（或地区）之间发生分工的原因，那就是分工可以使生产过程中的行为主体具备一种可以提高生产效率的能力。

后继研究者从更为宽广的视野来研究能力问题，其研究对象涉及微观、中观和宏观三个层面的行为主体。关于微观层面的行为主体的能力理论包括阿马蒂亚·森（Amartya Sen）的人的能力理论，以艾迪斯·潘罗斯（Edith Penrose）等为代表的企业能力理论，以及林毅夫等人提出的企业自生能力理论；中观层面的行为主体的能力理论是指某一特定地区在创新、竞争力和可持续发展等方面的能力研究；宏观层面的行为主体的能力理论是指王绍光和胡鞍

① （英）亚当·斯密．国富论［M］．郭大力，王亚南，译．南京：译林出版社，2011：1.

钢的国家财政能力，林世昌的国家创新能力，以及国家赶超能力，等等。

（二）人的可行能力理论

1998 年诺贝尔经济学奖获得者阿马蒂亚·森（Amartya Sen）除了在福利经济学领域做出杰出贡献外，还长期致力于发展经济学领域研究。他在 20 世纪 80~90 年代提出了“能力方法”的分析框架，这一框架的核心概念是自由、功能和能力。在森的可行能力理论中，发展不再局限于经济社会的发展，而是“扩展人们享有的真实自由的一个过程”①，扩展自由是发展的首要目的和主要手段。建构性体现在实质自由对提升人们生活质量的重要性上面。在这里，“实质自由包括免受困苦——诸如饥饿、营养不良、可避免的疾病、过早死亡之类——基本的可行能力，以及能够识字算数、享受政治参与等等的自由”②。在森（Sen）可行的理论框架中，“自由”在发展中具有建构性作用和工具性作用，其中建构性作用体现在自由是人们的价值标准与发展目标中自身固有的组成部分，它本身就是价值，因而不需要通过别的有价值的事物的联系来表现其价值，也不要通过别的有价值的事物起促进作用而显示其重要性。“自由”的工具性作用体现在它可以作为手段获得发展，那么人类社会发展中就存在着五种重要的工具性自由：政治自由、经济条件、社会机会、透明性保证和防护性保障。

森（Sen）在论述亚里士多德关于生活质量和亚当·斯密关于生活必需品的基础上，考察了构成人的有价值的、诸如吃、穿、住、行等生活性“功能性活动”，一个人的“可行能力”就是这个人能够实现的这些活动的各种组合。在这个意义上，能力就是一种自由，这种自由不仅意味着个人享有的“机会”，也意味着个人选择的“过程”。能力标志着一个人能够做什么或不能做什么，能力体现的就是一个人过某类生活或实现合理目标的自由。一个人能力越大，他选择过某种生活的自由度就越大。人类潜能的开发以及自由的相应拓展才是经济增长的终极目标。

1990 年以来，联合国在每年发表的《人类发展报告》中的人类发展指数（HDI），都包含了森（Sen）关于“发展”的崭新定义。但是由于森（Sen）并没有指出能力的具体内容，著名的女哲学家努斯鲍姆（Nussbaum）对森（Sen）能力发的具体内容做了重要补充研究，她提出了包括生存、身体健康、身体完整、判断力、创造力和思考能力、感情、实践动机，与社会建立良好关

---

① （印）阿马蒂亚·森. 以自由看待发展［M］. 任赜，于真，译. 北京：中国人民大学出版社，2002：1.

② （印）阿马蒂亚·森. 以自由看待发展［M］. 任赜，于真，译. 北京：中国人民大学出版社，2002：30.

系，其他种类的能力，消遣，对个人环境的控制能力等十项人类能力，并把它们区分为基本能力、内在能力和组合能力三个部分，这样逐渐使森（Sen）的可行能力理论丰满起来。Muellbauer（1991）和 Jear Dreze（1995）对森（Sen）的人的能力方法作了进一步的拓展研究。

（三）企业的能力理论

在古典经济学家亚当·斯密（Adam Smith）的《国富论》中，我们依稀可以看到关于企业成长及其能力的思想。他在论述劳动分工理论时指出，一个企业的成长规模及其实现的规模经济效益，受企业内部分工的性质和程度的影响。阿尔弗雷得·马歇尔（Alfred Marshall，1920）创立的"企业内在成长论"，继承并发展了亚当·斯密（Adam Smith）关于企业发展的思想。随后，安蒂斯·潘罗斯（Edith Penrose）和理查德森完善了这一理论。经济学家对企业理论的研究形成了互为补充的三个流派：企业资源基础论、企业动力能力论和企业知识基础论。虽然各派理论在研究的着眼点上有所区别，但它们的基本观点都认为，企业必须对能够扩展生产领域的知识和能力进行不断积累，这是企业成长的基础。正是以企业理论各流派的观点为基础，推动了企业能力理论的发展，进而形成了现有的企业核心竞争力理论。①

1999 年，林毅夫和谭国富在《自生能力、政策性负担、责任归属和预算软约束》一文中提出了"自生能力"的概念。他们认为，"如果在开放的竞争性市场中，一个产业部门的企业在没有外部扶持的情况下，能够获得一个可被投资者接受的预期利润，则该产业就是有自生能力。能够自发地存在于竞争性的市场经济中的产业，应该都是有自生能力的。如果一个产业不具有自生能力，它将衰亡或根本就不会出现。一个产业部门不具有自生能力的原因可能是由于该产业部门的技术结构和该经济的要素禀赋结构所决定的比较优势不一致。"② 由此以来，发展中国家的企业应该在发展过程中遵循比较优势发展战略。林毅夫是中国经济体制渐进式改革的倡导者，他认为，在计划经济体制之下，政府干预的目的是为了保护一些没有自生能力、不符合比较优势的重工业部门、企业，这是内生于赶超发展战略的。那么，建立在企业具有自生能力假设前提下的转型政策设计，将是不适合苏联和中国这样的计划经济转轨国家的。为此，在解决计划经济体制向市场经济体制转型时，就要放弃这一假设前提，而要把企业是否具有自生能力作为转型是否成功的参照系。他认为，"如

① 李正中，韩智勇．企业核心竞争力：理论的起源及内涵［J］．经济理论与经济管理，2010（8）：54-56.

② 林毅夫，谭国富．自生能力、政策性负担、责任归属和预算软约束［J］．经济社会体制比较，2000（4）：54-58.

果一个企业通过正常的经营管理预期能够在自由、开放和竞争的市场中赚取社会可接受的正常利润，那么这个企业就是有自生能力的，否则，这个企业就是没有自生能力的。”① 可以看出，他所研究的企业自生发展能力，不仅是经济转型的前提条件，也是经济体制成功转型的一个有效途径。

林毅夫的自生能力理论是建立在企业层面的要素配置理论，虽然他将一个国家和地区的技术创新和产业升级视为遵循比较优势生产运作后非常自然的结果，但并没有对这些问题做出令人满意的理论解释。对于一个发展中国家，或欠发达地区来说，在发展过程中遵循比较优势往往会带来发展“内卷化”，不利于国家和地区的技术创新和经济赶超发展。也就是说，仅从企业层面探讨自生能力，无法避免区域发展过程中路径依赖（path - dependency）和锁住（lock-in）的负面效应，也就无法对产业结构和区域经济进行类比。因此，这种自生能力论可以解释中国改革初期劳动密集型企业获得的成功，但是却无法对国家产业发展政策提出合理化建议，这也是由林毅夫研究的自生能力只针对企业所限制。

（四）区域的能力理论

关于区域的能力研究大致可以分为区域竞争力、区域创新能力和区域可持续发展能力三个领域。区域竞争能力的研究源于20世纪80年代欧洲经济论坛和瑞士洛桑国际管理学院对国际竞争力的研究。1990年，美国哈佛商学院教授Michael E. Porter以国家为研究单元，创造性地提出了一系列竞争分析的综合方法和技巧，对区域性地域单元的竞争能力进行了系统而完整的研究，为区域竞争力理论研究奠定了基础。随后国内外学者在此基础上，进一步拓展了和完善了区域竞争力的概念，以次国家区域（省域）和城市为对象构建了竞争力模型，如Iain Begg（1999）的“迷宫”城市竞争力模型；Douglas Webster（2000）的城市竞争力模型，王秉安（2000）的区域竞争力模型、张辉（2001）的“三要素静态—动态”区域竞争力模型，倪鹏飞（2001，2003）的“弓弦箭”城市竞争力模型和“飞轮”城市竞争力模型，等等。李建平等以市场竞争理论、竞争优势理论、综合国力理论、竞争力理论、区域经济理论和发展经济学理论为基础，对省域经济综合竞争力的概念和内涵进行了分析研究和科学界定。通过建立评价体系对我国31个省、市、区及港澳台地区的经济综合竞争力进行了全面、科学的比较分析。

熊彼特（J. A. Schumpeter）于1992年《经济发展理论》一书中第一次给出了创新的概念，接下来分别在《经济周期》和《资本主义、社会主义与民

① 林毅夫. 自生能力、经济发展与转型：理论与实证［M］. 北京：北京大学出版社，2004：7.

主》等著作中继续丰富了创新理论。他将创新归结为五个方面：生产新产品、新服务，或是对已有产品或服务的提升；新的生产方法，但并不改变现有产品；新的生产材料；对已有产品或服务找到新市场；新的商业组织模式。熊彼特的创新活动不是单纯的技术活动，而是包含了技术创新、市场创新和组织创新在内的一系列创新绩效提升活动。

区域创新能力是指一个地区进行资源要素的有效配置、提高经济增长质量、促进可持续发展的能力（Simmie，2003）①。区域创新能力是一个区域作为完整的系统，表现出来的综合能力，它包括制度能力和技术能力两个基本组成要素。就制度能力而言，它是指一个国家或地区进行制度变革的能力，在研究中常常通过所有制中国有经济比例（沈坤荣，1998）②、市场化程度（樊纲等，2003）③ 和对外开放度等现实经济因素考察。就技术能力而言，它是指一个国家或地区的技术系统所具有的提高各种资源要素配置效率，促进科技进步，经济社会发展的能力。其包括技术投入能力、技术转化与吸收能力，技术支撑能力，等等。它受技术系统中科学、技术要素的发育程度，诸如市场、经济政策等相关制度结构等因素的影响。

另外，还有学者对区域产业发展能力、区域持续发展能力等进行了研究可持续发展理念在区域层面的实现，指一个区域在实现经济、社会、生态和文化等方面可持续发展的能力。

（五）国家的能力理论

联合国工业发展组织在 2005 年的研究报告《为赶超构建能力》中提出，低发展水平国家实现赶超中最关键的是增加知识储备、提高执政能力和建立金融体系；泰国技术能力研究小组（1989）认为提高人员、设备、信息、组织等四个发展要素的储备可以提高国家技术能力；Pelikan（1996）认为，能力建设的重点在于，在增长要素积累的基础上形成学习能力、配置能力、技术能力、开放能力；Lall（2004）提出通过国家干预发展技术能力。④ 林世昌（2008）提出，通过高新科技产业化创新实现产业技术升级，通过组织管理创

---

① Simmie J. Innovation and urban regions as national and international nodes for the transfer and sharing of knowlege. Reg Stud，2003（6）：607-620.

② 沈坤荣. 中国经济转型期的政府行为与经济增长［J］. 管理世界，1998（2）：22-30.

③ 樊纲，王小鲁，张立文，朱恒鹏. 中国各地区市场化相对进程报告［J］. 经济研究，2003（3）：9-18.

④ 梁双陆. 西部自我发展能力构建的理论思考［C］. 西部省区市社科联第四次协作会议暨西部发展能力建设论坛论文集，2011.

新形成全球化生产组织体系和再生产循环系统是构建中国的发展能力的关键所在。[①] 王绍光、胡鞍钢（1993）在《中国国家能力报告》[②] 一书中提出这样一种观点，强有力的中央财政能够弥补我国国民经济在经济发展方式转变与经济体制改革的双重转型过程中因市场失灵造成的损耗，从而确保经济体制改革顺利进行，实现国民经济持续健康发展。他们把国家能力定义为国家将自己的意志、目标转化为现实能力，主要包括汲取能力、调控能力、合法化能力和强制能力。可以看出他们所研究的国家能力不仅仅是西方国家建设学派的理论发展，更着眼于中央政府在改革中地位，着眼于中国经济的成功转型。

第二节　区域自我发展能力研究的文献述评

文献综述，可谓是通往专题研究的桥梁。[③] 在对区域自我发展能力进行专题研究之前，我们从国外研究与国内研究两个层面，对区域自我发展能力的相关研究文献进行细致梳理与归纳分析。

一、国外研究

Gary P. Greena et al.（1990）[④] 以 100 多个非大都市社区为研究对象，通过对当地自我发展战略中的实施项目的特点、收益与成本，自我发展面临的障碍进行分析后发现，由于农村经济持续低迷，虽然自我发展活动为当地居民创造了大量就业机会，但 20 世纪 80 年代以来的大多数自我发展项目已经成为过去式，自我发展活动不能取代农村传统的经济发展活动，只能成为其补充。研究结论显示，发展成本和信贷的可用性是自我发展项目的主要阻碍；由社区福利看来，本地商业和工业发展项目往往会以最小的成本创造最多的就业。

Cornelia Flora et al.（1991）[⑤] 在一项研究中指出，在 20 世纪 80 年代，众

① 林世昌. 生产全球化的发展变革与我国经济发展能力的构建［J］. 上海行政学院学报，2008，9（1）：64-78.

② 王绍光，胡鞍钢. 中国国家能力报告［M］. 沈阳：辽宁人民出版社，1993.

③ 朱玲. 文献研究的途径［J］. 经济研究，2006（2）：116-119.

④ Gary P. Greena, Jan L. Florab, Cornelia Florac & Frederick E. Schmidtd. Local Self-Development Strategies：National Survey Results［J］. Community Development Society Journal, 1990, 21（2）：55-73.

⑤ Cornelia Flora, Jan L. Flora, Gary P. Green, Frederick E. Schmidt. Rural Economic Development Through Local Self - Development Strategies'［J］. AGRICULTURE AND HUMAN VALUES - SUMMER, 1991：19-24.

多社区依靠社区基础活动区推动经济发展，而非工业招商战略。对大多是农村社区而言，虽然自我发展活动不能成为主要的经济发展内容，但它们确实会给社区建立一个更有活力的地方经济。

Jan L. Flora et al.（1992）① 将自我发展被定义为地方项目的实施，或者一个企业（或几个企业）的创建，这些会增加社区收入或者新增就业岗位。自我发展战略与那些吸引新的企业或企业分支进入本社区的经济发展战略不同。一个本土的自我发展项目必须包括以下三个特征：参与当地的社区组织，如当地政府；投资当地资源，这不排除使用外界额外的资源；拥有企业或投资活动的所有权和控制权。为了重构地方经济，很多研究者和政策制定者提出农村建设的领导者要拓展自己的发展视野。相反，领导者被鼓励去更多依靠当地资源以获得经济选择权。工业招商引在很多农村社区不能提供现实的成功，尤其是长期成功的潜力而招致批评。最近一些经济发展文献建议，社区需要获得更大的经济活力。自我发展实践的成功实施并不意味着社区将不受制于市场力量，而是意味着它更加依赖当地资源。

Jeff S. Sharpa，Jan L. Florab（1999）② 分别从企业家的社会建设元素和增长机制两个方面，对全美 287 个非大都市区社区自我发展和工业招商两种不同类型经济发展方式进行对比。调查结果显示，自我发展项目可以利用多样化资源，能够利用更加多样的本地设备和设施，而工业招商往往带来更多机器设备，而且依赖于资源和当地及国家政府支持。不论哪种类型，有三分之一的项目遭到反对，这些项目往往与不能有效推动增长有关。

Jeff S. Sharp et al.（2002）③ 探讨了在农村地区，自我发展战略和工业招商战略这两种截然不同的经济发展方式的存在性与社区社会组织特征之间的关系。他们认为自我发展是一种主要依靠企业精神和本地资源的内源性发展形式，而工业招商是一种寻求外来投资者和企业前来设厂的外源性发展形式。以爱荷华州内 99 个抽样社区为研究对象，研究结果发现社会基础建设，即组级互动性的社区组织和机构，与自我发展的联系要比与工业招商的关系密切的

① Jan L. Flora, Gary P. Green, Edward A. Gale, Frederick E. Schmidt, Cornelia Butler Flora. Self-Development: A viable Rural Development Option? [J]. Policy Studies Journal, 1992, 20 (2): 276-288.

② Jeff S. Sharpa, Jan L. Florab. Entrepreneurial Social Infrastructure and Growth Machine Characteristics Associated with Industrial-Recruitment and Self-Development Strategies in Nonmetropolitan Communities [J]. Community Development Society Journal, 1999, 30 (2): 131-153.

③ Jeff S. Sharp, Kerry Agnitsch, Vern Ryan, Jan Flora. Social infrastructure and community economic development strategies: the case of self-development and industrial recruitment in rural Iowa [J]. Journal of Rural Studies, 2002, (18): 405-417.

多。一个重要的发现是，以活跃的社区组织、支持当地社区项目的企业、以社会各界的资金筹集能力，以及与其他等地位社区和州政府的联系程度来衡量的社会基础建设与自我发展之间存在正相关关系。虽然社会基础建设和工业招商之间的关系也是显著的，但较为温和。因此，社区的社会组织有可能成为一种发展资源，但是与外源性发展方式相比，更适合于内源性发展规划。

Mitchell（2002）① 在一项研究中提出，地方自给自足研究所发起的“家乡优势”活动旨在鼓励所有权的地方化和将用于零售品的开支花在本地区工商业生产的产品和服务中。本地化的所有权确保经济资源广泛地为本地所有和控制，并保证决策的本地化。大公司根据法律规定需要最大程度地回报股东，地方所有的企业除了保持低线以外，还可以受其他价值观的引导，并且这些公司为当地人所拥有，他们更倾向于对本社区的福利和长期健康和活力给予更多的关注。

Toni Saarivirta（2007）② 从个人、组织、区域和国家在某些时候会面临危机的角度出发，问题是如何应对危机并且如何在危机之后获得恢复。一些主体会比另外一些主体恢复得更好，更快。引入自我振兴能力的概念来方便进一步分析，新古典增长理论和内生增长理论可以作为着手点来对自我振兴能力进行研究。结果显示，内生增长理论比新古典增长理论提供了更大的解释空间，但仍有一些问题没有得到解释。自我振兴能力源于个人层面的学习过程，在企业、组织、机构和区域层面得以强化。勘探、开采、吸收、整合、领导力与社会资本一起构成了自我振兴能力的内核。加之本土化技术知识和集体知识，自我振兴能力包含自上而下和自下而上两种形式。

安迪·派克等（2011）③ 认为本土化是依赖于地方和区域内部自然出现的经济潜力的增长。这种发展形式是培育“自家生长”型资产和资源的一种形式，它可能更深地植根于本地，并有可能更愿意留在本地而不是为逐利而来，而且更能够对地方和区域的发展做出持久与可持续的贡献。本土化地方和区域发展包括三个基本要素，创建新的工商企业、发展和维护现有企业，以及开发和提升劳动力等。

---

① Mitchell, S. New rules for the new localism: favoring communities, deterring corporate chains', Multinational Monitor 23（10-11）: 1-10.

② Toni Saarivirta. In Search of Self-Renewal Capacity——Defining concept and its theoretical framework. University of Tampere Research Unit for Urban and Regional Development Studies. SENTE Working Papers, 2007（10）: 1-11.

③（英）安迪·派克，安德烈·罗德里格斯·珀斯，约翰·托梅尼. 地方和区域发展［M］. 王学峰，等，译. 上海：上海人民出版社，2011：156-175.

二、国内研究

国内学术界关于区域自我发展能力的研究发轫于20世纪80年代末，真正的系统研究则兴起于本世纪初期。1988年，周忠瑜的《努力提高少数民族地区的自我发展能力》一文开创了国内关于区域自我发展能力研究的先河。在这篇文章中，他提出在改革开放的新形势下，加快少数民族地区经济社会发展，不断缩小与发达地区的发展差距，一条最根本的出路就是通过赋予民族地区更多的发展自主权，加大民族地区经济开发力度以促进自然资源优势向商品优势转化，挖掘民族地区发展潜力、调动各民族发展经济的积极性等途径来提升少数民族地区的自我发展能力（周忠瑜，1988）。中国科学院院士吴传钧（1997）进一步指出，在加大对西部地区政策支持力度的同时，增强西部地区自我发展能力是缓解东部地区与西部地区之间发展差距扩大，促进地区经济协调发展的最根本出路。

后继研究者分别基于经济哲学（罗晓梅，2007；孙美璆，2009）、发展权利（向焕琦，2011；林勇等，2012）、资本积累（梁双陆，2011）、空间管制（王科，2008；闫磊、姜安印，2011）、产业发展（张瑞华等，2008；邵建平等，2012）、西部大开发经验总结（胡卫华，2011；何代欣，2011）等视角，对中国内部不同地域空间范围，诸如西部地区（鱼小强，2002；杜黎明，2007；李林，2008；王晓娟，2010）、农村地区（沈茂英，2006；孔鹏、李英梅，2008；南人凤，2011）、贫困地区（梅兰，2008；杨杰文，2011）、民族地区（徐君，2003；杨东萱，2010；李盛刚，2010；郑长德，2011）以及特定省（地）区（周彦，吴一丁，2007；张佳丽、贺新元，2010；杜青华、窦国林，2011）等地区的自我发展能力进行了探索性研究。概括而言，国内学术界关于区域自我发展能力的研究，主要集中在以下几个方面：

（一）概念界定

科学、严谨的概念界定，是对事物进行深入研究的理论基点。“区域自我发展能力”的概念提出以后，很多学者在研究过程中，尝试从不同视角对其进行界定。第一个就区域自我发展能力给出明确概念界定的学者是唐奇甜，他基于生产力发展角度将区域自我发展能力定义为“征服和改造自然界的能力”，这种能力以生产力要素充分发挥作用，生产力要素的结构形式适应时代要求，劳动生产率水平与科技进步程度有机结合为主要标志，是一种“在任何灾害的情况下能保持自治、自理、自强的能力”。这一概念虽然给后续研究者以重要启示，但并不严谨，尚未明确概念中“自我发展”的涵义所在。之后，诸多学者对区域自我发展能力概念的界定，按区域自我发展与“外围力量”的关系大致可以分为下面两大类。

第一种观点强调区域自我发展的内源性，将区域自我发展能力定义为行为主体在没有外部扶持情况下，依靠区域内部资源，挖掘区域内部潜力，充分发挥主观能动性来实现自身发展的能力。他们认为区域自我发展能力是一个综合性概念，是自然生产力和社会生产力的总和，是对自然资本、物质资本、人力资本和社会资本积累状况的整体描述。如周亚成、兰彩萍（2003）认为区域自我发展能力是指在发展过程中，源于自我本体的，与社会发展相吻合的内部推动力。孙美璆（2009）在以文化视角研究少数民族地区发展过程中，将少数民族的自我发展能力定义为“少数民族对本民族文化的认识和适应能力”，“是一种内源式发展能力”。郑长德（2011）认为区域自我发展能力是反映一个区域在没有外部扶持的情况下，区域将完成它所期望的功能和实现某种更好结果的程度与可能性。还有部分学者直接将区域自我发展能力界定为自力更生的能力（田官平，张登巧，2001；刘期彬，2011）。

第二种观点不仅强调区域自我发展能力在区域经济发展过程中的自身基础和造血功能，但明确表示这一能力并不排斥外围力量对地区经济发展的推动作用，并且自我发展能力是外围力量发挥作用的内在基础。持有此类观点的学者有鱼小强（2002），周彦、吴一丁（2007），王科（2008），杜青林、窦国林（2011）等。

另外，徐君（2003）将自我发展能力等同于可持续发展能力，认为自我发展能力的高低主要由可持续发展能力的高低来体现。杨彬（2010）借鉴个体群进化分析方法，将区域自我发展能力定义为区域内部个体群主动进化的能力，分为现行进化能力和隐性进化能力，前者是我们能够通过客观指标进行评估的能力，包括市场经济主体适应自然环境和社会环境变化进行学习和革新的能力；后者是深层次影响显性进化能力提升的关键性因素，表现为个体群文化进化能力。罗晓梅（2007）认为，从经济学观点来看，西部的自我发展能力是以西部制度创新为基础的区域创新能力和竞争力。

（二）构成要素

一部分学者从不同角度，基于不同层面，对区域自我发展能力的构成要素进行了分析。大致说来，可以分为微观和宏观两个层面，具体研究情况如表2.1所示：

表 2.1　　　　各种层面的自我发展能力研究

视角	学者	行为主体	构成要素
微观主体	周亚成，兰彩萍（2003）	新疆牧区少数民族	与社会发展相吻合的内部推动力、与社会整体的联系与融合能力
	沈茂英（2006）	农村贫困人口	文化素质和生计能力、获取社区资源和参与社区决策能力、市场参与能力、信贷资源获取能力、家庭财产与资源管理分配能力、健康教育与儿童抚养能力、社会就业参与能力
	杨科（2009）	农村贫困人口	信贷资金获取能力、承认文化素质和生存技能、农村基层组织管理能力
	孙美璎（2009）	少数民族	对资源的认识能力、多元经济背景下的生存能力、传统文化的继承与发展能力，制度建构与重构能力
	赵雪雁、巴建军（2009）	甘南牧区牧民	生产能力、经营能力、就业选择能力、创业开拓能力、风险承担能力、知识吸收能力、知识交流能力、创新与竞争能力、民主能力
	李华红（2011）	贵阳市镇山村居民	居民的旅游开发认知能力、居民的旅游开发参与能力、资金资本积累能力、人力资本开发能力、社会资本利用能力
宏观主体	鱼小强（2002）	西部地区	要素凝聚能力、资源组合能力、科技进步能力、制度创新能力、科学决策能力
	徐君（2003）	民族地区	经济能力、社会能力、生态能力、宏观调控能力
	李盛刚，畅向丽（2006）	民族地区	自我经济发展能力，自我社会发展能力，自我区域组织协调能力，组织创新能力、生态平衡发展能力
	罗晓梅（2007）	西部地区	西部制度创新为基础的区域创新能力和竞争力
	王科（2008）	贫困地区	区域自然资源环境承载力、区域社会发展能力、经济聚集能力
	陈军民（2008）	农村贫困地区	农民个体自生能力，农户家庭自主发展能力、村庄整体自主发展能力
	孔鹏，李英梅（2009）	农村地区	经济能力、组织能力
	杨彬（2010）	西北欠发达地区	现行进化能力和隐性进化能力
	成学真、陈小林（2010）	一般性区域	区域产业发展能力、区域内部企业竞争力、区域生态环境可持续能力、区域金融服务能力、地方政府调控能力
	张佳丽，贺新元（2010）	西藏地区	经济发展能力、党的执政能力、科学文化建设能力、生态发展能力、文化发展能力、民族宗教工作能力
	刘期彬（2011）	西藏地区	自然资源环境承载力、社会发展能力、经济聚集能力
	郑长德（2011）	民族地区	第一产业发展能力、第二产业发展能力、第一产业发展能力；自然资本、社会资本、人力资本、物质资本；经济发展能力、政治发展能力、社会发展能力、文化发展能力、生态发展能力 政府自我发展能力、企业自我发展能力、家庭自我发展能力、区域创新与学习能力

表2.1(续)

视角	学者	行为主体	构成要素
宏观主体	闫磊、姜安印（2011）	一般性区域	区域经济资源的利用能力和创生能力
	向焕琦（2011）	西部地区	要素聚集能力、产业发展能力、科技进步能力、制度创新能力、政府调控能力
	王斌（2012）	西部地区	功能、权利、资源、知识

（三）形成机制

张瑞华等（2008）认为任何一个区域都可以视为一个完整的经济系统，这一系统具备其特有的构成要素、组织结构和功能，而且与外界之间存在广泛的物质、能量和信息交换。从系统论角度看，在承接产业转移过程中，产业链整合是对区域经济系统的一个他组织过程，而优势产业培植是区域经济系统的自组织过程。落后地区依据“外力转化为内力，增量盘活存量”的区域自我发展能力提升模型，有选择地承接产业转移，整合产业链条、培植优势产业，打造富有地域特色的优势产业集群，最终可以使区域自我发展能力得到提升。邵建平等（2012）在张瑞华等（2008）关于落后地区“外力转化为内力，增量盘活存量”的区域自我发展能力提升模型基础上，进一步提出西部地区承接产业转移的本质是西部地区比较优势与东部地区优质生产要素相互融合，西部地区应该基于地区比较优势理论，努力实现农副牧特产加工原产地化，促进能源资源产业结构改善与水平提升，进而增强区域自我发展能力。

罗晓梅等（2007）认为，从经济学的观点看，西部地区自我发展能力主要是以西部制度创新为基础的区域创新能力和竞争能力，其提升过程就是经济主体在经济实践过程中的能动性的生成、发育、发挥的过程，这一过程的逻辑起点是西部地区经济主体认为实现“头脑觉醒”之观念更新，具体路径是专业化分工和职业家园建设，关键环节是经济主体个体理性建设，以保障个人收益率为核心的产权制度建设作为自我发展能力培育的驱动器，这一过程的实质是西部地区对反对经济边缘化理论的实际应用。

闫磊（2010）基于区域的空间管制，以分工为前提，提出区域自我发展能力形成内生与外生两条路径，前者是指由区域主题受产业分工的利益激励产生的“自生”资源联结能力，后者是指由国家着眼于空间结构的优化，通过功能分区政策的激励而形成的“新生”发展能力。

杨彬（2010）认为外部竞争压力迫使作为区域主体的个体群不断学习外部先进技术，增加对外交流；内部社会矛盾促使个体群重新审视自我，在内部外部以及自我新旧认识的冲突与融合中实现对传统意识形态、理念、观念和习俗等的扬弃，新的意识形态、理念、观念和习俗等的产生或吸收，诱使新的制度和政策产生，其表现为个体的学习过程、企业的成长过程、组织的变革过程和政府的不断转型，最终实现区域自我发展能力的不断提升。

郑长德（2011）基于自我发展主体的视角，将区域自我发展能力分为政府自我发展能力、企业自我发展能力、家庭自我发展能力和区域创新与学习能力。政府是公众利益的代表，是区域发展的主要承担者和责任者，通过执行行政职能为区域内自我发展创造环境。企业和家庭是区域发展的主要经济实体，企业的创新和家庭的人力资本是区域内部自我发展的主要动力和重要保障。政府、企业和家庭三者相互联系、相互影响，共同决定了作为整体的区域主体的学习和创新水平，区域作为整体的学习与创新的水平的不断提升就实现区域自我发展。

南人凤（2011）认为我国农村自我发展能力弱的根本原因在于长期以来农村生产要素的单行流动，因而可以以农村生态环境建设为新的突破口来培育和提升农村自我发展能力。通过农村生态环境建设，实现生态环境价值，提高农业产出水平，进而增加农民收入和农村的各种资本积累，为实现农业现代化水平和生产方式转变提供保障，最终推动农村经济发展水平提升。

梁双陆（2011）认为区域自我发展能力构建是一个系统工程，这一过程就是资本积累过程，其实质是增强创新力。通过实物资本积累实现产业创新能力提升，通过人力资本积累实现技术创新力培育，通过社会资本积累实现组织创新力的培育，提高区域实物资本、人力资本和社会资本等内部结构的匹配性，最终实现区域自我发展能力。

向焕琦（2011）经济权利禀赋是区域物质与劳动力权利、人力资本权利和制度变迁权利的综合权利集，权利禀赋的改善，促使资本向区域内部聚集，增强资本积累能力，最终实现区域自我发展。

（四）评价体系构建

一部分学者尝试通过构建评价指标体系来对某些特定地区的自我发展能力进行评价，评价指标的构建大致有三种情况：单一指标法、复合指标法和评价指标体系法。

1. 单一指数

区域自我发展能力一般可以用人均收入、实际积累率、地区自我发展能力指数、工业化结构比重数等指标来衡量。①

其中，地区自我发展能力指数的计算公式为：

地区自我发展能力指数=地区实际积累率/地区资金利用系数

① 侯景新，尹卫红. 区域经济分析方法［M］. 北京：商务印书馆，2004：276-278.

式中：地区实际积累率=（地区国民收入生产额-地区国民收入消费额）/地区国民收入生产额

地区资金利用系数=地区工业资金总额/地区工业净产值

周彦、吴一丁（2007）衡量新疆自我发展能力的实证研究中，对上述地区自我发展能力指数进行了改造，利用地区国内生产总值替代原公式中的地区国民收入生产额，利用地区总消费额替代地区国民收入消费额，利用地区工业增加值替代地区工业净产值，并指出总消费额包括居民消费总额和政府消费额。

工业化结构比重数=（地区工业产值占地区社会总产值之比×地区工业劳动者占地区社会劳动者总数之比）$^{1/2}$

在国外，衡量工业化进程，一般只用工业占国民生产总值的比重来判断。由于我国工业化进程的特殊性，单就工业产值比重看，我国多数省市区工业化都已达到了相当的高度；单就工业劳动者的比重而言，大多地区则仍停滞在相当低的水平上，二者很不对称。因此，将这两个指标综合起来，建立“工业化结构比重数”这个指标，更能反映我国工业化进程的实际（侯景新、尹卫红，2004）。

2. 复合指数

郑长德（2011）构建了区域自我发展能力指数，该指数被定义为政府自我发展能力指数、企业自我发展指数、家庭自我发展能力和区域学习与创新能力指数等四个指数乘积的开四次方。其中政府自我发展能力被定义为一般预算支出与一般预算收入之比；企业自我发展能力指数用地区工业企业总资产贡献率来衡量；家庭自我发展能力指数由地区人口平均受教育年限指数与人口平均预期寿命指数的乘积的开二次方；学习与创新能力指数由地区综合科技进步水平指数来表示。

郭蓉，李晓红（2013）基于要素聚集视角，构建了包括要素数量指数、要素质量指数和要素配置指数三个二级指标在内的区域自我发展能力指数，并对2006—2011年我国东西部22个省区的自我发展能力水平进行了测度，结果发现东部地区的自我发展能力差距悬殊，且无缩小趋势。

3. 综合评价指标体系

王科（2008）在借鉴区域可持续发展能力模型与区域竞争力模型的基础上，构建了包括自然资本、社会资本、人力资本和经济资本等4个子系统，33个评价指标的贫困地区自我发展能力评价指标体系。

杨彬（2009）将区域自我发展能力视为区域内部个体群主体的进化能力，构建了以个人进化能力、政府进化能力、企业进化能力和组织进化能力为一级指标，包括9个二级指标，若干三级指标的区域个体群进化能力衡量指标体系，旨在衡量区域自我发展能力。

赵雪雁、巴建军（2009）构建了包括生产能力、经营能力、就业能力、知识吸收能力和知识交流能力5个子系统，19个衡量指标的牧民自我发展能力评价指标体系。

成学真、陈小林（2010）构建了包括区域产业发展能力、区内企业竞争力、区域生态可持续能力、地方政府调控能力和区域金融服务能力等5个子系统，19个二级指标，若干三级指标的区域发展自生能力评价指标体系。

闫磊（2011）根据国家主体功能区战略的总体思路，分别构建了优化开发区、重点开发区、限制开发区和机制开发区等四种功能性区域的自我发展能力评价指标体系，而且各个类型区域的指标权重依据功能定位有所不同。

王斌（2012）在界定区域自我发展能力概念和构成要素的基础上，构建了包括“指数—评价领域—具体指标”三个层次，物质资本、生态资本、人力资本、知识资本和社会资本五大指数，产业发展、经济发展、环境承载、社会保障等15个评价领域，45个核心指标的西部区域自我发展能力评价指标体系。（见表2.2）

表2.2　　已有文献中自我发展能力评价指标体系

学者	研究对象	指标体系
王科（2008）	贫困地区	自然资本、社会资本、人力资本和经济资本4个子系统，33个评价指标
赵雪雁、巴建军（2009）	牧民	生产能力、经营能力、就业能力、知识吸收能力和知识交流能力5个子系统，19个评价指标
杨彬（2009）	西部欠发达地区	个人进化能力、政府进化能力、企业进化能力和组织进化能力4个一级指标，包括9个二级评价指标，若干三级评价指标
成学真、陈小林（2010）	一般地区	区域产业发展能力、区内企业竞争力、区域生态可持续能力、地方政府调控能力和区域金融服务能力5个子系统，19个二级评价指标，若干三级评价指标
郑长德（2011）	民族地区	政府自我发展能力指数、企业自我发展指数、家庭自我发展能力和区域学习与创新能力指数

表2.2(续)

学者	研究对象	指标体系
闫磊（2011）	四个类型主体功能区	优先开发区自我发展能力评价指标体系包括区域生产经营能力、土地综合利用能力、区域创新能力、空间结构优化能力和生态环境承载能力5个一级指标，27个二级指标，117个三级指标；重点开发区自我发展能力评价指标体系均包括区域生产经营能力、土地综合利用能力、区域创新能力、空间结构优化能力和生态环境承载能力5个一级指标，22个二级指标，95个三级指标；限制开发区自我发展能力评价指标体系包括生态环境承载能力、土地综合利用能力和区域生产经营能力3个一级指标，14个二级指标，67个三级指标；禁止开发区自我发展能力评价指标体系仅包括生态环境承载能1个一级指标，7个二级指标，36个三级指标
王斌（2012）	西部地区	物质资本、生态资本、人力资本、知识资本和社会资本5大指数，产业发展、经济发展、环境承载、社会保障等15个评价领域，45个核心指标
程广斌等（2014）	31省区	资源存量能力、利用能力和创生能力3个子系统，25个指标

（五）实证分析

在现有研究文献中，一部分学者尝试对某些特定的自我发展能力发展状况进行了实证分析，这些分析可以分为定量分析和定性分析两大类型。

1. 定量分析：

周彦，吴一丁（2007）将地区自我发展能力定义为地区实际积累率与地区资金利用系数之比，利用2000年和2005年相关数据对新疆天山北坡经济区、北疆西北经济区、东疆经济区、南疆东北经济区和南疆西南经济区进行了实证研究。结果表明，2000—2005年间，各地区自我发展能力都有了较大提升；2005年新疆各区域自我发展能力从高到低依次是东疆区、南疆东南区、天山北坡、北疆西北区和南疆西南区。在未来一段时期，提高新疆自我发展能力要依靠提高人口素质、增强市场经济适应能力，并且要正确处理国家扶持与自我发展的关系，在积极争取中央和发达地区外援的同时，发挥比较优势和后发优势，大力发展特色经济，增强自身造血功能。

王科（2008）通过构建区域自我发展能力评价指标体系，利用层析分析法和因子分析法对甘肃省43个国家级贫困县的自我发展能力状况和影响因素进行了实证分析，结果显示各县（区）自我发展能力的综合水平以及分类指标水平差异很大。

杨彬（2009）以个体群进化能力为切入点，构建地区自我发展能力评价体系，对改革开放以来甘肃省定西市安定区的自我发展能力状况进行了纵向衡量。结果显示改革开放以来，尤其是1990年以来，定西市安定区的自我发展能力不断增强，而且在2000年后增速明显加快；从分项指标来看，政府进化能力虽有明显的上升趋势，但是趋势较为平缓，尤其是2005年以后，增速低于个体、企业和组织等其他主体的增速，而且低于区域总体自我发展能力的提升速度，而个体进化能力和企业进化能力的增速浮动较大。

向焕琦（2011）以区域实际积累率和区域资金利用系数的比值作为区域自我发展能力水平指标，利用时间序列数据对物质资本和劳动力权利、人力资本权利和制度变迁权利与西部地区自我发展能力之间的关系进行了实证分析。结果显示，四种权利均对西部地区自我发展能力具有正向作用，其中人力资本权利作用最大，当人力资本权利每提高1%，西部地区自我发展能力就会提高0.61%，其他经济权利对西部地区自我发展能力的贡献次之。

闫磊（2011）构建了包括区域生产经营能力、土地综合利用能力、区域创新能力、空间结构优化能力和生态环境承载能力5个一级指标，27个二级指标，117个三级指标的评价指标体系，运用模糊综合评判法对甘肃省张掖市的地区自我发展能力进行实证分析，但是仅仅列出了评价指标体系和评价方法的基本运算原理，并没有得出最终的实质性结论。

郑长德（2011）利用其所构建的自我发展能力指数，对我国民族地区的自我发展能力进行了评估。评估结果显示，我国民族地区仍然是“吃饭财政”水平，政府财政能力弱，政府自我发展能力水平低下；利用2007—2009年规模以上工业企业的总资产贡献率衡量各个民族地区的自我发展能力指数，结果表明，只有宁夏和广西低于全国平均水平，而新疆、内蒙古、云南、西藏、青海和贵州均高于全国平均水平；1990—2009年期间，我国民族地区家庭自我发展能力总体上均有所提升，但与全国范围内家庭自我发展能力平均水平均有较大差距，以2009年为例，八个民族地区的家庭自我发展能力指数均低于全国平均水平；近几年来民族地区的学习与创新能力指数提升较快，但与全国平均水平相比，仍存在较大差距。从区域自我发展能力总体水平看，民族地区的自我发展能力仍然不足。

林勇等（2012）基于经济权利禀赋视角，构建了包括以人力资本、制度因素和技术进步权利因素为内容的投入量，以经济总量、经济增长和经济结构为内容的产出量构成的西部地区自我发展能力投入产出效率评价指标体系，在对西部地区各省投入状态进行评价的基础上，运用改进数据包络分析（DEA）的时间窗口分析法，对西部大开发以来西部地区各省（市、区）的经济权利禀赋投入产出进行了效率评价分析。

程广斌等（2014）从区域资源的存量能力、利用能力和创生能力三个方面构建了区域自我发展能力结构化指标体系和评价模型，运用层次分析法对我国31个省区的自我发展能力进行了测算和比较分析。结果发现，西部地区自我发展能力整体较弱，西部12省区的区域自我发展能力综合指数与子能力指数和东部发达省区相比差距较大，资源的利用能力和创生能力较弱是影响西部地区自我发展能力的关键因素。

2. 定性分析

鱼小强（2002）将我国西部地区自我发展能力现状归纳为以下几个方面：素凝聚能力较弱、资源配置效率低、科技进步能力偏下、制度创新能力弱和科学决策能力不强。

付宝全、刘宝伟（2008）以贵阳市息烽县A村村民为研究对象，对新农村建设背景下我国农村居民自我发展能力现状进行了分析。调研结果显示，村民获得知识途径单一，知识为单纯的农业生产知识，而且知识量很少；村民对物价反应敏感，经济发展能力较低；村民普遍希望支持子女教育，希望通过教育增加子女的文化资本；村民之间的互助和合作具有明显的伦理性和情感性，程度较高；村民的资源与规则运用多依靠传统社会关系，而较少依靠法律武器。总体来讲，村民自我发展能力较低。

赵雪雁、巴建军（2009）以甘南牧区为例，对牧民自我发展能力进行了评价。他认为牧民自我发展能力偏低主要表现在以下几个方面：牧民知识吸收与交流能力较低，生产技能较差，经营管理、抵御市场风险能力偏低，非农就业能力较低，民主政治能力较低等。

向焕琦（2011）在考察西部地区经济权利禀赋现状之后，从区域自我发展能力构成要素的五个方面对西部地区的自我发展能力水平进行了分析。其结论是，西部地区存在要素聚集能力弱、产业发展能力低、科技进步能力偏低、制度创新能力弱、政府调控能力不强，提出权利不平等和经济权利贫困是西部地区自我发展能力不足的原因所在。

周民良（2012）在《关于西部大开发若干问题的讨论》一文中指出，自我发展能力是一个经济体能够依赖自身能力配置资源实现经济正常较快发展的能力。提出区域具有自我发展能力的三大标准：一是在一定时期内中央财政支持在地方经济支撑中的比重下降，地方财力支持地方发展的能力增强；二是地方注重培育投资环境，依赖投资、消费、进出口支持本地的经济增长；三是逐步培养起一批有可持续竞争力的产业集群，本地产品在国内外具有一定竞争力。并提出了区域自我发展能力培育的三个阶段，目前西部大开发处于第二个阶段，特色优势产业的培育与发展是实现西部地区资源配置的重要途径。

（六）影响因素

王科（2008）认为贫困地区的自我发展能力是这一地区的“人”的综合能力，是一种“人”在自然环境、社会环境和外围经济环境的束缚下的一种增收能力，这一能力受自然条件、历史因素、经济发展水平、政策导向、宗教信仰、社会文化等多重因素的影响。

李慧，鲁茂（2008）认为我国西部地区发展能力不强，其原因在于西部地区经济结构不合理对发展能力产生制约，其表现是所有制结构转型进程相对滞后，非国有经济发展缓慢；产业结构低度化，轻重工业比例失调，低技术水平、低专业化程度低劳动生产率、高成本行业居多；资本配置效率低；投资环境差，以及资本、劳动力等要素不断从西部向东部单向流动。杨先明，梁双陆（2006）认为国内市场化程度加快，导致西部能力要素向东部集聚，原因在于西部地区经济改革相对滞后，外资吸纳能力弱，国内制度供给不均衡，西部地方政府竞争力不强，科技投入的财政能力不高，教育资源供给不平衡等。

李林（2008）认为信息服务业的发展有助于促使西部地区提高对外开放水平，参与国际分工；有助于有效实施城乡统筹，提高西部农村发展生产的能力；推动西部地区工业结构优化升级；推动西部地区与其他区域合作，进而增强西部地区自我发展能力。

杨彬（2010）认为区域作为一个复杂的系统，其自我发展能力的形成受到生态环境承载能力、地理区位、文化传统、政经制度、宗教信仰、战乱以及历史偶发事件等诸多因素的影响。

闫磊（2011）认为区域自我发展能力的基础是区域资源，将区域经济资源分为自然资本、物质资本、人力资本和社会资本，其中物质资本和可贸易的自然资本是区域自我发展能力实现的物质基础，社会资本和人力资本构成了区域自我发展能力实现的主体，区域自我发展能力水平的高低取决于区域主体对资源的“联结”能力和匹配效率。

向焕琦（2011）认为西部地区自我发展能力取决于区域内部的经济权利禀赋，具体包括物质资本和劳动力权利、人力资本权利和制度变迁权利。

周事泽，蓝红星（2011）认为川西少数民族地区自我发展能力低下的原因在于，地理位置边远，基础设施落后；基础教育发展滞后，人口文化素质低；卫生事业发展落后，人口身体素质不高；市场经济意识差，产业结构不合理；扶贫政策不合理，扶贫资金投入不足；等等。

（七）其他

李林（2008）探讨了信息服务与西部地区自我发展能力培育之间的关系，

提出信息服务及信息资源共享是西部地区后发优势的立足点和增强自我发展能力的加速器。

王晓娟（2010）论述了政府管理竞争力和西部地区自我发展能力之间的关系，提出，西部地区开发和建设的历史经验表明，西部地区快速发展的关键所在是增强和提升自我发展能力，而政府管理竞争力在推动西部地区经济发展中具有不可替代的作用。

李泉（2011）从国内与国外两个层面对学术界对区域自我发展能力相关研究文献进行了梳理和归纳，发现区域自我发展能力研究仍然处于对策建议和实践层面，理论研究仍然较弱。

朱凯、王娜（2012）认为我国西部地区新能源产业发展受产业自身发展规律、国内经济整体情况和西部产业发展环境等三个方面因素制约，因此培育和发展西部新能源产业的核心问题是加快区域内产业自我发展能力的形成，在产业自我发展能力理论分析的基础上提出了政府、市场和企业合作经济治理的理论结构。

李盛刚（2012）认为民族地区发展的关键是实现自我发展，以艰苦奋斗、不畏困难，崇尚实干、不甘落后，坚忍不拔、顽强拼搏，锲而不舍、奋发有为等内容为核心的甘肃精神是甘肃民族地区自我发展的重要推动力量。

罗康隆、刘海艳（2012）认为创新是自我发展的前提，发展是创新的过程，发展与创新是互为因果关系。在熊彼特创新理论指导下，武陵山区土家族地区的自我发展在本质上就是要实现“创新”。

张毅、杨俊（2012）认为贫困地区可持续发展的关键是培育贫困农户和地方的自我发展能力。培育自我发展能力应以人力资本积累为重点和核心，鼓励农户参与反贫困项目，加快制度创新改变发展环境。需要突破四大瓶颈：土地制度创新和农村产权制度改革；金融制度安排和服务创新；深化户籍制度改革；市场体制完善。

王芳（2012）认为区域自我发展能力是指能够促进经济、社会和其他方面和谐、平衡、长效发展的一种发展能力，并且这种发展发展能力是内涵性的，在促进发展的诸要素中占据根本地位并发挥根本作用。他指出，在援助新疆发展中，要处理好援助和自我发展能力培育之间的内外因辩证关系，强调在资金、物资、技术和人力资本等输入性支援的同时，更要增强其自我发展能力。

朱凯，姚驿虹（2012）在对自生能力、内生增长能力、可持续发展能力和自我发展能力的概念进行比较后，对个人、企业、市场、产业和区域五种能力主体进行了讨论。他认为自生能力、内生增长能力、自我发展能力和可持续发展能力，以及五种主体的自我发展能力都可以视为狭义的自我发展能力，但是并没有指出什么是广义的自我发展能力，认为广义自我发展能力有自生性、扩展性、内生性和持续性四个特征。

青雪燕（2012）在对个人、企业和区域三个层次的自我发展能力研究进行概述之后，对广义的自我发展能力概念进行了界定。他认为自我发展能力是相较于系统发展主要依靠输血的方式提出的概念，强调系统依靠自己的力量促进自身发展，实现“造血”，通俗地讲就是自力更生。

张鹏（2012）认为中国区域经济转型的路径选择立足于地方要素禀赋和比较优势，地方政府竞争使得地方经济转型路径得以强化，而转型路径能否得以实现不断优化的关键在于区域自我发展能力的形成。作者借鉴林毅夫教授的“企业自生能力”概念，将区域的“自生”发展能力定义为区域自我发展能力，从宏观上看是市场能力，即市场进行区域资源配置的能力，从微观上看是经济能力，即能够依靠市场获得市场收益的能力。自我发展能力所具有的自我发展、自我调节、自我演化功能是转型地区走上良性发展道路的基本保证。

第三节　简要评述

综上所述，国内外关于区域自我发展能力的研究已经取得了下列共识：

第一，无论是区域微观主体，还是区域宏观主体，相对于外部力量而言，自我发展能力均在其发展过程中发挥基础性作用。

第二，区域自我发展能力是一个综合性概念，其有诸多要素构成，而且对于不同的区域主体，不同的空间范围尺度下的区域主体来说，其自我发展能力的构成要素迥异。

第三，一个地区的自我发展能力水平可以通过选择科学合理的衡量指标来进行测算，而且所选取的自我发展能力衡量指标应视衡量对象的不同而有所选择。

第四，区域自我发展能力受诸多因素影响，如物质资本、人力资本、地理区位、历史因素、文化传统、政经制度、宗教信仰、战乱以及历史偶发事件，等等。

第五，区域自我发展能力具有可塑性。也就是说，一个地区的自我发展能力可以通过政策引导扶持，区域内部激励来培育，实现不断提升。

尽管如此，当前的研究仍存在不足之处，至少包括以下几个问题：

第一，自“区域自我发展能力”概念提出来之后，许多学者根据自己的理解给出了相应的定义，并尝试阐述区域自我发展能力的深刻内涵。但是至今学术界仍未就区域自我发展能力概念形成一致观点，就其内涵也没有达成共识。基础性研究的滞后，阻碍了学术界关于区域自我发展能力研究的步伐。

第二，部分学者受林毅夫教授的“企业自生能力”概念及相关理论启示，提出了区域可持续发展自生能力（王玉芳等，2007）、区域发展自生能力（成学真、陈小林，2010）和区域自生能力（李庆春，2007；赵建吉等，2007）等概念，或者直接将区域自我发展能力定义为区域的自生发展能力（张鹏，2012）。本研究认为，这些关于区域或区域发展的“自生能力”的称谓值得商榷。

林毅夫教授在探讨国有企业改革时，将企业的“自生能力”定义为“在一个开放、竞争的市场当中，一个正常管理的企业，获得一个市场上投资者可以接受的预期利润率的能力”①。“如果在开放的竞争性市场中，一个产业部门的企业在没有外部扶持的情况下，能够获得一个可被投资者接受的预期利润，则该产业部门就是有自生能力的。能够自发地存在于竞争性的市场经济中的产业，应该都是有自生能力的。如果一个产业不具有自生能力，它将衰亡或根本就不会出现。”② 在这里，“自生能力”概念中的“生”，我们应该理解为“生存”，更进一步地说，或多或少地包含有“生长”的含义。就一个国家或地区而言，无论它发展与否，发展速度快慢，发展质量高低，它都是确确实实存在的，人们可以时时刻刻感受到的客观存在。对它而言，不像企业那样需要面临“生存”问题，它没有所谓的“产生”，也就没有“衰亡”，因为国家和地区永远不会“歇业”。正因为如此，称“区域”或“区域发展”具有“自生能力”是没有道理的。

另外，一些学者认为企业是区域发展的微观主体，区域内部企业具有“自生”能力，那么区域作为整体就会表现出“自生”能力，或者自我发展能力。这种观点具有一定的合理性，但也存在瑕疵。区域是一个复杂的系统，除企业外，还包含其他诸多构成要素。因此，我们只能说，如果一个国家或区域内部的企业具有自生能力，那么这个国家或地区可能具有自我发展能力，而且其内部企业的自生能力越高，这个国家或地区的自我发展能力就可能越高。但我们并不能因此认为，如果一个国家或区域内部的企业具有自生能力，那么这个国家或地区一定会具有自我发展能力。

第三，关于区域自我发展的已有研究都是以欠发达地区，抑或以欠发达地

① 林毅夫．自生能力与改革的深层次问题［J］．经济社会体制比较，2002（2）：32-37.

② 林毅夫．自生能力、经济发展与转型：理论与实证［M］．北京：北京大学出版社，2004：122.

区的微观主体为对象，探讨这些主体如何通过培育自我发展能力，实现自身的持续健康发展。我们应该认识到，自我发展能力是区域的一般性能力，处于各个发展阶段的区域都存在自我发展问题。欠发达地区面临的是如何培育自我发展能力；处于中等发展水平阶段的区域，需要通过措施提升和保持自我发展能力；发达地区则要不断更新，维持其自我发展能力。因此，在研究中应当关注区域自我发展的一般规律，在分析区域自我发展能力一般特征的基础上，需要分别探讨对处于不同发展层次的区域的自我发展机制。

第四，一些学者尝试利用指标分析法对区域自我发展能力水平进行实证分析，但是已有文献中的评价指标或指标体系仍存在不足之处，要么不能确切地体现研究对象自我发展能力的真实水平，要么不具有操作性。确切了解某一特定地区的自我发展能力水平，是进一步采取措施增强其自我发展的必要前提。因此，不失科学性和合理性，同时又具有可操作性的区域自我发展能力评价指标体系也是值得研究的领域。

另外，一些学者在实证分析后得出我国西部地区自我发展能力低下的研究结论，但是这一结论是在没有和其他地区对比研究中得到的，因此他们的研究结果只是说明了利用所设计或所选取的指标，西部地区自我发展能力的体现水平，而不是高低的有力证据，也就是没有评价标准。

由此可见，尽管学术界对区域自我发展能力进行了较为深入的研究，但是这一领域仍有许多需要研究的地方。比如究竟什么是区域的自我发展能力，它的内涵是什么？区域自我发展能力具有哪些一般特性？一个地区实现什么样的发展状态，才算是具有了自我发展的能力？对西部地区而言，区域自我发展能力现状如何，其影响因素和深层次原因有哪些？如何去培育、提升抑或维持西部地区的自我发展能力？诸如上述问题，不仅具有深刻的理论研究价值，也具有重要的时代意义。因此，本研究将尝试对上述问题给予回答。

第三章 区域自我发展能力理论分析框架

第一节 区域自我发展能力的内涵

一、几个基本概念

通过上文中的文献梳理和分析可知，区域自我发展能力是一个颇具“中国特色”的概念。国内诸多学者分别从不同的研究视角，基于对“自我发展”的理解尝试对“区域自我发展能力”的概念进行界定，并对其内涵进行深层次阐释。但是目前学术界就区域自我发展能力的定义及其内涵尚未达成共识，对区域自我发展能力的概念界定与涵义阐释可谓是仁者见仁，智者见智。本书认为，区域本身就是一个巨型系统，其结构复杂，内涵丰富，这就决定了从“自我发展”角度研究区域发展能力并不是一件容易的事情。那么要想真正理解区域自我发展能力的内涵，就很有必要先去弄清楚“区域”、“发展”和“能力”三个基本概念的内涵，尤其是它们在区域经济社会发展中的确切含义。

（一）区域

“区域”一词是一个内涵极其丰富、外延十分广阔的概念。它或以实体概念，或以抽象的空间概念，被广泛地使用在地理学、社会学、行政学、经济学等多个领域，而且在不同的学科或不同的语境下，其含义和解释迥异。“地理学把区域定义为地球表面的地域单元，这种地域单元一般按其自然地理特征，即内部组成物质的连续性特征与均质性特征来划分，故沙漠地带、冰原地带均称为区域，然而其边界往往是连续性和均质性遭到破坏的过渡地带；政治学把区域看成是国家管理的行政单元，这种地域单元主要是按行政权力覆盖面而划分的，因此其边界与国界或一国内的不同省（区）、县界重合；社会学把区域看做相同语言、相同信仰和民族特征的人类社会聚落，按这种标准，区域可以超越国界和行政边界，也包括不同的自然地理单元，只要语言、信仰或民族特征相同都可以划归为某同一社会聚落内，如，语系的划分、民族的分布等。”①

即使在经济学领域中，关于区域的概念也存在多种不同的理解。1922年，苏联全俄中央执行委员会直属经济区划问题委员会最早从经济学角度对区域的概念进行了界定，而且到目前为止这一概念仍为学术界所沿用。他们认为“所谓区域应该是国家的一个特殊的经济上尽可能完整的地区。这种地区由于自然特点、以往的文化积累和居民及其生产活动能力的结合而成为国民经济总链条中的一个环节”②。但是目前影响较大、最具代表性的概念，当推美国区域经济学家埃德加·M. 胡弗（E. M. Hoover）③ 对“区域”的界定，他认为“区域是基于描述、分析、管理、计划或制定政策等目的而作为一个应用性整体加以考虑的一片地区。它可以按照内部的同质性或功能一体化原则划分”。

在国内，程必定（1989）④ 将经济区域界定为“人的经济活动所造就的、具有特定区域构成要素和不可无限分割的经济社会综合体”。经济区域由经济中心、经济腹地和经济网络三大要素构成，这三大构成要素也是其区别于其他性质区域的关键所在。张敦富（1999）⑤ 给出的区域概念是“经济活动相对独立、内部联系紧密而较为完整，具备特定功能的地域空间”。在这一表述中，区域的概念具备地域性、独立性和开放性三个特征。郝寿义、安虎森（2004）⑥ 将区域的概念定义为“便于组织、计划、协调、控制经济活动而以整体加以考虑的，并考虑行政区划基础上的一定的空间范围，它具有区内经济活动和区外经济联系的能力，常由一个以上以高级循环占重要比重的中心城市、一定数量的中小城镇以及广大乡村地区所组成”。很显然，区域是具有一定经济能力，能够实现某种特定功能的地域空间。它的能力源自其系统的完整性，而这种完整性又依赖于其构成要素的完备性，而且其中划分标准依据的是经济活动一致性特征，而不是自然地理特征或者社会文化特征的一致性。

区域科学创始人艾萨德（Walter·Isard，1991）⑦ 指出：“一个有意义的区

---

① 郝寿义，安虎森. 区域经济学［M］. 北京：经济科学出版社，2004：1-2.

② （苏）全俄经济区划委员会. 苏联经济区划问题［M］. 北京：商务印书馆，1961：82.

③ （美）艾德加·M. 胡弗，弗兰克·杰莱塔尼. 区域经济学（中译本）［M］. 郭万清，等，译. 上海：上海远东出版社，1992：239.

④ 程必定. 区域和区域经济学的研究对象［J］. 安徽财贸学院学报，1989（3）：63-66.

⑤ 张敦富. 区域经济学原理［M］. 北京：中国轻工业出版社，1999：2-3.

⑥ 郝寿义，安虎森. 区域经济学［M］. 北京：经济科学出版社，2004：8.

⑦ （美）W. 艾萨德. 区域科学导论［M］. 陈宗兴，等，译. 北京：高等教育出版社，1991：456.

域的概念，取决于我们要研究的社会问题，而这一问题又取决于我们认为重要的社会和个人的面貌特征。”区域是一个因研究主题而变化的构架，其概念的内涵和外延应该从研究课题的主要目标和要求来确定。本书主要研究在一个国家内部，某一特定地区如何利用自身力量实现区域发展，其主题是人的经济活动，因此在这里，区域是指一个国家内部围绕经济中心而客观存在经济区域，它同另外的地区之间不存在边界和相应的经济壁垒。它是一个实体概念，具有组织区域内部经济活动和区域外经济联系的能力；同时它也是一个抽象的、观念上的空间概念，泛指那些在某些特征上有别于其他地域单元的空间范围，往往没有严格的范围和界线。但在实证分析中，在满足区域划分的特征要求和不改变区域概念的确定前提下，我们为寻求分析的便利性，实际应用时常常以行政区划界限为范围界线。

（二）发展

在经济学领域中，发展既是一个老概念，同时却也是一个新概念。说发展是一个老概念是因为几百年来许多经济学者就“发展”的内涵及其源泉进行了大量研究，而说发展是一个新的概念是因为，随着社会文明的日益推进和学术界研究的不断深入，发展的内涵也日益丰富，每每都有新的内容被纳入。因而在谈及“发展”的概念时，雷蒙德·威廉斯（Raymond Williams，1983）①说：“非常困难且有争议的政治和经济问题被这些明显简单化的术语给掩盖了。”

在过去的很长一段时间里，许多经济学家都用经济增长（economic growth）——大多时间采取人均或总体的收入水平相关指标来表示经济发展（economic development）。在现有的文献中，亨利·布鲁顿（Henry Bruton，1989）② 将经济发展限定于经济领域：创造一个足够灵活、多样而且应变力强的经济，它能安全度过冲击，能对增长的机会作出反应甚至创造增长机会，而且能持续增加本国人民的福利。约翰·帕尔（Jhon Parr）则指出“发展一词通常定义为某个特定时期内的实际人均收入的增长。但在区域发展实例中，我们常常倾向于把发展看成总收入的增长或者人口规模和就业规模的扩大”③。从历史上看，经济维度如增长、财富创造和工作岗位增加一直是解释地方和区域

---

① Raymond Williams，R. Keywords. London：HarperCollins. 1983：103.

② Henry Bruton，“Import Substitution，” in T. N. Srinivisan and H. B. Chenery，eds.，Handbook of Development Economics ，Amsterdam：Elsevier Science Publishers，1989：1602.

③ （美）W. 艾萨德. 区域科学导论［M］. 陈宗兴，等，译. 北京：高等教育出版社，1991：456.

发展构成的最主要因素（Armstrong、Taylor，2000）。[①] 斯多珀尔（Storper，1997）[②] 认为地方和区域寻求繁荣与富强所关注的焦点集中在就业、收入、生产力的持续增长等经济发展上。而在比尔等（Beer et al，2003）看来，存在着“关于地方和区域经济发展含义的广义维度：涉及一系列的以提高地区经济福利为目的的活动”[③]。托达罗（M. P. Todaro）[④] 将发展定义为“一个社会或社会体系向着更加美好和更为人道的生活”。他说，“所谓经济发展，必须达到以下三个标准：第一，增加能够得到的诸如食物、住房、卫生和保护等基本生活必需品的数量，并扩大对生活必需品的分配；第二，提高生活水平，除了获得更高的收入外，还应提供更多的工作、更好的教育，并对文化和人道主义给予更大的重视；第三，通过把人们从奴役和依附中解放出来，来扩大个人和国家在经济和社会方面选择的范围。”区域经济发展是指在经济增长的基础上，一个国家经济结构、社会结构不断优化和高度化的演进过程。大卫·巴金在其《国际社会发展展望》一书中写道：“无论就一个国家还是一个地区而言，发展都是一个包括了致富和结构变动的双重进程：一方面通过有效地利用现有资源和积累追加资源，促进和增加生产来提高收入；另一方面，通常包括经济结构的转变——从一个建立在初级农业和仅能维持简单再生产基础上的经济结构变为更加多样化的商品经济结构。”[⑤] 一个更为实用的定义是：经济发展意味着人均收入的持久的、可持续的增长；它伴随着生产的多样化、绝对贫困的减少以及所有公民的经济机会的扩大。[⑥]

从20世纪90年代中期开始，地方和区域发展以经济主导为核心的理念被拓宽以便解决社会、生态、政治和文化方面的问题（Gedds、Newman，1999）。[⑦] 减少社会不公平度、提高环境可持续能力、鼓励和包容性的政府和

---

① Armstrong, H. and Taylor, J. Regional Economics and Policy (3rd edn). Oxdord: Blackwell, 2000.

② Storper, M. The Reional World: Territorial Development in a Global Economy. London: Guilford. 1997.

③ Beer, A., Haughton, G., and Maude, A. Developing Locally: An International Comparison of Local and Regional Economic Development. Bristol: Policy Press. 2003: 5.

④ （美）托达罗. 第三世界经济发展（上）[M]. 于同申，等，译. 北京：中国人民大学出版社，1988：256.

⑤ 转引自（美）W. 艾萨德. 区域科学导论 [M]. 陈宗兴，等，译. 北京：高等教育出版社，1991：455.

⑥ （美）斯图亚特·R. 林恩. 发展经济学 [M]. 王乃辉，倪凤佳，范静，译. 上海：上海人民出版社，2009：6.

⑦ Geddes, M. and Newman, I. Evolution and Conflict in Local Economic Development, Local Economy, 1999, 13 (5): 12-25.

共同治理以及对文化多样性的认知，在不同程度上被纳入地方和区域发展的定义之中（Haughton、Counsell，2004）。① 尽管有时不容易，更为广义的生活质量、社会凝聚力和福利的概念被融合到对经济竞争力及增长的持续关注中（Morgan，2004）。② 1993 年，联合国开发计划署的《人文发展报告》称当今年代为“人民的年代”，提出“发展以人为中心，发展围绕‘人’转；而不是人以发展为中心，人围绕‘发展’而转”。③ 而发展的中心含义是“增加人们选择的机会”。发展的目标不仅仅是经济结构的改变、经济增长和收入得到理性的公平的分配。发展的重要目标，应该是使人们普遍享有更多的自由和机会（Amartya Sen，1988）。④ 因此，在森（Sen）的理论中，发展被视为扩展人们享有的真实自由的一个过程。它不再是一个国民生产总值增长，或个人收入提高，或工业化，或技术进步，或社会现代化等等内容，而是社会整体福利水平的提高。⑤

由以上分析可知，发展的概念具有丰富的内涵，其基本目标是满足基本需要、提高人类尊严、扩大选择自由、增加选择的机会。发展是一个综合的多维度的过程，既可以表示经济的增长，人们生活的富裕，又可以表示人类美好、进步和文明，还可以表示政治、经济和社会结构的演进。也就是说，一切美好的进步的事物都同发展有缘。在本书的研究中，我们将发展视为改进人民生活质量的过程，它涉及经济、政治、文化、社会和环境等诸多方面，而且这些方面是相互联系的和彼此促进的。

（三）能力

能力指的是能胜任某项任务的主观条件。对微观行为主体来讲，能力是指一种素质和本领，而从较为宏观的层面讲，所谓区域能力是指区域将完成它所期望的功能和实现某种更好结果的程度与可能性（郑长德，2011）。⑥ 根据表现形式不同，能力可以分为三个层次：器物层次（Material Layer）、制度层次（System Layer）和文化层次（Conception Layer）。其中器物层次上的能力是指

---

① Haughton，G. and Counsell，D.，Regions，Spatial Strategies and Sustainable Development. London：Routledge and Regional Studies Association，2004.

② Morgan，K. 2004，Sustainable regions：governance，innovation and scale，European Planning Studies，12（6）：871-889.

③ 联合国开发计划署. 1993 年人文发展报告［EB/OL］. http://ch.undp.org.cn/，1993.

④ Amartya Sen. “The Concept of Development”，in T. N. Srinivisan and H. B. Chenery，eds.，Handbook of Development Economics 1（Amsterdam：Elsevier Science Publishers），1988：9-26.

⑤ （印）阿马蒂亚·森. 以自由看待发展［M］. 任赜，于真，译. 北京：中国人民大学出版社，2002：1.

⑥ 郑长德. 中国民族地区自我发展能力构建研究［J］. 民族研究，2011（4）：15-24.

以各种生存方法、方式和物质成果形式表现出来的素质和本领，如资本、劳动、技术等；制度层次上的能力是指以各种规范形式表现出来的素质和本领，如各种法律、条例、组织内部规定等；文化层次上的能力是指在心理或精神方面表现出来的素质和本领，如各种价值观、世界观、信仰和思维方式等。

从发展角度看，联合国开发计划署给“能力”所下的定义是：“能力，定义为个人和组织或者组织化的单位高效可持续地履行其职能的才能。”① 世界银行将能力定义为：可利用的资源与社会利用这些资源以可持续的方式去确认和追求其发展目标的效力和效率。② 本书以区域发展对研究对象，其主题仍然是发展，这里的能力是区域作为一个整体所体现出来的一种才能。因此所谓的能力，是指一个地区利用其资源所能够实现的某种“好”的发展结果或者实现这种“好”的发展结果的可能性。在这里，能力的概念表达了现实能力和潜在能力两个层面的涵义。

二、区域自我发展能力的概念界定

我们认为，区域自我发展能力的概念不仅要体现地方经济发展能力的一般性内涵，还要体现经济社会发展能力的空间特征，更重要的是在这一概念中要体现出“自我”二字的特殊含义。

（一）区域自我发展

关于“自我”的一般解释是：“①自己（用在双音动词前面，表示这个动作由自己发出，同时又以自己为对象）；②指人们对于自身的把握和认识。”③ 在辞海中，“自我”有四种解释：一是指自己；二是所谓的自己对自己；三是自己肯定自己；四是相偶，相依。在这里，“自我发展”中的“自我”当取义为“自己对自己”，区域自我发展就是区域自己对自己的发展，这就是所谓的区域自我发展。在这里我们所指的“发展”只是经济生活中并非从外部强加于它的，而是从内部自行发生的变化，地域和其潜在的内生性资源是发展的主

① United Nations Development Program, 1998, “Capacity Assessment and Development in Systems and Strategic Management Context”, Technical Advisory Paper No. 3.

② 参见 http://worldbank.org/WBSITE/EXTERNAL/TOPICS/EXTCDRC/0, contentMDK: 20295295 ~ menuPK: 645091 ~ pagePK: 64169212 ~ piPK: 64169110 ~ theSitePK: 489952, 00.html.

③ 中国社会科学院语言研究所词典编辑室. 现代汉语词典［M］. 北京：商务印书馆，1997：1669.

要“资源”，而不仅仅是作为一个空间存在。①

黄陵东（2007）② 将福建晋江自改革开放以来的发展路径概括为“内发外向”。他认为，所谓内发是指晋江的发展变迁是由本土内部强大的内能解释和创造引发的。这种创造不同于英美等极少数西方早期现代化国家那样，是以对知识、技术和制度的创造为基础，并为主要内涵的，在外推、后发、追赶大背景下，以本土的生态环境、文化传统出发，充分发挥本土内部的主体力量，有效借鉴和吸收外部知识、技术和经验，独立、自主、自觉地对实现“发展目标”途径的创造，以及对实现目标需要具备的社会状态、文化精神和生活方式的创新。所谓外向指晋江基于发展资源和发展需求，发展速度与发展空间的突出矛盾所形成的拓外传统，所开辟的外部发展空间和所创造的外向型发展定位、路径、策略和模式。这里不仅仅是诱致式“外向型经济”，更多的是源于传统的，内发、自觉、创新型发展实践。

甘峰（2009）③ 从公共治理角度论述了国家层面的自我发展能力。他将一个国家的发展划分为“外发式发展”和“内发式发展”，不断扩大资本积累，由国家主导实现的经济增长模式就是外发式发展，这种发展模式总是与高能耗、高污染相联系，没有可持续性；而通过资本积累实现社会文明进步就是内发式发展，这种发展模式是个人、机构、国家共同治理的结果，它强调经济、社会、生态的协调发展，而且以环境保护为前提，内发式发展就是一种自我发展过程。从空间视角讲，国家也是一种层面上的区域，那么对于一个国家内部的地区来说，也需要通过区域内部家庭、企业、地方政府和非政府组织等行为主体的共同努力，不断追求经济、社会、生态环境的协调发展，实现区域社会文明进步，这种依靠区域内部自身力量追求区域发展的过程就是区域自我发展。

（二）区域自我发展能力

基于上述考虑，我们认为，区域自我发展能力是指在发展过程中，区域主体基于自身现实条件，依靠系统内部发展机制，充分利用区域内外部各种资源，发挥区域优势、扬长避短，挖掘区域发展潜力，激发区域发展活力，以实现区域内部经济、社会、生态、文化等方面持续健康发展的一种能力。区域自我发展能力是一种长久的、内涵性发展能力，在发展的诸多要素中占据根本地

---

① Canzanelli, G., Overview and Learned Lessons on Local Economic Development, Human Development, and Decent Work. Geneva: ILO/Universitas Working Paper, 2001: 6. www. ilo. org/public/english/universitas/publi. htm..

② 黄陵东. 内发的变迁［M］. 北京：社会科学文献出版社，2007：6-7.

③ 甘峰. 内发式发展与公共治理［M］. 北京：人民出版社，2009：4.

位并发挥着基础性作用。

对于这一概念，我们应当看到，首先从发展主体讲，它是一个综合概念。也就是说，区域自我发展能力是区域作为一个宏观主体对自身发展过程中所表现出来的一种能力，这种能力是区域内部所有微观行为主体对推动自身发展的能力的综合表现。它是区域内部多种有利因素共同决定的，或者说是区域行为主体克服或消除了诸多的不利条件才形成的能力。其次，从发展途径看，区域自我发展能力的表现是区域在发展对区域内外资源的利用能力。这里的“资源”已经突破了传统观念的资源范畴，是指广义上的资源，即“在一定时空条件下人们可以开发利用的一切直接或间接参与决定某个经济单位的生产可能性曲线的位置和形状的自然因素和社会文化因素的总和”①。具体说来，这里的资源不仅仅包括自然资源、人力资源、传统文化以及产品市场，还包括区域外部的流动性资源，经济合作与交流机会等，也包括政府扶持政策和区域外部的援助机会。在发展过程中，区域主体立足内部资源，积极寻求外部资源并加以利用，追求区域内外部资源最优配置以推动自身发展。再次，从发展机制看，区域自我发展能力源自区域经济系统内部（强调自我），这是区域自我发展能力概念的灵魂所在。区域发展有诸多推动力量，但大致可以分为两大类推动力：内部动力与外部动力。其中，内部动力是区域系统内部行为主体为推动发展而自发、自主、自觉发展产生的综合力，这种力在区域发展中占据基础性地位。外部动力是区域外部主体为实现某种目的，对该区域发展施加的推动力，这种力源自区域外部，通过区域系统的运行体系产生发展动力，这种力在区域发展中起到重要作用，甚至是关键性作用，但并不能起到基础性作用。最后，从发展目的看，它强调在自身能力作用下的区域发展是一种可持续性和健康的发展，而不是一种暂时的，畸形发展模式，是经济社会发展、社会福利水平的不断提高。

在探讨区域的“自我发展”时，我们着重强调“内生力”，但也并不排斥“外哺力”对这一地区经济发展的推动作用。内因是事物发展的源泉与动力，是事物发展的根本原因。外因是事物发展变化不可缺少的条件。外因通过内因起作用。“输血”的作用在于增强机体“造血”功能，形成新的活力，而不是代替“造血”。在地区经济发展过程中，引进资金、技术是为了增强自力更生的能力，其关键在于消化、吸收、创新，使外因的作用转化到内因上，只有使内因发生作用，区域自我发展能力得到提升，地区经济才能真正实现发展。

毛泽东认为：事物发展的根本原因，不是在事物的外部而是在事物的内

① 丁任重. 西部经济发展与资源承载力研究［M］. 北京：人民出版社，2005：89.

部，在于事物内部的矛盾性。同样，社会的发展，主要动力不是由于外因而是由于内因。许多国家在差不多一样的地理和气候条件下，它们发展差异性和不平衡性，非常之大。一个地区所拥有的资源禀赋在很大程度上影响着区域自我发展能力和自我造血功能的形成过程，以及这种能力水平的高低和功能的完善程度，但它并不能从根本上决定区域自我发展能力是否能够形成。一个地区自我发展能力的形成，造血功能的完善根本上取决于区域系统内部各个行为主体的综合行为表现，而不同地区之间资源禀赋状况的不同造成了各个地区之间自我发展能力水平的差异性。这种差异性具体可以通过每一个地区的经济效益和资本积累状况来体现。如果一个地区没有资本积累或资本积累为负值，那么在缺少外界扶持的情况下就没法扩大再生产，该地区的经济也就不会实现发展；如果一个地区的经济效益很差，但仍有一定的资本积累，那么这一地区的经济仍然不会实现较快发展。一个地区的单位资金产出高，经济效益良好，区域可以有更多的资本积累来完成扩大再生产，促进区域自发展能力形成。一个地区的劳动生产率越高，经济效益越好，可以进行资本积累的资金越多，就越有可能进行扩大再生产，其自我发展能力水平就越高；反之，一个地区的劳动生产率越低，经济效益越差，可以进行资本积累的资金越少，就很少有可能进行扩大再生产，其自我发展能力水平自然就越低。区域自我发展能力是从“自生力”的角度强调了区域自我生存和自我发展的能力，但不排除外力的扶持作用，这种能力确切地说是一个综合的“能力集”。

在这里，我们需要清楚地说明三点内容。其一，区域自我发展能力对一个地区的经济发展起决定性作用。虽然区域自我发展是指区域依靠系统内部力量推动的自身发展，但并不意味着区域是在一个封闭的环境下实现发展。区域自我发展强调发展动力来自于系统内部，对资源利用则是开放性的，不仅实现对区域内部资源的充分利用，也要对区域外部资源实现吸引、集聚和利用。在发展过程中，为了更有效率地配置资源，对外开放是一种必然。其二，区域自我发展是针对区域经济发展的“外力”提出来的，它强调的是区域的“自我发展”，即充分依靠和发挥自己的内在潜能来发展自己的能力。区域自我发展模式与其他发展模式的区别就在于它的独特的发展机制，是强调自我的发展机制。其三，这种强调“自我”的发展机制并不意味着放弃外部力量的推动作用，恰恰相反，在区域实现自我发展的过程中，一个地区越是能够利用外部资源，诸如倾斜性政策、贸易、区域合作和援助等，就越能够实现更好的发展。换句话说，区域自我发展能力包括能够充分利用区域外部资源，实现资源优化配置的能力。在更多时候，区域内部形成的这种依靠自身力量进行发展的机制之后，外部的推动力量才能更好地实现其预期目标。区域自我发展能力水平的高低决定着区域发展目标的最终实现程度，而外部推动力的大小决定着这一过程推进速度的快慢。

（三）区域自我发展能力的概念模型

区域内部已有的自然、经济、社会、技术和制度基础是区域发展的基本条件，也是区域自我发展能力得以形成、提升或者维持在一定水平并发挥作用的现实基础。在这里，现实基础可能是由已实现的区域自我发展能力所为，也可能是由外力推动所产生。在此基础上，区域自我发展能力首先会表现出对新型资源的创造和集聚，以实现更多的技术进步和资本积累，即创新开发能力和要素集聚能力。再次强调，这里的资源不仅仅包括原材料、劳动、资本和技术等资源，也包括人力资本、知识、集体观念等；不仅仅可能来自区域内部，也很有可能来自区域外部。也就是说，区域作为一个宏观主体，在自身条件基础上对区域内外部的资源实现创造、吸引、集聚和利用。通过发挥竞争优势实现资源创生和集聚，通过发挥区域比较优势对资源进行配置和加工，推动资源向商品和服务转化，将资源优势转化为产业优势和经济优势。

企业是最基本的经济单元，一个地区对资源的创生、集聚和利用都是由区域内部企业所实现，而企业的生产活动受市场机制支配，因此区域自我发展能力的作用过程也是“无形之手”的资源优化配置过程。在这一过程是区域内部企业追求利益最大化，因而可能存在市场失灵的情形，这时候就需要“有形之手”——政府调控来进行修正。政府部门发挥协调发展能力①，对自然生态环境、经济社会发展、社会文明进步等问题进行协调，这是通过“有形之手”进行资源优化配置过程。

我们可以通过一个较为简明的函数关系来表示区域自我发展能力的概念，在这一函数关系中，因变量是区域自我发展能力，自变量是创新开发能力、要素集聚能力、资源利用能力和协调发展能力。

区域自我发展的概念用下面这一函数关系表示：

RSDC=f（CID，CGE，RUC，CDC）

式中，RSDC是指区域自我发展能力（Regional Self - Development Capacity），IDC是指要创新开发能力（the Capacity of Innovation and Development），GEC是指素集聚能力（the Capacity of Gathering Elements），CRU是指资源利用能力（the Capacity of using Resource），CDC是指协调发展能力（the Capacity of Cordinated Development）。f是指这些变量之间的函数关系，它表示

① 这里中央政府和地方政府都有可能采取行动，更多的是地方政府，因为区域自我发展能力，当地政府才是真正承载主体。中央政府的政策导向是外力的重要组成，虽然不是自我发展能力的组成部分，但是在很多情况下是区域自我发展能力形成的重要力量。

一个地区的自我发展能力水平，取决于这一地区在经济社会发展过程中所表现出来的创新开发能力、要素集聚能力、资源利用能力和协调发展能力水平的高低。

马克思说过："人民奋斗所争取的一切都与他们的利益有关。"① 所以发展，包括自我发展，也只是实现发展目的的一种手段，而本身不是目的。一个地区想要获得自我发展能力，实现自我发展，目的是为了更加顺利地增加区域财富，提高社会福利水平。在实现"区域财富增加，社会福利水平提高"这一区域自我发展目的的过程中，"有形之手"和"无形之手"在区域行为主体的集体智慧下实现协调，市场的归市场，政府的归政府，各尽其责，共同发挥作用实现区域自我发展。

由此，区域自我发展能力的概念模型如下图所示。

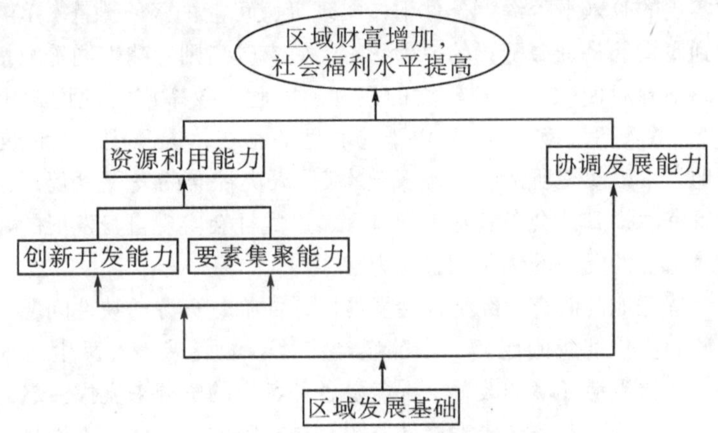

图 3.1　自我发展能力的概念模型

三、区域自我发展能力的本质：资源的自我优化配置能力

自人类社会诞生以来，人们就利用各种资源来生产各种各样的产品，以满足基本的生存需求和多样性的生活需求。由此说来，资源不仅是人类社会赖以生存的根本基础，也是人类社会得以发展的基本条件。随着人口数量的不断增多和人们生活水平的日益提高，人类对产品数量和种类的需求与日俱增，由此需要投入生产以支撑人类社会生存与发展的资源数量和种类也越来越多。但是与人类需求的无限性相比较，无论是自然资源、人力资源，还是社会经济资源

① 马克思恩格斯全集：第 1 卷［M］. 北京：人民出版社，1956：82.

及社会财富都是有限的（张敦富，1999），这就是资源的稀缺性。由于人类需求的无限性和资源稀缺性，产生了不可避免的选择问题，这就构成了经济学的基本问题——资源配置（resource allocation）问题。经济学是研究资源配置的科学，它不仅反映在经济部门之间，也反映在不同地理范围之间（徐康宁，2006）①，这就是区域之间的资源配置问题。

由于资源供应稀缺性的存在，人类无法满足自己的所有需求，只能选择其中一部分需求予以满足，这就产生了如何对稀缺性资源进行合理配置，以最大限度满足人类需求的问题。这就是资源的优化配置问题。稀缺性资源优化配置的基本原则是，通过对稀缺性资源的合理配置，以最大幅度地实现人类社会的福利，这不仅是一种结果，也是一个过程。人类对稀缺性资源的优化配置体现在人们对其使用效率上。“经济学研究的目的可以归结为在社会普遍接受的伦理所要求实现的收入平等约束条件下，实现最大可能的经济效率。而‘效率’的概念说到底指的是资源配置的一种状态，效率较高则意味着同等数量的资源因配置状态不同而使人们得到较大的福利。因此，效率广义地说都可以称为‘配置效率’（樊纲，2006）。”② 由于趋利性的存在，资源往往会流向利用效率较高的地方，以实现所谓的“配置效率”。人类社会的发展过程，也就是人类优化配置资源提升社会福利水平的过程，人类社会实现自身发展的能力就体现为人们对稀缺性资源的优化配置能力。

对一个特定地区而言，经济社会发展同样面临着资源稀缺性问题，同时也产生了资源的优化配置问题。一个区域经济社会的发展，人民生活水平的提高，生存条件与生活环境的改善，都需要各种各样的资源来支撑。然而相对于无限性的需求来说，支撑区域发展的资源总是有限的。这样，不论是富裕地区还是贫困地区都会有资金、人才、技术等方面的资源稀缺问题。任何一个地区都需要尽可能地提高可利用资源的配置效率，以满足区域内部的发展需求，提升社会福利水平。与此同时，由于大多数稀缺性资源的可流动性与资源配置趋利性，区域层面的资源配置存在着竞争性。这些稀缺性的资源，即使是分布均匀，由于区位效应的作用，也会向某些地区集聚（张敦富，1999）。③ 稀缺性资源从低配置效率地区流向配置效率较高的地区，那些能够聚集资源的地区往往是资源配置效率较高的地区，这样就实现了资源的优化配置。因此一个地区

---

① 徐康宁．产业聚集形成的源泉（自序）［M］．北京：人民出版社，2006：1.

② 樊纲．宏观经济学与开放的中国．参见（美）杰弗里·萨克斯，费利普·拉雷恩．全球视角的宏观经济学［M］．费方域，等，译．上海：格致出版社，上海三联出版社，上海人民出版社，2006：2.

③ 张敦富．区域经济学原理［M］．北京：中国轻工业出版社，1999：4.

为了实现自身发展，就要提高资源的配置效率，以吸引、集聚、利用稀缺性资源来提高社会福利。由此看来，区域的自我发展能力的本质就是优化配置稀缺性资源的能力。

关于稀缺性资源的优化配置，大致说来存在两股力量：“无形之手”和“有形之手”，也就是市场机制与政府调控。所谓“无形之手”就是指依靠市场自身的力量实现资源的优化配置。然而市场调节资源也并非绝对理想，存在“失灵”现象，也就是所谓的“市场失灵”。为了“修正”或者说是补救“市场失灵”，需要政府来利用“有形之手”进行资源优化配置。政府通过制定法规，参与经济活动，利用宏观经济政策等手段进行优化资源配置，保证经济的健康发展。

在讨论区域层面的自我发展能力时，需要区分区域内部行为主体与区域外部力量对区域发展的作用，其关键在于区分区域内部的地方政府与中央政府在区域发展过程中的地位和作用。无论是区域内部市场机制，还是地方政府的调控使得区域占有和利用更多的稀缺性资源，并实现其合理配置，由此实现的区域发展就可以成为自我发展。与之对应的是中央政府利用宏观调控手段，通过大量发展要素投入实现某一特定区域发展，这种发展就是外源性发展模式。中央政府处于某种战略考虑往往会实施某一种区域发展战略，以国家力量推动某一特定地区发展。区域发展战略的实施，借助国家力量进行稀缺性资源配置确实会在短时间内取得显著效果，但是对获益地区来说，这种快速起效的推动力量从长期来看是短暂的，为了区域协调发展，国家不可能永远支持某一个地区实现高速发展。对一个有能力摆脱落后状态的地区来说，国家的扶持当然很重要，它可以使得受援地区在短时间内获得快速发展，不断缩小与其他发达地区的发展差距。但是，这种外援力量并不会永久存在，地区发展仍要以依靠区域内部力量为根本。这种力量就来自于区域自身通过对稀缺性资源的优化配置效率，以利用资源实现发展。因此，区域自我发展能力是从一个全新的角度，即自身发展的角度切入，来解释区域层面的稀缺性资源的优化配置问题。

由此以来，区域自我发展能力可以概括为，一个地区在发展过程中，依赖自身力量在充分开发与利用区域内部资源的同时，对区域外部的各种资源进行吸引、争夺、拥有、控制和转化，实现区域内部和外部各种发展资源合理配置的一种发展能力。在这一资源合理配置过程中，既有内部资源的有效安排，外部稀缺资源的容纳，又有内外资源的有效协调配合。需要重点说明的是，相对于国家出于战略考虑实施的宏观调控和其他区域处于人道主义实施的援助来看，区域自我发展能力就是能支撑一个地区生存和发展的持久性力量。

四、与其他几个相关概念之间的关系

在关于区域发展能力的研究领域中，讨论较多的是区域创新能力（陈玉川，2009；陈黎，2011）、区域竞争能力（王秉安，1999；苏晓红，2002；夏智伦，2006；李建平等，2007；张继良，2008）和区域可持续发展能力（闵庆文、李文华，2002；万劲波、叶文虎，2005；邵建平、何晓琦，2008）①，这些区域能力与区域自我发展能力之间既有区别，也有联系。大致说来，我们认为区域创新能力、区域竞争力和可持续发展能力都从属于区域自我发展能力范畴，在这些能力领域具备较高水平的地区往往也表现出较高的自我发展能力。因此，罗晓梅等（2007）认为，从经济学的观点来看，区域自我发展能力就是以制度创新为基础的区域创新能力和竞争能力。②

区域创新能力是指一个地区进行资源要素的有效配置、提高经济增长质量、促进可持续发展的能力（Simmie，2003），它包括制度创新能力和技术创新能力。由我们对区域自我发展能力构成要素的分析可知，作为区域自我发展能力构成要素之一的创新开发能力就包含有区域创新能力的内容，而且比区域创新能力的内涵更为丰富，不仅包括在基础理论研究、科技创新和产品开发方面取得进步的能力，还包括市场拓展能力。因为区域创新开发能力中“资源”的概念远远不至于制度和创新，区域创新能力是区域自我发展能力的重要内容。也就是说，一个地区想要实现自我发展，它就必须具备创新能力，在发展过程中，创新能力是充当推动力的角色。反过来，一个地区具备自我发展能力，那么它就有创新所需要的经济环境和条件，由此进一步强化其创新能力。

更进一步讲，一个地区的自主创新能力是指依靠自身（或者主要依靠自身）的力量实现科技突破，进而支撑经济发展、保障国家安全，并能对全球科技发展产生重大影响的本领和能量（刘凤朝等，2005）③。朱孔来（2008）④

---

① 万劲波，叶文虎．地方政府推进区域可持续发展能力建设的思考［J］．中国软科学，2005（3）：8-17．邵建平，何晓琦．区域可持续发展能力“三阶段增长模型”解析［J］．科技进步与对策，2008，25（5.）：95-97．闵庆文，李文华．区域可持续发展能力评价及其在山东五莲的应用［J］．生态学报，2002，22（1）：1-9．

② 罗晓梅，何关银，陈纯柱．从生存方式变革看待发展——西部生存方式变革与自我发展能力研究［M］．重庆：重庆出版社，2007：14．

③ 刘凤朝，潘雄锋，施定国．基于集对分析法的区域自主创新能力评价研究［J］．中国软科学，2005（11）：83-91．

④ 朱孔来．创新、自主创新、自主创新能力相关理论研究［J］．山东工商学院学报，2008（5）：1-11．

认为，一个国家或地区进行自主创新中的“自主”可以从国家自立自强、技术赶超、克服技术依赖、发展安全和资源节约等几个方面理解，主要是在强调充分依靠自身力量去实现创新目标，通过自主创新来获得核心技术。这里我们可以看到，区域创新能力或区域自主创新能力都是在讲一个国家和地区在科学技术方面取得进步的能力，其概念与内涵边界远远小于区域自我发展能力。

更重要的是，我们认为在区域自我发展能力这一概念中，之所以称“自我”而非“自主”是源于两个原因，一是某一特定地区应该在国家区域发展总体战略指导下合理定位，服从国家宏观规划，在这一前提下追求发展，所以称“自主”不合适；二是我们主要是强调依靠自身力量实现发展，这里自我发展能力是一个地区所具备的综合能力，但是为这种能力所施加的发展要素分布区域内部和外部，而且这种能力的形成也要涉及区域外部的中央政府和其他地区。

区域竞争力是指在经济全球化条件下，一个地区在一定发展水平基础上，优化资源配置以实现经济持续增长与发展的能力（王秉安，1999），它是一个地区政治、经济、文化与社会等各种力量共同作用的结果，是指一个地区的综合竞争力。一般说来，一个地区首先具备了自我发展能力，实现了区域内生化增长，才能够在资源创生、集聚和利用过程中增强经济实力，同时实现经济、社会、文化、生态的协调发展，这个地区才能够获得竞争力。也就是说区域自我发展能力是一个地区竞争力获取竞争力的前提条件；反过来，一个地区拥有了竞争力，提高生产效率，就能够更有力地吸引、集聚、控制和配置资源，加快资本积累，进而增强区域自我发展能力。

1987 年，联合国世界环境与发展委员会在研究报告《我们共同的未来》中正式提出可持续发展概念，“可持续发展是既满足当代的需求，又不对后代满足需求能力构成危害的发展”[①]。从系统的观点看，虽然可持续发展是指生态—经济—社会复合系统的整体性发展，但其更多地强调人的发展与自然承载力之间的和谐统一。[②] 区域可持续发展能力是指一个地区能够推动发展模式转变与持续性改进，从而能够高效、公正地统筹发展要素，实现环境社会系统稳定演进和获得“经济—社会—环境”整体高增益，使整个区域持续发展的理想目标更好、更快地变为现实的能力（万劲波、叶文虎，2005）。区域可持续发展能力是可持续发展能力在区域层面的延伸，它强调在一个地区内部社会发展与自然生态环境的协调能力，而区域自我发展能力则侧重于区域系统内经济、社会、生态等内容的“自我”发展，两者的侧重点不同，但是区域自我

---

① 罗守贵，曾尊固. 可持续发展研究述评［J］. 南京大学学报，2002，39（2）：141-148.

② 张二勋，陈晓霞 . 20 世纪国外发展观的嬗变与启示［J］. 城市问题，2008（5）：82-88，98.

发展能力中已经包含了可持续发展的涵义。一个地区只有实现了可持续发展能力，才能够具备自我发展能力。也就是说，一个不存在可持续发展的地区，就没有所谓的自我发展。

第二节　区域自我发展能力的构成要素

区域是一个复杂的经济—社会—生态复合体，具有丰富的内涵和广阔的外延。特定地区所具有的自我发展能力也是一个复杂的系统，有诸多要素构成。下面我们分别从发展主体、发展内容和实现情况等角度来阐述区域自我发展能力的构成要素。这些构成要素相辅相成，共同构成区域自我发展能力的有机整体。

表 3.1　　基于不同分析视角的区域自我发展能力的构成要素

<table>
<tr><th colspan="2">分析视角</th><th>构成要素</th></tr>
<tr><td rowspan="2">发展主体</td><td>宏观主体</td><td>区域自我发展能力</td></tr>
<tr><td>微观主体</td><td>家庭自我发展能力
企业自我发展能力
地方政府自我发展能力
非政府组织自我发展能力</td></tr>
<tr><td colspan="2">发展内容</td><td>创新开发能力
要素集聚能力
资源利用能力
协调发展能力</td></tr>
<tr><td colspan="2">实现情况</td><td>现实区域自我发展能力
潜在区域自我发展能力</td></tr>
</table>

一、发展主体

区域主体可以从宏观主体和微观主体两个层面区分。从宏观层面讲，区域可以视为一个有机整体，具有独立的行为特征；从微观层面讲，区域行为主体包括家庭、企业、地方政府和非政府组织。这样说来，某一地区的自我发展能力也可以区分为宏观层面上的区域自我发展能力和微观层面上的家庭自我发展能力、企业自我发展能力、政府自我发展能力和非政府组织自我发展能力。

宏观意义上的区域自我发展能力就是我们通常所说的区域自我发展能力的

一般性概念，指的是在发展过程中，区域主体基于自身现实条件，利用区域内外各种资源，依靠系统内部发展机制，通过有价值的生产与生活活动而实现的区域内部经济、社会、生态等方面发展的各种组合和可能性。

从微观意义上看，家庭自我发展能力是指家庭成员作为社会生产劳动力的供给者，所具备的人力资本状况，它包括劳动者的受教育程度、健康状况、预期寿命和道德素质水平，等等。

企业自我发展能力完全可以通过林毅夫教授的企业“自生能力”来理解。他根据某一特定产业部门或某一特定企业在开放、自由和竞争的市场经济中的预期获利能力——企业的预期利润率，来定义“自生能力（viability）”。如果在开放、自由和竞争的市场经济中，一个企业通过正常的经营管理预期能够赚取社会可接受的正常利润，那么这个企业就是有自生能力的；否则，这个企业就是没有自生能力的。很显然，如果一个企业预期不能获取社会可接受的正常利润，那么就没有人愿意投资，这样的企业除非政府提供支持；否则就不会存在。① 在这里，“自生”不仅有生存之意，还包含成长，发展，壮大之意。因此，我们可以把企业的自生能力理解为企业在实现基本生存基础上，不断实现规模扩大，竞争力增强的能力。这种能力具体包括企业盈利能力、企业创新能力和企业产品竞争能力。其中，企业盈利能力是企业在市场经济条件下得以生存的基本保障；企业的产品竞争力则是企业在市场经济中得以生存的核心条件，是其他企业所不具备的综合优势体现，而企业创新能力是企业实现持续发展壮大的根本动力。

政府自我发展能力实际上是指各级政府自觉地履行其职能的能力，这种能力在政府的执政行为中体现，是区域自我发展能力形成的基本保障。政府自我发展能力具体可指政府为区域内部自我发展创造一个平等机会，为区域自我发展提供经济发展所需要的硬件设施和法律制度、文化软环境、区域财政能力和提供公共品的能力。②

非政府组织（non-government organization，NGO）是指在一国或地区法律系统下，不被视为政府部门的一种社会组织，它大致可以划分为四种类型：协会、居民自治组织、民主党派和区域外部组织。③ 20 世纪 80 年代以来，非政

---

① 林毅夫，刘培林．自生能力和国企改革［J］．经济研究，2001（9）：60-70.

② 郑长德．中国民族地区自我发展能力构建研究［J］．民族研究，2011（4）：15-24.

③ 非政府组织（Non-Governmental Organization，NGO），最早是指得到联合国承认的国际性非政府组织，后来发达国家中以促进第三世界发展为目的的组织也被包括进来，现在主要指发展中国家里以促进国家经济和社会发展为己任的组织，尤其是那些草根层次的组织。它通常是非营利组织（Non-Profit Organization），具有组织性、民间性、非营利性、自治性和志愿性五个特性，其原动力是志愿精神。

府组织（NGO）在世界范围内悄然兴起，它是代表社会公众意志的公共组织，通常被认为是一种介于市场和政府之间的，来弥补“市场失灵”[①] 和“政府失灵”[②] 的组织力量。在区域经济发展过程中，非政府组织（NGO）在维持区域内部社会稳定、经济发展、科技创新、民生改善等方面扮演着越来越重要的作用，对区域自我发展能力的形成与提升起到了关键作用。非政府组织（NGO）的自我发展能力是指通过的自身的变革和发展壮大，促进当地公民社会形成和经济社会发展的能力。

二、发展内容

发展经济学认为，区域发展的过程就是区域发展主体对区域内外资源的创造、集聚和利用，以及协调各种发展活动的过程。这里的发展活动不仅仅指社会生产领域的组织活动，也包括流通、分配和消费等其他环节的组织活动，还包括区域主体为平衡经济、社会、生态、文化等发展之间相互关系的活动。在资源的利用和活动协调过程中，区域主体表现出不同的行为方式，因此从表现形式看，区域自我发展能力可以划分为创新开发能力、要素集聚能力、资源利用能力和协调发展能力。

创新开发能力是不仅仅指区域行为主体在新技术、新产品、新组织、新的原材料供应地和新的市场的开发等方面的能力[③]，也包括通过基础设施建设改变区位条件和生存环境，以及适应经济发展环境的变化而进行的制度和体制改

---

① 市场失灵是指市场无法有效率地分配商品和劳务的情况，也通常被用于描述市场力量无法满足公共利益的状况。它表现在收入与财富分配不公、外部负效应问题、市场垄断、失业问题、区域经济不协调问题、公共产品供给不足和公共资源过度使用等，其原因在于公共产品的非竞争性和非排他性，垄断组织的形成，外部影响和非对称信息等。

② 政府失灵是指个人对公共物品的需求在现代化议制民主政治中得不到很好的满足，公共部门在提供公共物品时趋向于浪费和滥用资源，致使公共支出规模过大或者效率降低，政府的活动或干预措施缺乏效率，或者说政府做出了降低经济效率的决策或不能实施改善经济效率的决策。其表现形式有公共决策失误、政府机构的低效率、政府寻租和扩张。

③ “创新”一词最早是由美国经济学家熊彼特于1912年出版的《经济发展理论》一书中提出，他又相继在《经济周期》和《资本主义、社会主义和民主主义》两书中加以运用和发挥，形成了以“创新理论”为基础的独特的理论体系。在熊彼特的创新理论中，所谓的创新就是要“建立一种新的生产函数”，即“生产要素的重新组合”，就是要把一种从来没有的关于生产要素和生产条件的“新组合”引进生产体系中去，以实现对生产要素或生产条件的“新组合”。具体包括五种情况：开发新产品、使用新的生产方法，开辟一个新的市场，掠取或控制原材料或半制成品的一种新来源，实现任何一种工业新组织。

革的能力①。

要素集聚能力就是吸引、凝聚生产要素的能力。这里的生产要素不仅包括传统意义上的资本、土地、劳动力，还包括在现代经济增长理论中占据重要地位的知识、技术和企业家才能。这里所集聚的生产要素的存在范围，不仅仅指区域内部的集聚，形成集聚优势，也包括不断吸引区域外部的生产要素流入区域内部，增强区域内的生产要素密度，推动区域经济发展。

资源利用能力是指对由区域创生或集聚在区域内部的生产要素进行合理配置，并最有效率地将其转换为社会财富的能力，主要体现在对各种要素的使用效率和产出水平两个方面。

协调发展能力不仅包括对经济发展过程生产与消费、发展速度与发展质量、公平与效率、区域差异等问题的协调能力，以及对社会发展过程中基本公共服务均等化的区域差异性问题的协调能力，还包括实现区域经济、社会、生态等协调发展的能力。

三、实现状况

从实现状况看，区域自我发展能力可以分为现实的区域自我发展能力和潜在的区域自我发展能力。

现实的区域自我发展能力是某一特定地区在经济发展过程中表现出来的发展能力，体现为区域经济系统立足自身条件，使得内部经济发展方式的逐步转变，产业结构不断优化升级，资本积累能力不断增强，资源配置效率日益提高，经济发展实现内生化的经济现实。在区域经济社会过程中，现实区域自我发展能力发挥作用实现了发展的内生化，它往往通过区域内部现实经济社会运行状况来体现。

潜在的区域自我发展能力是指某一特定区域具备某种特定优势，或者某些有利条件，但是由于区域经济系统内部某些环节出现了问题，使这种优势不能得以发挥，或这些有利条件不能有效地得以利用以促进经济发展，因此这种优势或有利条件就为区域自我发展能力的形成仅仅提供了可能，而没有转换为自我发展能力。一个具备潜在区域自我发展能力的地区，往往具备了实现本土发展的大多数基本发展要素，但是缺少某种能够使得这些基本要素相互作用以产

① 罗斯托认为，一个国家或地区突破经济的传统停滞状态，实现“起飞”需要具备三个主要条件：具有较高的资本积累能力，建立支持“起飞”的主导部门，要有制度上的改革。一旦具备了这三个条件，经济就可以实现“起飞”，一旦“起飞”，经济就能够“自动持续成长”了。参见郝寿义，安虎森. 区域经济学［M］. 北京：经济科学出版社，2004：205.

生自我发展能力的机制，这一地区便不具备或者逐渐丧失由区域内部力量推动的“自我式”发展。如果通过外力或者内部的自组织力量实现了能够使这些基本要素相互作用产生自我发展能力的机制，那么这个地区就会逐渐形成或不断增强自我发展能力。潜在的区域自我发展能力的高低往往由区域经济社会发展的基本要素所决定，它往往与区域的未来自我发展趋势有关。

第三节　区域自我发展能力的特征

区域自我发展能力既然能够存在，就表明它拥有自身所具备的特殊性质，这些特殊的性质在与其他区域发展能力等事物进行区别时，表现为区域自我发展能力的基本征象和标志，也就是所谓的区域自我发展能力的基本特征。下面我们对区域自我发展能力的基本特征进行简要分析。

一、综合性

区域自我发展能力是一种综合性能力，它表现出综合性特征。由区域自我发展能力的构成要素分析可知，按照不同的分类方法，可以将区域自我发展能力视为众多不同要素的综合体。尽管从宏观发展主体看，区域自我发展能力是一种宏观概念，但从区域发展微观主体看，区域自我发展能力由家庭自我发展能力、企业自我发展能力、政府自我发展能力和非政府组织自我发展能力构成。从发展内容看，区域自我发展能力包括区域内部在经济、政治、社会、文化和生态等方面的发展能力，具体表现为创新开发能力、要素集聚能力、资源利用能力和协调发展能力。从表现形式看，区域自我发展能力又分为现实自我发展能力和潜在自我发展能力。因此，区域自我发展能力是一个综合概念，是各种要素相互作用而形成的，它体现出来的是一种综合性特征。

二、系统性

区域是一个结构复杂、内涵丰富的系统，它具有系统的基本特征。将区域作为一个系统来进行研究，既要强调其构成要素各个组成部分的作用，更要强调各个组成部分之间的相互作用。区域自我发展能力是一个能力集合体，主要由创新开发能力、要素集聚能力、资源利用能力和协调发展能力构成，这四种能力的相互作用和动态协调，促成了区域自我发展能力的产生、运行和提升。

因而，区域自我发展能力也具有一定的整体功能性，它不是简单的各要素功能的简单加总，而是区域内各个构成要素相互配合、综合作用的结果，强调“整体之后大于个体之和”的效应。因而，作为具有系统性特征的区域的一种特定发展能力，区域自我发展能力也体现出系统性特征。

三、动态性

一般说来，一个区域的自我发展能力高低，与这一地区的发展水平呈对应关系。也就是说，区域自我发展能力水平与区域发展水平互相促进，相互依赖。一个具有较高发展水平的地区往往表现出较高的自我发展能力水平，而较高水平的自我发展能力又使得该地区具有强大的资源凝聚力、资源利用率、资源创新能力和宏观发展的协调能力，从而实现区域较高的发展优势，获取较快的发展速度。但是由于区域经济的系统性，在区域内部各构成要素的匹配效率的不适合，会使区域自我发展能力水平大打折扣。也就是说，随着构成要素匹配效率的不断变化，区域自我发展能力水平也会不断变化，因而区域自我发展能力会表现出动态性特征。一些地区的自我发展能力的各构成要素匹配效率的不适宜性是暂时的，在区域系统的自我修复功能作用下得以修正，区域自我发展能力并未受到很大程度的影响。但是也存在这样一种情况，一些地区的自我发展能力的各构成要素匹配效率的不适宜性没有在区域系统的自我修复功能作用下得以修正，这样长期以来区域自我发展能力就会逐步下降，虽然区域经济保持较高的经济存量，但是发展速度明显放慢。经过长时期的下降，这一地区就会形成所谓的“衰退”地区。

四、阶段性

区域的发展过程呈现出阶段性特征，区域自我发展能力的形成与提升过程同样呈现出阶段性特征。大致说来，区域自我发展能力水平的高低，与该地区经济发展水平的相互对应。一般说来，按照区域发展经历待开发阶段、成长阶段、成熟阶段和高级化阶段；相应地，从区域自我发展能力看，一个地区也就可能处于尚无自我发展能力阶段，具有较低水平的自我发展能力阶段、具有较高水平的自我发展能力阶段和完全具备自我发展能力阶段四个阶段。

在区域发展的初期阶段，该地区几乎没有自我发展能力，经济发展缓慢或者处于停滞状态。即使在中央政府倾斜性政策的支持或其他区域的援助下，虽然在短时间内基础设施、生态环境和公共服务供给状况得到改善，实现了经济发展，使得区域内部经济存量在短期内得到积累，但是如果这些外部力量没有使得该地区自我发展能力形成，这一地区仍然没有资本积累和技术创新，社会扩大再生产过程很难实现，那么这一地区的发展则不具备持续性。当外部推动力量消失时，这一地区仍会重返“无发展”状态。总之，不具备自我发展能力的地区，要么处于经济社会发展的停滞状态，要么在外力的扶持下缓慢发展，即使出现了短暂的经济复苏，但是很难实现经济的持续发展。更重要的是，没有自我发展能力的地区，即使在中央政府和其他地方政府的援助下获得了暂时的增长，但是这种增长不但没有可持续性，而且是没有“效率”的增长。其原因在于，这种外援式推动发展很难通过自我发展能力这一内因起作用，势必会造成援助资源的浪费。

在外部力量的推动下，或者是自身发展条件的改变，区域经济系统内部开始形成资源集聚与创生能力，更多是立足本地区内部资源，尤其是农业资源和矿产资源开发的特色产业发展，资本积累能力逐步增强，区域积极参与社会产业分工和对外开放，经济结构缓慢优化，资源配置效率显著提升，那么这一地区就进入到了较低自我发展能力水平阶段。具备较低自我发展能力的地区，科技教育文化水平得到了一定程度的提升，产业结构开始踏上转型升级的路程，技术创新能力水平仍然较低，区域系统内部产生经济发展的冲动，经济发展的内生性动力出现萌芽。这个时候，这一地区能够较好地利用外部援助，能够利用这些外部“资源”为区域发展所用，也就是说能够在外部力量的推动下实现较快发展。即使没有这些倾斜性政策支持与援助，区域经济系统也能够依靠内部力量实现内生化发展，但是发展速度会大大放慢，甚至会再次陷入发展停滞状态，这些地区仍然属于“问题区域”，需要国家区域政策的大力支持。

在外部力量的推动下，或者通过自身发展的不断积累，某一地区的经济结构不断改善，产业结构不断优化升级，形成了大批特色优势产业，具有一定的竞争优势，这时该地区具备了较高水平的区域自我发展能力。具有较高自我发展能力水平的地区，区域经济系统能够吸引区域内外各种资源流入区域内部，并且实现了较高水平的资源配置效率和劳动生产效率，具有较强的资本积累能力和技术创新能力，实现了区域经济的较快发展，成为新兴“崛起地带”。这些经济发展“新星”已经具有较高水平的区域自我发展能力，它会积极寻求各种发展资源为其所用，不再需要外部力量的援助也能够实现经济的较快发展。

在内生发展力量推动下，区域内部资本积累加快，对区域外部资本和各类资源也形成了强大的吸引力，区域内部技术和组织创新成为推动经济发展的主要推动力，区域经济系统形成了完备的自我发展能力。此时，区域经济系统能够对区域内外的资源实现最优配置，并且能够自动实现区域经济结构优化升级，不断塑造新的竞争优势。具备完备自我发展能力的地区往往都是一国或某一较大地域范围的增长极，它不仅具有较强的内聚功能，能够依靠自身力量集聚大量资源，也具有较强的扩散功能，能够通过扩散效应带动周围腹地的较快发展。

五、可塑性

区域自我发展能力的塑造过程，也是一个区域发展转型的过程，更是一个再生或者重生的过程。对于处在不同发展阶段的地区来说，自我发展能力的塑造具有不同的内容和涵义。对于欠发达地区来说，塑造区域自我发展能力就是立足比较优势，发挥后发优势，在内外部力量的推动作用下培育自我发展能力；对于处于中等发展水平的区域来说，塑造区域自我发展水平就是要发挥综合优势，实现增强自我发展能力的目标；对于已经处于较高发展阶段的地区来说，就要通过转变生产发展方式，实现产业转型升级，维持并更新自我发展能力。特别地，对于那些因资源枯竭，或者发展体制老化而不断衰退的地区来说，就要通过转变生产发展方式，优化产业结构，不断提升自我发展能力以寻求重生。

区域自我发展能力可塑性特征的存在，使得所有的区域开发活动具有了重要意义。区域自我发展能力具有可塑性，说明一个地区的自我发展能力可以是在漫长的发展过程中自然而然地形成，也可以通过区域主体的努力和中央以及其他地区的援助来获得。这里我们需要特别说明的一点是，一个地区可以通过获得自我发展能力来实现独立发展，它相对应的是这种区域发展不再需要中央政府和其他地区的帮助；而区域自我发展能力的形成有两种途径，一是自我形成，二是通过外部力量扶持下形成，因此特定地区自我发展能力的获取并不排斥外部力量的推动。我们在西部大开发纵深化过程中，更要重视援助的着力点和方式转移到西部地区的自我发展能力的培育和提升上来。

另外，区域自我发展能力的塑造是一个综合性的系统工程，这一工程不是一蹴而就的，需要漫长的、科学的建设过程。实施这一工程的前提条件是对某一特定地区的自我发展能力水平进行科学、合理的评价，然后制定符合实际情况的发展战略，在战略指导下采取具体措施进行区域自我发展能力的构建。

第四节 区域自我发展能力的形成机理

一、区域自我发展能力形成的行为主体

前已叙及，区域自我发展能力是区域内部行为主体表现出来的一种综合能力，它包括创新开发能力、要素集聚能力、资源利用能力和协调发展能力。这里的行为主体包括区域内部的家庭、企业、地方政府和非政府组织，一个地区所表现出来的自我发展能力就是这四类行为主体在经济发展过程中所具有的能力水平的综合体现。但是对于一个地区的自我发展能力形成过程来说，发挥作用的行为主体还应该包括中央政府和其他与该地区有关联的地区。一个地区自我发展能力的获取，不仅是区域内部各个行为主体相互作用的结果，也受到了来自中央政府和其他区域的外部力量的影响。

家庭作为区域经济微观行为主体之一，他们不仅是商品和服务的最终需求者，也是社会生产过程中劳动力、企业经营和资本投入等生产要素的提供者。在区域经济发展过程中，家庭作为生产者和消费者的统一，在其生产和消费活动中影响着整个区域经济的运行。作为生产者，家庭的生活习惯、对教育或接受培训的重视程度、宗教信仰、风险偏好以及消费观念等特征直接影响着区域内人力资源，尤其是人力资本的多寡、创业精神的发育程度、消费对经济发展的贡献程度，进而决定着区域内部企业的技术应用和创新能力的高低和经济发展内部活力的实现程度。当然，家庭在区域经济发展发挥基础性作用的同时，也受到来自地方政府、企业和非政府组织等区域内部行为主体的影响，以及来自中央政府和其他区域的外源性力量的影响。地方政府的公共服务水平、企业所提供的劳动环境和工资待遇、非政府组织的生活理念引导、中央政府的社会保障水平和政策性援助、其他区域的人道主义援助等，都会直接影响着家庭居民的生活水平和智力资本状况。区域内部居民在多方因素影响下形成的人力资本和智力资本，体现为其在生产和消费过程中所实现的发展推动力。

企业是最基本的区域经济单元，也是最重要的区域行为主体。企业的决策和生产经营活动不仅影响到区域经济发展水平的高低和经济结构的优化程度，而且对地方政府、家庭居民和非政府组织也有直接和间接的影响。反过来，一个地区的经济发展水平和经济结构状况，以及地方政府、家庭居民和非政府组织的行为，也会对地区内部的企业发展产生不同程度的影响。企业是区域经济最基本的构成单元，企业数量的多寡与规模的大小直接决定着地区内经济总量

的大小，企业在各个产业中的分布状况显示了地区产业结构的高度。企业所提供的工作岗位、税收贡献、商品和服务，对地方政府财政能力提升、家庭居民的生活水平提高、非政府组织活动经费的正常支出具有重要影响。与此同时，在一个地区内部，地方政府的职能定位、公共品供给能力和经济发展政策导向，家庭居民的人力资源和技术素质状况，非政府组织纽带作用的发挥等等这些区域情况，都会影响着区域内部企业的发展。这种影响具体表现为区域内部企业决策和生产经营活动能力的获取。

地方政府构建了区域内部人们共同生活和从事经济活动的政治、社会、文化环境，它通过征收税费、颁布法令、提供公共服务等途径实现其职能。其中提供各种各样的基础设施是政府的一项重要任务，政府通过改善各项基础设施的建设规模和水平来提升区域内部的生产和生活环境，以此增强本土的区位优势。因此，政府既不是无差别的行为主体，也不是处于经济活动之外，它常常采取各种经济调控措施从事自己的经济活动，这些活动将其与其他行为主体紧密交织在一起（陈秀山、张可云，2007）。①

非政府组织是政府与其他区域行为主体之间的沟通桥梁和联系“纽带”。非政府组织的职能实现，有助于通过第三方力量推动政府调控措施的宣传和落实，引导企业和家庭居民向政策指引方向发展。同时，非政府组织有助于政府与其他行为主体之间的对话。

在一个地区内，地方政府、企业、家庭和非政府组织相互作用，作为一个整体与区域外进行物质与信息的交流，区域自我发展能力就是四种行为主体在发展过程中表现出来的一种综合能力。它们自身发展能力的形成和提升，以及各种行为主体自我发展能力之间的匹配程度决定着作为整体的，区域的自我发展能力水平的高低。也就是说，只有区域内部地方政府、企业、家庭和非政府组织具备自我发展能力，且匹配性良好，这个地区才能表现出较强的自我发展能力。

但是，值得我们注意的是，在某一特定区域内部，地方政府、企业、家庭和非政府组织是该地区自我发展能力的承载者，它们在区域自我发展能力的形成过程中扮演主要角色，其行为起基础性和决定性作用，但推动该地区自我发展能力形成的行为主体还可能有中央政府和其他区域。中央政府的调控力量无处不在，中央政府通过实施区域发展战略，影响着各个地区的发展。中央政府常常通过直接投资或倾斜性政策，支持特定区域的经济社会发展。在政府调控下或处于人道主义精神，或者在竞合活动中利益关系驱使下，其他区域也会对

---

① 陈秀山，张可云．区域经济理论［M］．北京：商务印书馆，2007：9.

这一地区进行援助。这些来自区域外部的援助力量也是区域自我发展能力形成的关键因素之一。

二、区域自我发展能力的形成

从发展内容看，一个地区的自我发展能力可以区分为创新开发能力、要素集聚能力、资源利用能力和协调发展能力，而且这四种细分能力也是区域内部行为主体在实践活动中表现出来的综合能力。下面，我们就通过阐述上述四种细分自我发展能力的产生、发育和发挥过程，来分析综合视角下区域自我发展能力的形成机理。

（一）创新开发能力的形成

在一个国家内部，某一特定地区不仅以一个独立的系统存在，它还是构成整个国家大系统的子系统之一。特定地区的发展，不仅受区域内部系统力量的推动，也要受国家宏观政策和区域发展总体战略的影响。在内外部力量的综合作用下，区域通过资源合理配置实现发展，区域发展的动力则源自区域所具有的创新开发能力。具备创新开发能力的地区，能够获得更多的要素资源和政策资源，增加了合理配置各种资源的可能性空间，进而为区域发展创造了更多的发展机会。我们在这里所说的资源，不仅包括要素资源，还包括政策资源。要素资源的获得，我们可以通过技术创新来实现，但政策资源的获取则需要地方政府通过对与其他地区竞争对中央政府有限的资源配置权来实现（张鹏，2012）。所以，我们这里强调资源的创新，而不单单指传统意义上的技术创新和产品开发，还包括基础理论的推进和市场开拓。

技术创新的概念最早是由熊彼特（J. Schumpeter）提出来的，他认为技术创新是“间断出现的实现生产手段的新组合”，包括新产品的引入（生产创新）、制造现有产品的技术变革（生产方法创新）、开辟新的市场或新的原材料来源，以及引入新的生产组织形式。[①] 新产品的开发和投产不仅可以巩固已有的市场份额，还可以开拓新的市场领域，实现扩大销售额和就业的双重目标，更重要的是新产品带来的高收益和高额利润为资本积累，以及后续的扩大再生产提供了可能性。

技术创新的产生与扩散是区域经济发展的发动机，在优化区域产业结构、推动区域经济结构转型升级过程中发挥关键作用，增强区域自我发展能力实质上是增强创新能力（罗晓梅等，2007；梁双陆，2011）。但是在 20 世纪 70 年

① 陈秀山，张可云. 区域经济理论 [M]. 北京：商务印书馆，2007：229.

代以前的相当长时期内，人们并没有觉察到技术创新在经济发展中的重要性，其原因在于劳动力、土地、资本等传统生产要素的投入所带动经济增长的极限没有达到，加之全球化背景下市场规模的扩大也有利于已有生产能力的扩张。因此，连新古典经济学家也仅仅看到了技术的“外生性”。

区域创新主体包括企业、地方政府、中介组织、高等学校和科研院所等，其中企业处于核心地位，而政府则扮演了“主导”角色。在奥地利学者麦尔（G. Maier）和托特林（F. Todtling）的区域创新差别构想框架中，企业是一个开放的系统，它的内部结构和行为方式与它所处的经济环境和发展条件相联系。企业的组织形式和战略目标的特性，对产品创新和方法创新都是至关重要的。企业的人力资本状况和经营者的智力资本，其所处产业环境是否有完备的配套体系，也是创新的重要影响因素。由企业产生的技术创新，如引入新的产品和方法，或者新的生产组织形式等等，都是企业的内部因素和外部环境条件共同作用的结果。

中央政府既可以通过技术政策和创新政策激励全国范围内的技术创新，也可以通过实施具有不同倾斜性的区域政策来推动某一特定地区的技术创新进程。地方政府为推动区域发展，也会在中央政府的科技发展战略思想指导下，通过实施人才政策、地方性财税政策、金融政策，或者提供更优质的职能服务，诸如构建公平竞争的市场环境、商务咨询、搭建平台、培训等，来推动区域内企业进行技术创新。那些容易得到政府支持创新的企业，更容易实现技术创新。与中央政府相比，地方政府能够更好地认识各自区域的特点，其政策导向和支持力度在企业技术创新过程中发挥更大的作用。另外，地方政府提供更优质的基础设施、教育和培训、居住环境，不仅有利于培养高素质的人力资源，也有助于吸引高技术人才流入区域内部，增加人力资本积累。

需求拉动创新说特别强调需求在创新过程中的作用。家庭居民是生产者和消费者的统一体，也是生产力和消费力的复合体，依然在生产和消费两个环节影响着技术创新。作为生产者，劳动力技能水平不仅决定了区域产业结构层次，也影响着区域内进行技术创新的可能性，为技术创新提供智力支持。作为消费者，具有较高消费水平和消费品位的家庭居民，对新产品的多样化需求是推动技术创新的重要力量。正如马歇尔所言：“随着文明的进步，人类总是形成新的需求以及满足这些新需求的新方法。”①

非政府组织也是区域技术创新的重要影响因素。区域内部的高等院校和科研院所，不仅在培养高素质人才方面做出了贡献，而且大多数时间扮演着企业

---

① （英）阿弗里德·马歇尔. 经济学原理［M］. 廉运杰，译. 北京：华夏出版社，2005：192.

和新技术孵化器的角色。公共技术咨询机构、技术转让机构和专业协会等中介机构，在区域创新中发挥桥梁和纽带作用。

地方政府不仅在技术创新过程中发挥重要作用，而且在市场开拓、区域交流合作以及政策要素资源获取方面也占有主要地位。随着国内市场的发育，地方政府已经开始意识到与其他区域保持竞合关系的重要性。地方政府在经济合作、技术交流、贸易网络等方面发挥积极作用，为区域内部有实力的企业走出去，吸引新资源创造种种便利。由地方政府主导的区域合作实现了互利共赢，但是他们之间仍然存在着竞争。其中最重要的就是对中央政府有限的资源配置权的竞争。在区域发展战略实施过程中，中央政府为了某种目的往往会采取特殊的政策和待遇，为某些地区创造更为有利的发展环境，支持或扶持其较快发展。这种倾斜性政策极为有限，而且具有推动特定地区优先发展的“价值”，因而具备资源的一般性特征而被称之为“政策资源”。获得倾斜性政策支持的地区实现了较快发展，地方政府就有可能受到区域内民众的拥护和上级部门的赏识，因而得到更多的升迁机会。地方政府在政治经济双重激励下，对来自中央政府的稀缺性资源——政策资源展开竞争（张鹏，2012）。

创新开发能力是区域内部地方政府、企业、家庭和非政府组织共同作用的结果，它是区域各个行为主体集体行动表现出来的一种综合能力，在形成过程中受到中央政府和其他区域的影响。具备较高创新开发能力的地区，往往会由于获取较多的稀缺性资源而实现较快发展，资本积累和创新能力较快提升，经济循环更具内生性，经济发展动力更加强劲。

（二）要素集聚能力的形成

新经济地理学创始人，保罗·克鲁格曼（Krugman，1991a）曾经这样自问自答：“回顾过去，如果我们问经济活动最主要的地理特征是什么？最简洁的回答当然是集聚。”① 产业集聚并不是现代社会的新生事物，自工业革命发生以来，产业集聚一直是经济活动中普遍的经济现象。在一百多年前，阿尔弗雷德·马歇尔（Alfred Marshall，1890）发现，一些特定产业部门在特定的产业地区集聚，将这些集聚区称为“产业区”。他认为产业聚集之所以会存在，是因为它能够产生三种类型的外部性：市场规模扩大带来的中间投入品的规模效应；劳动力市场规模效应；信息交换和技术扩散。② 保罗·克鲁格曼（Paul R. Krugman）则认为，一个地区内产生集聚的原因除了马歇尔所说的外部性外，还存在另外两个原因：一是需求。在较低运输费用支撑下，公司在进行生

① P. Krugman, Geography and Trade, Cambridge, MA: MIT Press, 1991a.

② （英）阿弗里德·马歇尔. 经济学原理［M］. 廉运杰，译. 北京：华夏出版社，2005：226-233.

产区位决策时充分考虑规模经济效益，倾向于在存在大量需求量的地区进行设厂。与此同时，巨大的市场容量同样吸引公司进入这一地区，从而集聚越多，规模经济的潜力越大，这一地区更具有吸引力，这种现象一般是出现在有大型基金单位的地区内部。二是产业地方化。虽然地方专业化本身可能只是在一个偶然的历史条件下产生的，但是无论是什么原因，一旦某一个地区内形成了专业化格局，那么这一格局就会由于累积循环的自我实现机制而被锁定。①

由于规模经济效应、外部性和自我强化效应的存在，社会生产活动往往有向市场容量大的地区集聚的倾向，而这一地区内的市场容量由于各种生产活动的集聚而进一步扩大，形成更大的吸引力。换句话说，由于集聚经济效应的存在，使得某些地区形成了集聚经济，而集聚经济的发展又进一步强化了这一地区的集聚经济效应。如果某一产业内的企业向同一个地区内集中而形成的集聚效应，被称为地方化经济（localization economies），但集聚经济突破了产业界限，各种产业的企业向同一个地区内集聚，那么就形成了城市化经济（urbanization economies）。在地方化经济和城市化经济的形成过程中，有一部分经济力量都在发挥作用，诸如共享中间投入品，分享劳动力储备，劳动力的匹配性，知识溢出。与地方化经济不同的是，城市化经济的形成还受到其他诱因的作用：为家庭提供更多的就业机会、为工人提供更好的学习环境和社会机会。②

集聚经济的形成过程，伴随着生产要素向某一特定地区的集聚。一般来讲，经济发展要素包括自然资源、劳动力、物质资本、土地，还包括在现代经济增长理论中占据重要地位的知识、技术、金融资本和企业家才能。截至现在，我们谈论的集聚都是一种高层次的要素集中现象，当然本书所要说明的还有一层意思，简单地说就是：吸引区域内外的要素为我所用，并不一定要实现经济地理学意义上讲的集聚概念。这样说来，一个地区的经济发展速度和水平，取决于它对生产要素的集聚能力。正因为如此，现实中很多地方政府都努力提高自己辖区内的要素集聚能力。

企业会基于成本—收益分析，通过生产区位选择，带动生产要素集聚。与企业生产区位决策的“相对自由性”比较，地方政府在推动集聚经济形成中更具有主动性。为实现集聚经济效应，地方政府会采取各种各样的措施将区域内部的生产要素集中，并且创造条件吸引区域外部的生产要素流入区域内部，增强区域内的生产要素密度。区域产业的多样性是形成集聚效应的条件之一，

① 梁琦. 产业集聚论［M］. 北京：商务印书馆，2006：7.

② （美）阿瑟·奥沙利文. 城市经济学［M］. 周京奎，译. 北京：北京大学出版社，2008：33-51.

通过人为的构造多样化的产业结构，加快城市化效应的产生。另外，一个地区竞争优势的形成，是对区域外部发展资源产生吸引力的重要原因，实施竞争优势战略，逐步培养区域竞争优势，也是培育区域要素集聚能力的重要措施。

具体来说，地方政府可以通过基础设施建设，提高区域内部交通运输通达性和基本的生产条件和生活环境；通过设立工业园区、高新技术园区和孵化器等产业区实现人为的产业和要素集聚；通过建设统一的劳动力市场，提高人力资本共享性和匹配性，营造良好的市场经济环境，促进要素自由流动；通过实施产业政策、人才政策和创新政策，实施增长极发展战略，增大知识溢出可能性。

国家的宏观经济政策、产业政策、金融政策、税收政策和倾斜性政策与援助式投资，人才支援也是地方资源集聚的重要影响因素。在国家倾斜性政策的诱导下，人才流、物质流、信息流和资金流向某一特定地区集聚。在政府主导的经济集聚区逐渐产生集聚经济效应，吸引区域内外企业和要素流入区域内，进一步强化经济集聚效应，从而实现积累循环的自我强化阶段。

（三）资源利用能力的形成

一个地区实现自我发展的最终目的是，通过对区域内外的资源进行合理配置，以增加区域财富，提升社会福利水平。因此，一个地区不仅需要有能力去寻觅资源以及实现资源在区域内部集中，还要培养对这些资源进行合理利用，以最有效率地将其转化为社会财富的能力。这就是地区的资源利用能力，具体来说它包括两层含义：其一是提高对由区域创生或集聚在区域内部的生产要素的利用效率，包括生产要素的生产效率和配置效率；其二是充分利用各种社会资源。

区域经济发展不仅仅取决于可利用的资源存量的多寡和质量的高低，也在很大程度上取决于如何使用这些资源，也就是如何在生产过程中配置资源。资源配置包括资源的空间配置和资源之间的相互配置。资源的空间配置是指资源在地区或部门之间的配置；资源之间的相互配置是指在生产过程中，各种资源的投入比例。

亚当·斯密认为："劳动生产力上最大的改良，以及在任何处指导劳动或应用劳动时所用的熟练技巧和判断力的大部分，都是分工的结果。"① 分工和生产环节的细化使得产业工人将生产活动集中在较少的操作上，能够较快地提高其生产的熟练程度。一个劳动者提高劳动熟练程度，就能够在单位时间内生产更多的商品或提供更多的服务，也就是说提高了劳动生产率。从区域层面来

---

① （英）亚当·斯密．国富论［M］．郭大力，王大力，译．南京：译林出版社，2011：1.

看，区域产业分工能够使各个区域发挥比较优势，充分利用和有效配置各自赋存丰富的资源，进而实现消费者福利增进和总产量扩张的积极效应（刘秉镰、杜传忠，2010）。[①] 由此可见，实施比较优势战略，积极参与区域合作与产业分工，有利于提高资源的利用效率。

企业是由资源到商品和服务的转换器，因而是提高资源利用率的核心微观主体。在具体的生产过程中，提高资源利用效率，处于首要地位的就是生产技术的革新。我们在前面也提到，新的生产工艺的引入和原有生产技术的改进都能够带来生产效率的提高。生产流程的合理优化，不仅能够节约用料，还能够减少工作时间。企业生产环境的改善，能够提高劳动者的劳动效率。

上面我们提到，劳动生产率的提高直接得益于劳动者工作的熟练程度。那么我们也可以认为，通过正规教育和职业培训在劳动者身上形成的人力资本，通过完善的医疗卫生公共服务给劳动者带来的充沛的体能和精神，完善的社会失业、养老保险系统使劳动者没有后顾之忧，完善的基础教育体系和社会养老服务体系能够使劳动者没有家庭顾虑，完善的公共生活设施和优美的生活居住条件，使劳动者身心健康、心情愉悦，能够在工作中发挥更大激情。最明智的选择是将有用的东西用到有用的地方。在比较优势战略指导下，合理制定区域产业规划，发展特色优势产业，以实现“物尽其用”。采取相关政策措施，促进产业结构转型升级，调整稀缺性资源在产业间的配置，确保资源流向效率更高的产业中去。

（四）协调发展能力的形成

在一个区域内部家庭、企业、地方政府和非政府组织四类行为主体中，作为消费力的承载体，家庭进行经济活动所遵循的原则是一个主观标准——效用最大化，作为生产力的承载体，企业进行生产经营活动所遵循的原则是利润最大化，因而区域在发展过程中所体现的协调发展能力只有地方政府和非政府组织来主导。

在一个地区的发展过程中，不仅存在生产领域与消费领域以及两者之间的不协调问题，发展速度与发展质量、公平与效率、基本公共服务均等化的区域差异问题，以及经济、社会、生态等大类发展内容之间的协调问题。就生产领域而言，产业结构转型升级、节能减排、低碳技术发展等，需要地方政府按照中央政府的发展战略，结合实际情况通过产业规划和政策引导给予协调。作为推动经济发展“三驾马车”之一，消费一直没有发挥应有的作用，刺激消费、扩大内需要求地方政府培育统一的市场，优化消费环境，大力发展有利于消费

① 刘秉镰，杜传忠. 区域产业经济概论［M］. 北京：经济科学出版社，2010：57.

的金融产品，完善社会保障体系，净化消费市场秩序和确保消费安全，使人们有充分的心理预期敢于消费，放心消费。有效平衡效率和公平之间的关系，既要保证经济发展有充分的动力，也要满足社会发展终极目标的要求。加大财政支持力度，统筹城乡发展，实现各个地区的基本公共服务均等化。通过制订发展规划、实施战略、采取可行措施等手段，努力解决好经济、社会和生态等领域的协调发展问题。

地方政府发挥经济管理的决策职能，包括制定宏观的经济发展战略、营造发展的软硬环境等。单靠市场力量不可能解决市场经济的所有问题，在区域自我发展能力过程中，会产生很多的市场失灵现象，这就需要地方政府具备很强的调控能力。通过不断地体制机制创新，明确职能定位，合理选择调控手段，控制调控力度，就能够有效促进区域自我发展能力的提升。

对地方政府而言，作为中国经济改革的一部分，财政分权激发了地方政府强烈的经济发展动机，同时也导致了地方保护主义泛滥，阻碍了区域专业化进程（Chong，Tao，2008）。[①] 20 世纪 80 年代以来，地方官员的任免和晋升主要参考任职地区的经济绩效指标，尤其是地方 GDP。地方官员处于政治晋升的动机会积极支持本地企业发展，这种激励如此激烈且稳定，从而导致了经济效率的提高和地方经济高速的、持续强劲增长。然而，政治锦标赛中，参与者只关心自己与对手的相对位次。每个官员都将自己行为的“溢出效应”内在化，视对竞争有利的事情为对自己不利的事情，不愿意进行区域合作，对于那些可能走向双赢的区域合作机会“反应冷淡”。同时，地方官员为了提高自己的政绩位次，同时降低竞争对手的位次，会“不择手段”地进行恶性竞争（周黎安，2004）。[②] 中央政府需要在地方政府发展绩效考核体制和地方官员晋升机制上进行改革。

在协调发展过程中，非政府组织是地方政府的有力助手。非政府组织是政策措施和先进理念的宣传者。尤其是在生态环保、社会发展发展中的作用更加明显。非政府组织宣传“绿色消费”理念，有助于引导人们改变陈旧落后的消费观念，提升消费品位，妥善处理消费与生态和社会发展之间的冲突。又比如非政府组织对弱势群体的关爱，推动力社会的公平实现。

值得强调的是，协调发展能力仍旧是一个地区作为整体在发展过程中表现出来的一种能力，在这种能力的形成与发挥过程中，地方政府和非政府组织发

① Chong-EnBai，ZhigangTao，Bureaucratic Integration and Regional Specialization in China，China Economic Review，2008，19（2）：308-319.

② 周黎安．晋升博弈中政府官员的激励与合作——简论我国地方保护主义和重复建设问题长期存在的原因［J］．经济研究，2004（6）：33-40.

挥主导作用，但也离不开企业和家庭的配合。更深一层来说，协调发展能力是区域行为主体在发挥创新开发能力、要素集聚能力和资源利用能力的过程中表现出来的。

与此同时，正如阿尔弗雷德·马歇尔（Alfred Marshall）① 为其经典著作《经济学原理》所赐格言“自然不能飞跃”，区域自我发展能力的形成也不是一蹴而就的，它需要一个长期过程。一个地区自我发展能力的构建是一个艰巨的复杂工程，往往需要各种行为主体长期努力，甚至几代人的努力才能够得以实现。更重要的是，区域自我发展能力具有阶段性和动态性，一个地区自我发展能力的获取并不是一劳永逸的，随着区域内外部发展环境和发展条件的变化，这一地区所具备的自我发展能力会面临提升或维持的必要性。通过提升自我发展能力水平，增强地区经济社会发展动力和有效保障，实现更高速度和质量的发展。在具有完备区域自我发展能力之后，采取措施使这一能力状态得以维持，实现地区经济社会发展的持续性和稳定性。

三、区域自我发展能力形成机理的理论模型

区域自我发展能力有四类承载主体：区域内部的企业、家庭、地方政府和非政府组织，但推动某一特定地区形成自我发展能力的行为主体，除了上述四类行为主体外，还有中央政府和其他区域。按照发展内容，一个地区的自我发展能力可以划分为创新开发能力、要素集聚能力、资源利用能力和协调发展能力，这四种能力是区域内部四种行为主体在生产和生活活动中，相互影响、相互作用，表现出来的一种综合能力。

创新开发能力、要素集聚能力、资源利用能力和协调发展能力相互联系、相互影响。一个地区提高创新开发能力，有助于促进其要素集聚能力、资源利用能力和协调发展能力。一个地区具有较强的创新开发能力，它就有可能拥有更多的稀缺性资源，资源创生技术的“外溢”可以直接促进对这些资源的利用效率，利用更多的资源等于“把蛋糕做大”，也能扩大协调发展的空间。同样的道理，要素集聚能力、资源利用能力和协调发展能力，每一种能力的提升同样也会促进这一地区其他能力的发挥。

区域自我发展能力的形成机理可以由图 2.2 表示。

---

① （英）阿弗里德·马歇尔. 经济学原理［M］. 廉运杰，译. 北京：华夏出版社，2005：8.

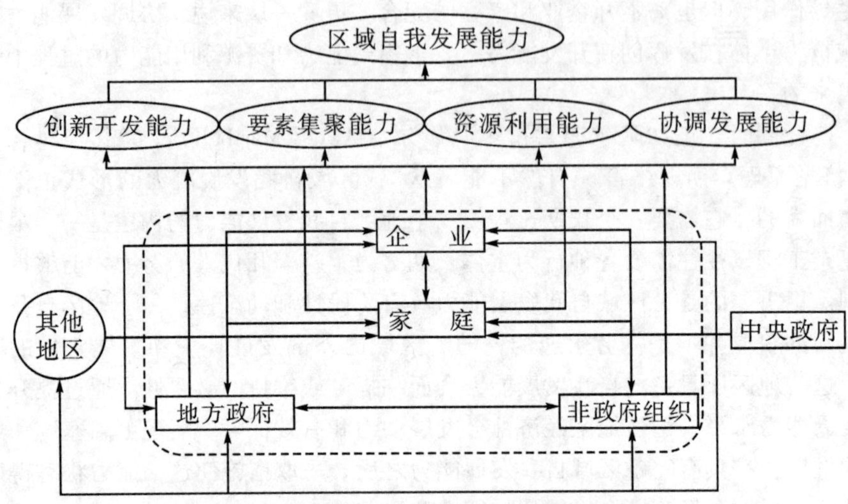

图 2.2　区域自我发展能力的形成机理

第四章 区域自我发展能力的生成机制

第一节 区域自我发展能力形成的影响因素

一个地区自我发展能力的形成，是多种影响因素综合作用的结果。对区域自我发展能力的影响因素进行深入分析，是区域自我发展能力生成机制的研究起点。几百年来，经济学家从未间断对区域发展影响因素的研究，努力地从更为宽广的领域里和更为深远的层次上探寻区域经济发展的奥秘所在。经济学鼻祖、古典经济学家亚当·斯密（Adam Smith）在经济增长理论研究中的主要贡献之一，就是对国民经济增长的基本因素进行了深入分析，他认为劳动、资本、土地的数量决定着一个国家的总产出。

在很长一段时间内，经济学家都认为资本（capital）囊括了提高社会劳动生产率的一切因素。在这里，狭义的资本包括机器、工厂以及相关实物资产，广义的资本还包括人的技能以及经济基础设施。[①] 在现代经济增长理论中，各个经济学流派尝试就不同要素对经济增长贡献的差异进行解释，建立了不同的增长模式。在新古典经济学理论中，区域经济的不断增长源自于外生的技术进步，但是这种外生的技术进步却不能对区域经济的长期发展给出合理解释。新经济增长理论将技术进步“内生化”，来解释区域经济的长期增长，认为一个国家或地区的经济增长是来自于经济系统内部的技术进步，通过内部不断前进的技术创新，即使资本规模报酬为零时，经济体仍然能够实现增长。制度经济学派将经济政策、经济发展所处的体制环境，以及区域的人文传统等制度因素纳入到经济增长理论体系中，企图从制度角度解释经济增长。在区域科学研究

---

① （美）斯图亚特·R. 林恩. 发展经济学［M］. 王乃辉，倪凤佳，范静，译. 上海：格致出版社，上海三联书店，上海人民出版社，2009：73.

中，区域经济学家更多地从空间角度去考虑经济发展的关键所在，更为重视区位因素在区域经济发展的作用。各种影响国民经济发展的因素，势必也在区域层面发挥作用，这些影响因素在不同程度上左右着区域经济的发展态势，因而在综合不同经济增长流派的学术观点的基础上，可以把区域经济增长的影响因素概括为：自然条件、自然资源、区位条件、劳动力资源、物质资本、科学技术、制度安排和人文历史传统等。

影响区域发展的各种因素，也在不同程度上直接或间接地影响着区域发展能力的形成。本书的研究主题是区域自我发展能力，是一种源自区域系统内部的发展能力，因而在对各种影响因素进行分析时，更加关注其中的地方性"元素"和内生性"特征"，揭示这些影响因素在激发区域内部发展潜能，形成区域内源性发展动力，进而推动区域自我发展。在下文中，我们将分别探讨自然条件、自然资源、区位条件、物质资本、人力资源、科学技术、制度安排和人文历史传统等因素在一个地区自我发展能力形成过程中的作用。

一、自然条件

自然条件是一个广泛使用于各个学科领域的地理概念，在社会科学研究领域中常与自然资源概念一起使用，两者既有区别，又有联系。但严格来讲，广义层面上的自然条件是指在一定时空条件下，蕴含着一定经济效益，能够增进社会财富、提高人们当前和未来福利水平的自然因素和条件，它涵盖了自然资源；从狭义上讲，自然条件是指除自然资源以外的影响经济增长的各种自然因素，包括自然地理位置、地质条件、地貌条件、水位条件、气候条件，等等（郝寿义、安虎森，2004）。我们在这里所谈论的自然条件，是狭义层面上的自然条件。需要说明的是，它包括两个相互联系的方面，一是未经人类改造利用的、与人类的生产和生活活动还没有直接联系的纯粹的自然条件；二是经过人类改造、能够更好为人类所利用的自然条件，如经过开发的自然旅游资源、平整后的土地、通过植树造林形成的森林环境、退牧还草工程，等等。

自然条件是人类社会得以延续和健康发展的环境基础。人类社会的生产和生活活动都是在一定的地域空间内进行的，不同地区的自然条件迥异，从而使得各个地区人类社会发展的基础条件存在差异。"自然环境的优劣常常是决定一个地区经济能否发展、发展得快慢的主要因素。"① 从人类社会发展史中可以看到，古代文明都是产生于大河流域，那里土地肥沃、气候适宜、易于耕

① 丁任重．经济区的理论与实践［M］．西安：陕西人民出版社，1988：26.

作，适合人类居住；而那些高原苦寒地带自古人口稀少，经济社会发展落后。随着人类社会发展脚步的不断前行，开始在一些土地肥美、生存环境优越、交通便利的地区出现了经济中心——城市。城市的出现标志着人类文明的巨大进步，也说明了自然条件在人类社会发展的重要作用。因此，优越的自然条件，适合人类生存和生产活动，人们能够以更小发展成本获得较大的社会进步。这里的发展成本不仅包括人类改造社会的人力成本和物质成本，也包括已经在利用的自然生态环境遭到破坏所产生的“生态成本”。在优越的自然条件下，人类以较小的发展成本获得较大的发展收益，意味着有更多的财富积累和智慧的获得，这些物质与精神财富的积累，是促使这一地区获得自我发展的重要因素。

自然条件对区域自我发展能力形成的影响主要表现在以下四个方面：

第一，优越的自然条件有利于区域社会劳动生产率的提高。自然条件对社会劳动生产率的影响，更多地表现在直接以自然条件和自然资源为劳动对象的农业和采矿业。20 世纪 50 年代末，毛泽东同志就指出：“农业的根本出路在于机械化”。但是在气候、土壤质量、技术条件都相同的情况下，山地和丘陵地区的地貌高低起伏，无法实现机械化作业，只能依靠传统的人力和畜力进行耕作，农业劳动生产率与能够使用机械进行耕作的平原地区相差甚远。另外，即使同样在平原地区，要想在气候干旱或者土壤为盐碱土质的土地中，获得与那些分布在气候温暖湿润，土质肥沃的土地同样高的劳动生产率，不仅需要付出更多耕种成本，还要有先进的农业技术来支持。矿产资源的地质丰度和分布状况，直接决定着对资源进行开采时的劳动生产率和开发成本。同时，在采矿业的生产过程中，还要充分考虑矿产资源所处的自然条件。在那些易造成水土流失或石漠化、沙漠化的地区进行矿产资源开采的生态环境容量极其有限。对一个地区来说，较高的劳动生产率意味着更多的财富产出，而较低的生产成本意味着这一地区有更多的财富积累。财富积累的不断增加不仅有助于社会扩大再生产的顺利进行，也会对人们生活质量改善起重要作用。

因此，马克思认为：“撇开社会生产的不同发展程度不说，劳动生产率是同自然条件相联系的。”① “如果把不同的人的天然特性和他们的生产技能上的区别撇开不谈，那么劳动生产力主要应当取决于：（1）劳动的自然条件，如土地的肥沃程度、矿山的丰富程度等等；（2）劳动的社会力量的日益改进。”② 为此，马克思得出结论：“劳动的不同的自然条件使同一劳动量在不同的国家

---

① 马克思恩格斯选集：第 23 卷［M］. 北京：人民出版社，1972：560.

② 马克思恩格斯选集：第 16 卷［M］. 北京：人民出版社，1964：140.

可以满足不同的需要量。因而其他条件相似的情况下，使得必要劳动时间各不相同。"[①] 也就是说，"较高的劳动生产率意味着生产者能进行扩大再生产和提供更多的一般剩余劳动，这是加速生产发展和社会进步的重要条件。"[②]

第二，自然条件直接影响着区域产业结构的发展和布局。在各种自然条件中，降水、气温、光照等要素，往往能够决定某种农业产品的布局区域。"宜农则农、宜林则林、宜牧则牧、宜渔则渔"的区域农业发展原则，就是自然条件在农业发展中起决定性作用的重要表现。在大农业内部，依据自然条件不同所决定的农、林、牧、渔业的经济效益存在差异，而且即使对同一农业产业来说，自然条件不同，其能够实现的经济效益也相差很大，具有较好自然条件的地区能够选择经济效益相对较高的农业产业进行生产，从而更容易增加资本积累，更容易实现农业技术的创新，最终会形成并增强这一地区的自我发展能力。

另外，自然条件还影响着区域工业的发展与布局。工业企业对用水、用地、生态环境质量以及一些特殊环境的要求，必然使工业布局受自然条件的影响。地质、地貌条件、气候状况，以及风向、光照等自然条件，都能够决定某些工业产业能否在一些特定的地域布局（张敦富，1999）。[③] 与此同时，自然条件也会对区域产业的发展规划产生影响。如四川省天府新区的选址就充分考虑了区域自然条件。在天府新区选址的论证过程中，其中一条重要的原则就是要保护耕地，这样天府新区最终选址成都市的南面，避开了成都市北面的大面积土质肥沃的耕地。[④] 发展规划诱导产业集聚，随之而来的是人口、资金、技术等生产要素的集聚，在产业集聚中的城市化效应推动经济发展，为资本积累和技术创新创造条件，为培育和提升规划开发地区的自我发展能力提供了基本前提。

第三，优越的自然条件有利于资源集聚。自然条件对区域资源集聚程度的影响，主要体现在生态环境质量对人们居住地区位选择决策和企业生产地区位选择决策的影响上。随着人们对生活品质追求的不断增强，工作和生活环境质量成为继经济收入、心灵归属感之后的影响人们进行居住地区位选择决策的又一重要因素。人们更愿意选择自然环境优美，气候适宜的地区作为工作和居住地，以此增加生活幸福程度。更重要的是，具有居住地区位选择决策能力的人

---

① 马克思恩格斯选集：第 23 卷 [M]. 北京：人民出版社，1972：562.

② 郭岚. 中国区域差异与区域经济协调发展研究 [M]. 成都：巴蜀书社，2008：67.

③ 张敦富. 区域经济学原理 [M]. 北京：中国轻工业出版社，1999：82-83.

④ 反复论证 天府新区选址成都之南 [EB/OL]，http://scnews.newssc.org/system/2011/12/26/013405477.shtml，2011-12-26.

们往往具有较高的人力资本和智力资本，他们是地区经济实现快速发展不可或缺的人力资源。另外，不同类型的工业企业对环境质量的要求也存在差异，高端电子产品企业和感光器材厂等高技术产业都对环境质量非常敏感，往往只能在空气比较洁净的地区进行区位选择。通过维护地区的自然条件，吸引这些高技术产业的进入，必然会带来大量的生产要素，推动地区自我发展能力的形成。

第四，优越的自然条件有利于降低区域发展的生态环境维护成本。生态环境条件是区域经济社会发展的自然载体，生态环境容量的大小直接或间接地影响着区域发展经济效益和社会效益，因此有学者提出了生态资本概念。① 人类在生产和生活过程中不断地从自然界获取各种自然资源，同时又以各种形式将各种各样的废弃物排放到自然生态环境中去，给自然生态环境造成了不同程度的净化负担，在废弃物排放量超过生态环境的承载能力时，就会造成不同程度的生态环境恶化。维护良好的生态环境条件，保持一定的净化能力需要支付一定的生态成本。如果一个地区具有良好的自然条件，其生态环境容量大，净化能力强，那么生态环境条件就不会成为经济社会发展的制约因素，也没有必要为生态环境质量维护支付高额成本。即使不考虑环境质量维护的支出成本，单就自然环境本身就是区域自我发展能力的重要构成。

随着现代科技的不断发展和区域产业结构的逐步升级，虽然产业“脱物质”性质使得现代工业发展中对自然环境的依赖程度已经降低很多，但是区域经济的发展依然离不开自然环境的支撑，无法忽视地貌、地质、气候和生态环境条件对于自我发展能力的制约作用。“忽视自然环境的重要作用，不顾自然环境的性质和特点，盲目地发展生产，必然会带来极其不利的后果，受到自然规律的惩罚。”②

二、自然资源

联合国环境规划署（UNEP）将自然资源的概念界定为：自然资源是在一定时间、地点条件下，能够产生经济效益，以提高人类当前和未来福利的自然环境因素和条件。③ 具体来说，自然资源是指在自然界中，一切能被人类利用的自然物质要素，包括地壳的矿物岩石、地表形态、土壤覆盖表层、地上与地下资源、海洋资源、水资源、太阳能、热能、降水，以及生物圈的动、植物资

① 孙冬煜，王震声. 自然资本与环境投资的涵义［J］. 环境保护，1999（5）：38-40.

② 丁任重. 经济区的理论与实践［M］. 西安：陕西人民出版社，1988：26.

③ 孟庆红. 区域优势的经济学分析［M］. 成都：西南财经大学出版社，2000：88.

源等（郝寿义、安虎森，2004）。自然资源是一个动态概念，其范畴也在不断扩大。随着科学技术的不断进步和社会生产力水平的日益提高，那些在早期生产条件下不能被人类所利用的自然环境因素，目前已经转化为可以被人们所利用的自然资源，而且我们也相信，在未来也会有更多新的自然资源被发现并加以利用。但是，在人类社会发展的某一特定阶段中，人类发展总要面对能源和资源危机的严峻挑战（丁任重，2005）。①

自然资源是人类生存繁衍和地区经济社会发展赖以进行的物质基础，它主要从四个方面对某一特定地区自我发展能力的形成产生影响。

第一，自然资源是区域自我发展能力形成的物质基础。在人类社会发展的前工业化阶段，一个地区内自然资源数量的多寡和质量的高低，在很大程度上决定着这一地区经济社会发展水平和文明进步程度，自然资源丰裕度较高的地区往往具有较高的自我发展能力。进入工业化阶段之后，尤其是在知识经济时代，自然资源在经济发展的地位已经悄然让位于科学技术和知识等高级发展要素，但是对一个特定地区的经济社会发展来说，一定数量的土地资源、矿产资源、能源和水资源等自然资源仍然是不可或缺的物质基础。由此看来，虽然随着科学技术的不断发展，劳动对象的范围在不断扩大，内容在不断增多，但所有劳动对象最初之源泉，仍然是自然资源。因此，恩格斯在《自然辩证法》一书中谈到："政治经济学家说，劳动是一切财富的源泉。其实劳动和自然界一起才是一切财富的源泉，自然资源为劳动提供材料，劳动把材料变为财富。"②

第二，自然资源影响着区域产业结构的形成与发展。农业和农矿产品加工业在很大程度上取决于地区内部自然资源的分布状况和丰裕程度。依据农矿业对区域经济发展的影响程度，区域经济结构可以划分为资源型、资源加工型和加工型三种类型（郝寿义、安虎森，2004）。区域经济结构不同，意味着每个地区的要素集聚能力之间存在差异。

第三，自然资源的状况和丰裕程度影响着区域资本的初始积累，而资本积累是区域自我发展的必备因素之一。一般说来，一个地区的经济发展往往都要经历农业、农矿产品加工业、工业等三个阶段，经济发展阶段的演变过程，不仅仅是地区产业结构的优化升级过程，也是地区经济发展的资本积累过程。资本积累速度越快，这一地区进行产业升级、进入下一发展阶段的时间就越早，就越能够集聚和利用更多的资源，从而容易形成自我发展能力。一个地区要实

---

① 丁任重. 经济增长：资源、环境和极限问题的理论争论与人类面临的选择［J］. 经济学家，2005（4）：11-19.

② 马克思恩格斯选集：第4卷［M］. 北京：人民出版社，1972：508.

现工业化，需要经历漫长的资本积累过程。而农业和采矿业，这两个和自然条件、自然资源关系最为密切的产业部门，在区域工业化起飞阶段，往往成为资本积累的初始源泉。

第四，一般来讲，丰富的自然资源，有利于区域经济发展，对区域经济持续增长会产生积极作用，当然也会存在一些例外，这就是所谓的“资源诅咒”。一些地区拥有大量的自然资源，经济发展速度却远远落后于那些资源匮乏的地区。其原因在于随着科学技术的不断发展，自然资源在经济发展中的贡献度不断降低，技术和知识创新成为经济发展的主要推动因素。那些自然资源缺乏的地区为摆脱资源束缚主动转变经济发展方式，依靠技术创新和制度创新实现经济较快发展，而那些拥有丰富自然资源的地区却无法摆脱对资源的依赖，经济增长举步维艰，甚至停滞不前。

第五，自然禀赋通过影响制度变迁来间接地影响区域自我发展能力的形成。① 德姆赛茨（Harold Demsetz）认为，在一个地区发展的初始阶段，区域内部的技术水平很低，制度变迁非常缓慢，自然禀赋在很大程度上决定了地区经济的发展模式和发展速度，与此同时也塑造了这一地区相应的社会制度。其原因在于，如果一个地区富集自然资源，人类的生产和生活条件相对优越，即使在较低的技术水平和制度变迁中就能够实现发展，从而对技术和制度变迁的要求减低，而那些资源贫乏的地区，只有依靠制度变迁来保障经济社会发展，从而形成相对的优越的社会制度。这样一来，随着区域经济社会发展的不断进步，自然资源在经济发展中的作用不断减弱，制度的优越性开始在其中发挥重要作用，因此制度的优越性决定着某一特定地区的发展。这样看来，自然禀赋可以通过地区内部社会制度的变迁进而对这一地区自我发展能力的形成产生作用。

三、区位条件

区位（Location）是指某一特定经济行为主体为其社会经济活动所占据的场所。区位有微观区位和宏观区位之分，微观区位是微观经济行为主体活动行为的空间选择，包括企业生产活动区位、家庭居住区位和公共机构区位；宏观区位是指某一特定地区作为整体在经济空间系统中所占据的场所。区位条件是指对特定的区域主体的空间选择起重要作用的各种因素的总和（陆大道等，

---

① 杨瑞龙，杨其静. 追踪新制度经济学的最新发展动态［J］. 经济学动态，2003（11）：11-14. 卢现祥. 新制度经济学［M］. 武汉：武汉大学出版社，2004：287-290.

2003)。[1] 一般来说，一个国家、地区或城市的区位条件主要包括以下一些内容[2]：

一是相对海陆位置。指这一地区位于沿海地区，还是内陆地区，即使在内陆地区，还要进一步考虑这一地区入海通道和陆路交通的通达性。

二是与特大城市及城市集聚区的空间联系。指这一地区与全国的政治、经济中心或大城市集聚区的距离远近，中间有无特殊的地形或自然要素的阻隔，以及交通、通信联系的便捷程度。

三是与竞争者的空间关系。只在考察两个地区的竞合关系的现状和发展空间。

四是据国际运输通道的位置。临近或者位于国际重要运输通道的地理位置，有可能发展成为大的交通枢纽，并由此可以带动与其相关的运输、加工、金融、服务、旅游等产业的发展。

"但是如果从而得出结论认为：存在的区位必定是合理的，否则它便不能存在，这是危险的。如果是这样，那么，正确区位的任何理论的决定，便变成无用的了。"[3] 区位选择的合理与否取决于由其区位条件所带来的区位利益水平的高低，只有合理的区位能够给主体才带来最大化利益，由此产生了区位选择决策问题。区位条件的优劣是区位选择决策的重要参考标准。

在一定的经济系统中，由于生产要素的非完全流动性、社会经济活动的非完全分割性以及分工与交易的地域性，各个地区在发展过程中都面临着来自市场、资源、技术、成本、环境等方面的约束，约束程度的不同导致经济空间区位优势的非均衡性，区位有优劣之分。优势区位将给经济主体带来额外的经济利益，而劣等区位的经济利益则相对较小。拥有优越的区位条件，可以获得更大的经济利益，增大了资本积累和扩大再生产的可能性；较差的区位条件往往不利于地区资本的积累与经济发展，因而区位条件成了影响某一特定地区自我发展能力形成的重要因素之一。

首先，地理位置的重要性更多地表现在资源集聚、对外贸易、经济开发顺序以及新技术、新理念接触等方面。沿江、沿海、沿边，处于交通枢纽地位或位于交通枢纽附近，都会获得较高的交通运输通达性，交通运输成本的有效降低有助于资源的输入和商品的输出，这些地区更容易实现开发目标而往往首先获得开发，具有接受新技术和新理念的技术基础和思想基础。比如，我国的古代文明和近现代文明都最早发生在长江中下游流域和黄河流域，以及东部沿海

① 陆大道，等. 中国区域发展的理论与实践［M］. 北京：科学出版社，2003：87.

② 陆大道. 区域发展及其空间结构［M］. 北京：科学出版社，1995.

③ （德）奥古斯特·勒施. 经济空间秩序［M］. 王守礼，译. 北京：商务印书馆，2010：4.

地区。回顾人类社会的发展历史，我们也不难发现人类文明多诞生于河谷盆地，但现代世界大都市多位于沿海，其原因多在于这些地区自然条件优越，交通便利，容易接触外边的世界，进行经济贸易和人文交流。因而地理位置对于区域经济的发展起着非常重要的作用。

区位因素作为区域经济发展的重要因素之一，虽然不是区域自我发展能力的构成要素①，但区位租确实能够促进区域自我发展能力的形成。比如，地理位置就对劳动生产率的影响很大。在城市经济学中，城市土地利用，城市不同区位的地价差别很大。一般来讲，从城市的商业中心区向外，地价依次递减。就商业活动而言，在商业中心区的劳动生产率要比其他地区高出数倍，甚至数十倍。一个地方的交通便利，则会实现物流、客流往来频繁，信息技术传播速度加快，从而有利于区域自我发展能力形成。

其次，如果一个地区本身就是较大的城市，或处于城市集聚区之中，自然会分享集聚产生的地方化效应和城市化效应，具有强大的资源创生、集聚和利用能力。如果仅仅是靠近这些巨大的经济中心，就会有两种情况发生，要么积极融入到以这些经济增长极为中心的经济空间系统之中，依靠来自中心的扩散效应获得发展；要么在这些经济中心的“发展阴影”下，饱受极化效应之苦。而那些远离大城市或城市集聚区的偏远地区，由于生产要素的流动性也很难摆脱经济中心地的极化效应。

最后，处于良好竞合关系状态中的地区，不仅能够从竞争关系中获得发展动力，也能够从合作关系中获得更多的发展机会，节约成本，提高资源优化配置效率。

另外，地理位置会对一个地区的制度变迁产生影响，地理位置可能通过制度的作用机制和影响途径间接地作用于地区的发展。区位条件是自然因素和人为因素共同发挥作用的结果，一个地区可以通过改善交通状况、转变发展战略来提高区位优越性。

四、物质资本

物质资本是指在经济社会发展过程中长期存在的实物发展要素，包括机器、设备、厂房、公共设施和交通运输设施等。物质资本数量的多寡与质量的高低，是影响一个地区自我发展能力形成与否以及水平高低的重要因素。

首先，物质资本是一种稀缺性生产要素，主要是通过对一个地区物质资本

① 闫磊，姜安印. 区域自我发展能力的内涵和实现基础——空间管制下区域自我发展能力研究［J］. 甘肃社会科学，2011（2）：213-216.

投入的数量来体现。在古典经济学理论中，资本、劳动和土地是实现地区经济发展的三种发展要素。随着科学技术的发展，物质资本在经济发展中的贡献份额越来越低，但是物质资本在总体上是不可或缺的，其替代性仍然是有限的。美国经济史学家罗斯托（Walt Whitman Rostow）的“起飞”理论，认为资本形成是经济增长的决定性因素。罗斯托（Walt Whitman Rostow）在他著名的经济发展阶段的理论中，深入分析了实现经济“起飞”的条件。他认为，资本积累率达到10%以上，建立起能带动整个国民经济发展的主导部门，制度和意识形态上的变革是实现经济“起飞”必须具备的三个条件。而资本积累率达到10%以上是最基本的先决条件，并认为这是一个具有历史必然性的普遍规律。[①] 罗格纳·纳克斯（Ragnar Nurkse）的贫困恶性循环理论认为，贫困恶性循环的形成根源是由于发展中国家的人均收入水平低，投资资金供给与产品需求不足，且形成了供给与需求两个层面双重恶性循环。要摆脱这种恶性循环，必须对欠发达地区进行大规模的、全面的投资，增加欠发达地区的物质资本供给。[②] 物质资本的投入显然可以带来实物资本积累，增强社会生产能力。郝尔希曼（Albert Otto Hirschman）的不平衡发展战略也持有类似观点。因此，地区自我发展能力的形成，需要大量物质资本的形成与积累。

其次，地区交通运输设施体系的不断完善和质量状况的日益提高，不仅可以降低生产要素和产品的运输成本，提高经济效益，还能够利用交通运输体系的通达性吸引更多的生产要素，提升地区的要素集聚能力。由于集聚效应的产生，更多的企业在这一地区进行区位选择，就进一步强化了区域内部的集聚效应。

最后，生活、医疗卫生和休闲娱乐设施的不断完善，可以很好地提高人们的生活质量，有助于提升人口素质。通信条件的改善可以使人们相互之间的交往更加便捷；优良的水源和卫生设施能够减少人们的疾病和提高健康水平；场馆、休闲场的建设可以供人们更好地开展体育、文艺活动和业余时间的消遣等等。另外，完善的公共基础设施改善了生产和生活环境，不仅提高了原有居民的社会福利水平，也吸引外部人口流入，增加这一地区经济发展的人力资源存量。

物质资本是促进地区自我发展能力形成的重要因素，因而一个地区内物质资本数量的多少，特别是物质资本形成的快慢，是影响地区自我发展能力形成的关键因素。物质资本的形成有外延式和内涵式两种途径，外延型资本形成主

---

① 郝寿义，安虎森. 区域经济学［M］. 北京：经济科学出版社，2004：205-206.

② 王艳华，等. 基于资源禀赋、技术学习的企业自生能力构建［J］. 商业研究，2008（11）：67-69.

要通过提高储蓄率、投资转化率和资本形成率来实现；内涵型资本形成是通过资本综合效益的提高形成的资本在质上的改进（郝寿义、安虎森，2004）。在一个地区内，储蓄总量取决于地区内部家庭储蓄、企业储蓄和政府储蓄数量的多少，家庭储蓄水平取决于家庭收入，又受到存款利率、生活习惯，传统观念等因素的影响。企业储蓄来自企业利润，通过技术进步和经营管理改进和提高企业的获利能力，鼓励企业将利润投入到扩大再生产中，有助于物质资本形成。政府储蓄主要来自税收，但取决于税收与政府经常性支出之间差额的大小。通过提高税率、扩大税基，加强税收管理，都能够提高税收总额，加之不断减少政府经常性支出，就可以不断增加政府储蓄总额，为政府投资和物质资本形成提供更大空间。另外，通过改善地区内部资本的时间有效配置和空间有效配置，可提高物质资本的形成率以及在一定资本形成率下的形成效率，增加地区内的物质资本存量。

五、劳动力资源

劳动力资源，也被称为人力资源，是指一个国家或地区在一定时期内，全社会所拥有的具有一定科学文化知识和劳动技能，并能够从事某种社会劳动生产活动的人口总数。人是生产者和消费者的统一体，通过实施生产和消费行为对整个地区经济发展产生影响。我们知道，所有的以有机生命体存在的个人都一定是消费者，但是并非所有的个人一定能够成为生产者，只有那些具有劳动能力的人才能在区域经济社会发展过程中扮演生产者角色。因此，一个国家或地区内的所有人口并不一定都是劳动力资源，却是劳动力资源形成及存在的自然基础。

劳动力是社会生产力的主体，也是社会生产力中最积极、最活跃的构成要素。马克思主义经济学理论认为，劳动者是生产力的三个要素中唯一具有主观能动性，能够按照自己的意愿，发挥积极性主动地从事某种社会生产活动的构成要素，是社会财富的唯一创造者。世界著名未来学家约翰·奈斯比特（John Naisbitt）所说："一个贫穷的国家，即使没有丰富的自然资源，只要在人力资源上肯下大的投资，也是可以发展起来的。"①

劳动力资源在一个地区的自我发展过程及其能力的形成过程中占据重要地位，考察其在这一过程中如何发挥作用，则需要从数量和质量两个方面考虑。劳动力资源的数量是指区域内拥有劳动能力的人数的多少，而劳动力资源的质

---

① （美）约翰·奈斯比特.90年代世界十大趋势［M］.北京：中国经济出版社，1991.

量则是指区域内劳动力素质的高低，体现在劳动者体质和智能两个方面。劳动力的体质包括人体的生理发育状况、人体功能、对于一定劳动负荷量的承受能力和消除疲劳的能力，是产生劳动能力的生理基础；劳动力的智能则包括所具有的智力、科学技术知识、专门的劳动技能和生产经验。劳动力素质是劳动力资源开发的重要领域，可以通过教育、培训、实践经验、迁移、保健等方面的投资而获得。提升一个地区的劳动力素质可以促进这一地区劳动生产率水平的提高，也就能够创造更多的社会财富，因而劳动力具有资本的一般特征——增殖性，而被称为人力资本（Human capital）。

劳动力资源作为一种特殊的经济资源，其数量的多少直接影响着一个地区自我发展能力形成速度的快慢。在人类社会的农业发展阶段中，劳动力人数的增加有助于农业生产活动的进行和耕地面积的开拓，提高农业产量供养更多的人口，不仅增加了社会财富积累，也促进了社会分工，手工业和商贸业逐渐兴起，城市开始形成。另外，富余劳动力数量的增加，促进了边远地区的开发，开拓了疆土和地区社会经济发展。在工业化早期阶段，劳动力资源数量众多可以实现劳动力对物质资本的有限替代，发展劳动劳动密集型经济，完成地区发展的初始积累。随着经济社会的发展，到了近现代的工业化发展阶段，劳动力的数量在经济发展中的作用逐渐被科技进步所代替，但是一定的劳动力仍然是经济发展的必要条件。而且在一定的技术水平条件下，增加劳动力资源的投入数量，可以增加区域产出，社会财富的增加扩大了社会再生产的可能性，使得这一地区具备了自我发展能力形成的基本物质条件。

人力资本的理论渊源可以追溯到经济科学创立之初，经济学之父亚当·斯密（Adam Smith）关于资本构成及其形成的思想。他在《国富论》一书中提到，“社会上一切人民学到的有用的才能”是一个国家或一个社会的总资产，“花费不少资本进学校做学生，或者进工厂做学徒，这样学到的有用的才能是他个人的财产的一部分，这花去的资本好像实现在他的身上，又固着在他的身上，这一点，对他所属的社会来说也是一样。和让劳动变得便利的机器和工具一样，工人提高熟练程度可看作是社会上的固定资本。尽管学习的时候要花一笔费用，但这种费用除了可以得到报偿，还可以看到利润。”① 1906 年，欧文·费雪（Irving Fisher）在发表的《资本的性质与收入》一书中最先提出了人力资本概念，但真正把人力资本作为专门的理论研究对象，并确立了人力资本在经济增长理论中重要地位的首推诺贝尔经济学奖获得者，著名经济学家西奥多·舒尔茨（Theodore William Schultz）。他认为，单纯从自然资源、实物资

① （英）亚当·斯密. 国富论［M］. 孙善春，李春长，译. 北京：中国华侨出版社，2010：97.

本和劳动力等生产要素的数量角度考虑，并不能解释生产力提高的全部原因，其原因在于劳动力资源除了数量上的差别还有素质上差异，人力资本也是生产力提高的原因之一。更重要的是，由于人力资本的收益率较高，导致其在国民收入中的份额不断上升，逐渐成为推动经济增长的最主要因素。卢卡斯（Robert Lucas）将舒尔茨（Theodore William Schultz）的人力资本和索洛（Robert Merton Solow）的技术进步概念结合起来并具体化为“每个人”的“专业化的人力资本”，认为只有专业化的人力资本的积累才是经济增长的真正源泉。

所谓的劳动力素质是指劳动者具有的体质、智力、知识和技能的总和。一个地区内部，劳动者素质的整体提高，有助于推动这一地区生产力进步，进而增加产出。一是具有较好体质的劳动者往往精力充沛，能够在生产过程中增加实际劳动供给，并且身体健康能够减少因得病而产生的修养时间，增加有效劳动时间。二是具有较高素质的劳动者更可能在生产过程中进行技术创新和改造，以及产品开发，也有能力寻求生产过程中所遇到的难题的应对之策，从而在劳动投入量不变的前提下增加产出。三是具有较高素质的劳动者更容易接受新工艺、新操作方法，适应新技术、新设备，并能将发明和引进的新技术尽快和生产相结合，转化为生产力，从而增加产出。假如劳动力投入数量不变，由于劳动力素质的提高使得经济增长中实际劳动投入的增加，经济就会在节约资本和更多利用劳动力的情况下获得增长。已有理论研究和实践活动都证明了，通过开发和提升区域劳动者素质可以推动当地经济发展，而且由此形成的人力资本在经济发展中的贡献率远远大于物质资本。

六、科学技术

纵观人类历史发展过程，人类文明的每一次进步，都离不开科学技术的卓越贡献。科学技术的进步，为社会生产力发展和人类文明进步提供了更为广阔的空间，极大促进了人类经济社会的发展。在经济学意义上，技术进步是指一定量的生产要素投入能够生产更多的产出，或为一定量的产出实现生产要素投入的节约。新古典增长理论认为，在一个封闭环境中考虑区域经济增长时，区域经济增长有赖于资本积累，通过储蓄和投资积累资本，由此使产品和服务的产出增长。然而，这一过程并不能无限发展，而是在投资只够满足折旧的条件下进入停滞状态。因而，只有通过外生的技术进步才能使经济继续增长。在达到最佳的资本装备的条件下，依赖于投资和与此相联系的资本积累的增长过程是由边界限制的，并且技术进步没有停止。所以增长最终被归结为外生变量：

技术进步。新经济增长理论认为，即使在封闭的环境下，地区经济依然能够持续发展，这个秘密就在于内生性技术进步的存在。

然而，作为推动经济社会发展的重要因素，科学技术与其他发展要素的表现不同，它需要通过改变其他要素的形态和质量来实现自身的价值，无法从其他要素中分离出来（郝寿义、安虎森，2004）。从科学技术的产生看，科技进步往往发生在某一点上，它不会同时在所有地方都出现，并且科学技术的传播具有时滞性，这就产生了地区差异。

七、社会制度

在日常的生产和生活交往过程中，人与人之间需要建立一种相互信任的关系，而这种信任需要某一种秩序为基础，那就需要一系列可以禁止不可预见行为和机会主义行为的规则来维护这种秩序（柯武刚、史漫飞，2008）。① 这些规则就被称为制度。

制度的一般性定义最早由凡勃伦（Thorstein B. Veblen）在《有闲阶级论》一书中给出："制度实质上就是个人或社会上对有关的某些关系或某些作用的一般思想习惯。"② 凡勃伦（Thorstein B. Veblen）把制度视为人们的"一般思想习惯"，只是揭示了制度的其中一种形式——非正式规则，并没有抓住制度最一般的本质。新制度经济学家诺思（Douglass C. North）将制度定义具有代表性："制度是一个社会的游戏规则，更规范地说，它们是为决定人们的相互关系而人为设定的一些制约。"③ 在诺思（Douglass C. North）看来，规则包括两个方面：正式规则和非正式规则，其中正式规则包括政治制度、经济制度、文化制度等；非正式制度是指社会习俗、习惯行为、道德规范、思想信仰和意识形态，等等。

（一）正式制度

总体来说，一个国家的政治制度决定着一个国家的政治文明程度，但是我们这里是通过对比讨论制度因素对一个国家内部各个地区自我发展能力的形成所产生影响的差异性，各个地区所面临的政治制度大致一样，因而我们这里主要讨论经济制度对一个地区经济发展的影响。

---

① （德）柯武刚，史漫飞. 制度经济学：社会秩序与公共政策［M］. 韩朝华，译. 北京：商务印书馆，2008：3.

② （美）凡勃伦. 有闲阶级论［M］. 蔡受百，译. 北京：商务印书馆，1964：139-140.

③ （美）道格拉斯·C. 诺思. 制度、制度变迁与经济绩效［M］. 刘瑞华，译. 上海：上海三联书店，1994：3.

诺思（Douglass C. North）在以世界海洋运输业为对象的研究中得出这样的结论，即使没有其他要素的投入增加，制度创新也能够产生经济增长。制度能够减少交易成本，减少个人收益与社会收益之间的差异，从而能够激励个人和组织从事生产性活动，最终导致经济增长。制度经济学家格莱尔德·斯库利（Gerald scullu，1988）的研究结果发现："制度结构的选择对经济效率和增长有深远的影响。与法律条例、个人财产、资源市场配置相结合的开放社会，与那些自由被限制和被剥夺的社会相比，其增长率是后者的3倍，其效率是后者的2.5倍。"① 制度创新在某种意义上是一种生产关系的调整，有效的制度能够促进经济发展，而不利的制度则会阻碍经济发展。制度变迁是一个制度的替代和转换过程，制度变迁过程受众多因素的影响。每一个地区的自然环境条件和社会经济发展不同，发生制度变迁的可能性、制度的有效性也各不相同。这样一些地区会形成有效的制度安排，促进了地区自我发展能力的形成，而一些地区的制度安排是无效率的，阻碍或者放慢了这一地区自我发展能力的形成。

一个地区的经济增长是自然资源、劳动力、资本和技术等多种要素相互作用的结果，各种发展要素的配置效率决定这一地区经济的发展速度，而资源的配置效率又受这一地区所处的制度环境的影响。也就是说，一个地区的制度条件通过影响资源的配置效率，决定着这一地区经济增长的速度。简单来说，制度对一个地区经济增长的影响之一就是区域经济政策。

区域经济政策属于制度范畴。政府通过实施区域经济政策，统筹各个地区的要素供给特征和要素配置效率，要素的配置决定着各个区域自我发展能力的形成。区域经济政策的目标有两个，一是效率，二是公平。在以效率为目标的区域经济政策实施下，生产要素从国外或国内落后地区流入发达地区，提高了资源利用效率，促进了发达地区的自我发展能力形成，但是也就阻碍或放慢了落后地区自我发展能力的形成。以公平为目标的区域经济政策的作用下，生产要素从发达地区流向相对落后的区域，改变落后地区的要素组合特征，增加有效要素的供给，从而推动落后地区自我发展能力培育。

（二）非正式制度

文化是一个内涵丰富、外延广阔的概念。广义的文化指人类发展过程中创造的一切文明成果，包括物质文明和精神文明；狭义的文化指一个国家或民族的历史、地理、风土人情、传统习俗、生活方式、文学艺术、行为规范、思维方式、价值观念等，又可以分为制度和精神两个层面。我们在这里所讲的区域文化是指一个地区在历史发展过程中所形成的风土人情、传统习俗、生活方

① （美）詹姆斯·A. 道，等. 发展经济学的革命［M］. 黄祖辉，蒋文华，译. 上海：上海三联书店，2000：9-10.

式、社会心理，传统道德等精神层面的文化，也被称为非正式制度。诺思认为，在人类行为的约束体系中，非正式制度具有十分重要的地位，即使在最发达的经济体系中，正式制度也只能约束人们行为选择的小部分，而人们的大部分行为选择要依靠非正式制度来约束。①

一个国家或地区文化的形成受自然环境和社会经济因素的影响，在不同的自然环境和社会经济环境下形成的文化具有不同的特征，这就塑造了不同特色的地区文化或地域文化。陆大道等（2003）根据中国各主要民族的区域分布特点和文化特征的差异性，将我国分为七个文化圈：东北文化圈（包括黑龙江、吉林、辽宁北部及内蒙古的东部地区）、游牧文化圈（包括内蒙古的大部，辽宁、河北和陕西三省的北部，宁夏北部及新疆）、黄河流域文化圈（包括北起长城，南至秦岭、淮河，西抵青海湖东，东至东海这一地域范围）、长江流域文化圈（位于秦岭淮河以南、青藏高原以东地区）、闽粤台文化圈（包括福建、广东、海南、台湾及港澳地区）、云贵文化圈（包括云南、贵州及广西）和青藏文化圈（包括青海和西藏两省分）。

“一方水土养一方人”。不同地区的自然环境条件会形成各个地区不一样的社会人文环境，进而对区域内人们的生活和生产方式，以及经济社会发展的速度与质量产生影响。一个地区的人文环境是这一地区人们在长期的生产和生活实践活动中长期积淀而形成的，并随着区域经济社会发展的推进而不断演变，地区文化传统与经济社会发展之间呈现出相互促进和相互推动的内在演化过程（聂华林等，2006）②。

更进一步讲，人类社会的发展过程就是人们发挥主观能动性，有思维有目的地改造客观世界和主观世界的过程。地域文化通过影响这一地区人们的主观能动性、思维方式和行为模式，对经济社会发展产生消极或积极作用。开放、积极向上、冒险的地域文化往往就有较强的经济优化能力（孟庆红，2000）③，能够为区域经济发展提供更多的精神动力和智力支持，有助于社会财富增加和资本积累，对地区自我发展能力的形成具有促进作用。因此，地域文化也是一种生产力（徐李全，2005）④。在论述甘肃精神与甘肃民族地区的自我发展关

---

① （美）道格拉斯·C. 诺思. 制度、制度变迁与经济绩效［M］. 刘瑞华，译. 上海：上海三联书店，1994：49.

② 聂华林，李泉，杨建国. 发展区域经济学通论［M］. 北京：中国社会科学出版社，2006：40.

③ 孟庆红. 区域优势的经济学分析［M］. 成都：西南财经大学出版社，2000：106.

④ 徐李全. 地域文化与区域经济发展［J］. 江西财经大学学报，2005，38（2）：5-10.

系中，李盛刚（2008）[①] 认为民族地区发展的关键是实现自我发展，大力弘扬、践行以艰苦奋斗、不畏艰难，崇尚实干、不甘落后，坚忍不拔、顽强拼搏，锲而不舍、奋发有为为主要内容的甘肃精神，有利于甘肃民族地区自我发展能力的形成，推动民族地区经济社会又好又快发展。

但是保守、消极的地域文化往往使人们安于现状，与世无争，不利于人们在经济发展中主动出击，限制了地区自我发展能力的形成。比如在藏族文化中，以神佛为中心的世界观占据重要地位，人们恪守教条，追求安贫乐道、节欲苦修的神圣境界，视利润为罪恶，缺乏发展生产的积极性，因而在藏族集聚地的经济发展缓慢，不利于地区资本的积累和自我发展能力的形成。[②] 又比如在宁夏地区，人们“小富即安”、重商品流通，而忽视商品生产，以及文化教育意识淡薄等消极文化因素都阻碍了这一地区的经济社会发展。[③]

八、偶然性历史事件

除上述七种常见因素外，军事原因、核泄漏、地震、海啸、火山喷发等偶然性历史事件也会对一个地区自我发展能力的产生和水平状态产生影响。

军事对地区自我发展能力的影响有正反两个方面。戍边的军事基地建设往往能够带动当地经济发展，在一定程度上促进当地的资本积累和自我发展能力的形成。“军队的发展涉及机械制造、机械维修、交通工具、交通线路、电报、电讯、纺织、服装、医疗卫生、科研等部门，实际上可以说军队是国民经济的缩影。因此在设置军事部门或军事工业的地方，这些部门和工业不能不影响到所在地的经济区的性质和规模。”[④] 但是从一个国家整体来看，军队建设需要支付大量的军费，这些军费挤占可以用于扩大投资的国家财政收入，削弱了国家的资本积累能力。更重要的一点是，一旦发生战争，战争发生地就无法进行正常的生产和生活，各种物质资本毁于一旦，这必然给这一个国家或地区的自我发展能力造成严重损害。

虽然地震、海啸和火山喷发等自然灾害事件的发生过程很短暂，但其影响却是深远的，甚至是毁灭性的，一旦发生就会使发生地的自我发展能力受到重

---

① 李盛刚. 甘肃精神与甘肃民族地区的自我发展［J］. 西北民族大学学报：哲学社会科学版，2008（5）：36-40.

② 王国新. 论西藏传统文化在西部大开发中的作用［D］. 西南师范大学硕士学位论文，2002.

③ 张艳. 试论回族文化对宁夏区域经济发展的影响［J］. 现代经济，2008，7（3）：39-40+70.

④ 丁任重. 经济区的理论与实践［M］. 西安：陕西人民出版社，1988：37.

创，以致在以后很长一段时期内难以恢复，甚至彻底失去发展的可能性。1986年4月26日，苏联切尔诺贝利核电站发生核泄漏，导致8吨多强辐射性物质泄漏，320万人受到核辐射，9.3万人被致癌死亡，核电站周围半径30千米的区域内被辟为隔离区，城市普里皮亚季至今仍是一座无人居住的“死城”，核泄漏事故对当地环境的负面影响无法估量。

2008年的四川汶川地震和2010年的甘肃玉树地震，对本来就很落后的当地的经济社会发展造成了沉重打击，导致其自我发展能力降低或者完全丧失。但是，上帝给你关上一扇门的同时，也会为你打开一扇窗。从另外一个方面看，这些事件也使得这些地区受到“注目”，各个方面的外部力量在拯救这一地区过程中，会从战略角度加强这些地区的能力培育，这又使得这些地区的自我发展能力得以重塑，而且这些地区的自我发展能力战略水平往往会高于偶然性事件发生前的正常水平。换句话说，自然灾害事件在破坏了发生地的自我发展能力的同时，也为这些地区自我发展能力的重塑提供了机遇。

第二节　区域自我发展能力的形成动力

在《现代汉语词典》中，“动力”一词被解释为：“①使机械做功的各种作用力，如水力、风力、电力、畜力等。②比喻推动工作、事业等前进和发展的力量。”① 发展是人类社会变迁的主题，区域自我发展是当今刚刚进入中等收入阶段、处于转型阶段的中国缩小区域发展差距，实现区域协调发展的关键所在。更进一步地说，区域自我发展问题研究属于人文社会科学范畴。因此，在这里，关于“区域自我发展能力的形成动力”研究中的“动力”一词应取其比喻义，也就是说我们在这里探讨的主题是，能够推动一个地区如何通过自身努力，实现发展经济社会发展的力量所在。

在分析区域自我发展能力的形成动力之前，我们需要清楚地理解两个与之相关的概念。其一，动力源。顾名思义，动力源就是指动力的源头，或来源等等，它是导致某种动力产生的最重要的基础条件。也就是说，动力源是动力产生的本源所在，如果这个本源不存在，那么动力也就无从产生。② 在大多数情形下，动力源都是某种现实存在的物质实体。其二，源动力。源动力是可以使得机械运转抑或事物发展的基本作用力，它来自于动力源，也就是由动力源经

---

① 中国社会科学院语言研究所词典编辑室．现代汉语词典［M］．北京：商务印书馆，1997：302.

② 谷国峰．区域经济发展的动力系统研究［M］．东北师范大学出版社，2008：101.

过“动力机”（某种动力转换机械或者事物发展动力的转换机制）转换而成的“一次作用力”。概括成一句话就是，源动力是由动力源经“动力机”转换而来的。但是在大多现实情况下，我们用来实现机械做功的力往往不是源动力，而是经过多次转换的“二次作用力”、“三次作用力”、……。在社会科学领域中，事物发展的激励机制与约束机制并存，各种力量相互交错、相辅相依、相互影响，最终在发挥作用的力量也不是基本作用力，而是经过转化而成的动力。①

另外，我们知道，事物的发展不仅仅受到内部因素的影响，同时也要受到事物外部因素的影响。因此，在事物发展过程中发挥作用的力量，可以依据动力源的不同而区分为内部动力和外部动力。内部动力的动力源存自于运动或发展状态的事物的内部，它直接作用于机械运转或者事物的运动与发展，决定着事物的运动与发展状态；相反，外部动力的动力源则存在于运动或发展状态的事物的外部，它间接地作用于机械运转或者事物的运动与发展，对事物的运动与发展状态产生影响，但不起决定性作用。因此，从力的作用方式讲，内部动力和外部动力也可以称为直接动力和间接动力；从力的作用程度讲，内部动力和外部动力又可以称为根本动力和辅助动力。

动力是导致一切事物运动与发展的根本原因。② 区域自我发展能力同其他事物一样，其形成与发展同样需要动力推动或拉动，动力是某一地方形成自我发展能力，实现自我发展的本质原因。动力的来源和程度不同，对区域自我发展能力的形成产生不同的影响。下面，我们从动力源、源动力、内部动力和外部动力四个层面阐述区域自我发展能力的形成动力。

一、区域自我发展能力形成的动力源

区域自我发展能力形成的动力源是推动某一地区形成自我发展能力所需动力的源头，实现区域自我发展最根本的基础性条件。如果没有这些根本性的基础条件存在，也就是说，产生动力的本源不存在，那么某一特定地区就不会主动或者被动地接受到需要具备自我发展能力的动力，也就不可能具备自我发展能力，进而实现本土自我发展。而那些具有产生区域自我发展能力形成的动力

① 在自然科学中，煤炭作为自然能源之一，是典型的动力源。煤炭富含化学能，在蒸汽机的作用下转换为动能，那么在这里，蒸汽机就是“动力机”，动能就是源动力，也就是基本作用力，或者“一次作用力”。由蒸汽机产生的动能在发电机的作用下转换成为电能，电能（或者电力）则被称为“二次作用力”，这里的发电机充当的就是“动力机”的角色。

② 王建廷. 区域经济发展动力与动力机制［M］. 上海：上海人民出版社，2007：9.

源的地区，则有可能在动力源经某种或者某些种机制的转换下形成的推动力或拉动力作用下，形成区域自我发展能力，实现由自我发展能力为主导的内生性本土化发展。

区域作为一种客观存在的地域空间，它不仅是由区域内部各种构成要素相互组合的有机体，也是一个国家或者一个较大地域范围的组成部分。因此，在探讨区域自我发展能力形成的动力源时，我们要考虑区域的客观现实情况，区域经济社会发展不仅仅受区域内部因素的影响，也要受到国家区域政策的影响。我们认为，对一个国家内部的某一特定地区而言，区域自我发展能力形成的动力源有两个：一是区域内部民众对更高生活质量的追求；二是国家区域协调发展的战略需要。

马克思说过："人民奋斗所争取的一切都与他们的利益有关。"① 对整个人类社会而言，历史就是在人们为自身利益同第一自然和第二自然作斗争的过程。相对于有限资源，人的欲望总是无限的，这就产生了人类社会发展过程中如何处理资源稀缺性问题。资源是人类社会得以生存并获得发展的基础，占有较多稀缺资源并实现优化配置的人往往会获得较高的生活质量。由此，人类社会内部产生了如何配置稀缺性资源的问题。区域自我发展能力本质上是一个地区依靠自身力量实现资源优化配置的一种能力，因而一个地区自我发展能力的高低在很大程度上决定着这一区域内部人们所获得的生活质量的高低。相对于人们通过自我发展能力占有并配置稀缺性资源而获取的生活质量提高，由国家处于战略考虑，抑或其他地区在利弊权衡或处于人道主义向该地区配置稀缺性资源而获得生活质量，存在巨大的不确定性，而且往往这种外部力量的配置稀缺性资源并不能满足当地人们的发展需求。欲望的无限性决定着人们对较高质量生活水平的无限追求，这种追求内在推动区域内部人们为实现自身利益而去获取自我发展能力，以保证自身生活质量的不断提高。因此，区域内部人们对高质量生活的追求，是该培育地区自我发展能力，实现自我发展的内在动力源。

一般说来，在一个地域面积较大的国家内部，区域之间非平衡发展是一种常态。新中国成立以来，中央政府在权衡我国区域发展中"效率"和"公平"孰为优先的基础上，先后实施了区域平衡发展战略、区域不平衡发展战略、区域协调发展战略和区域统筹发展战略。当前，"一个中国、四个世界"（胡鞍钢，2004）的区域发展差距现状，严重制约了国民经济的持续健康发展，统筹区域发展势在必行。统筹区域发展涉及的问题很多，但核心问题只有两个：一

① 马克思恩格斯全集：第1卷［M］．北京：人民出版社，1956：82.

是各个类型的区域都能够实现有效率的发展；二是每个地区都能够实现公平发展。中央政府应该实施“效率”和“公平”兼顾的区域政策，实现区域统筹发展。对西部地区来说，实现区域经济有效率发展，就必须在充分发挥市机制的基础性协调作用的基础上，采取倾斜性政策，增大对西部地区的物力、财力和人力扶持；要想西部地区获得公平发展，就必须实施均等的社会公共政策，加大对西部地区的公共品供给。倾斜性经济政策和均等化社会公共政策的细化措施，都能够在一定程度上为西部地区自我发展能力的形成提供动力源泉。随着区域经济格局的不断演变，区域协调发展有助于国民经济整体发展利益，因此作为全体民众的中央政府有责任采取措施，促进区域协调发展。①

当然，需要说明的是，内在的动力源起着决定性作用，外在的动力源需要通过内在的动力源来发挥作用，但它可以起到加速区域自我发展能力形成的作用。另外，对那些尚无自我发展能力的地区来说，区域自我发展能力形成的动力源是其从无到有，培育和产生自我发展能力的根本性基础条件；对于那些已经具备自我发展能力，但是尚处于低水平能力阶段的地区来说，区域自我发展能力形成的动力源是其提升、增强自我发展能力的根本性基础条件；对于那些已经具备较强自我发展能力，实现较高自我发展水平的地区来说，区域自我发展能力形成的动力源就是其维持自我发展能力的根本性基础条件。综上所述，当前在中国西部地区，西部民众对高水平生活质量的追求和国家处于战略考虑对区域协调发展的期望，是处于各种不同自我发展水平的地区，培育、提升抑或维持其自我发展能力水平的动力源。

二、区域自我发展能力形成的源动力

区域自我发展能力形成的源动力是指通过某种机制、方法或者机构，将区域内部人们对高质量生活的追求和国家基于战略考虑的区域协调发展的期望转化成推动或者拉动区域实现自我发展，产生自我发展能力的基本作用力。在西部大开发过程中，西部地区的自我发展能力形成的源动力有两个：市场竞争和政府调控。

在经济学领域中，竞争是指经济行为主体在市场上为实现自身的经济利益而不断进行的角逐过程，是市场经济的本质特征和核心内容。在区域经济学中，市场上的竞争关系就表现为区域之间为争夺区域利益而进行的斗争。区域在作为宏观行为主体时，在市场竞争中面临着双重作用力：市场机会的吸引力

① 姜文仙. 区域协调发展的动力机制研究［D］. 暨南大学博士学位论文，2011.

和竞争对手的压力。在市场经济中，竞争在区域经济发展中起着基础性的协调作用。在资源存在稀缺性情况下，竞争成为资源配置最有效率的手段。区域内部各行为主体，在市场竞争机制下为自身利益而不断提高自身对资源的配置能力，这些能力综合体现为一个地区对资源的配置能力，又由于这种能力来源于区域系统内部，因而就构成了区域自我发展能力。因此，市场竞争是区域自我发展能力形成的源动力之一，而且是一种内在的源动力。

在区域经济发展过程中，宏观政策调控会在两种情况下出现，一是中央政府为实现某种区域发展格局；二是区域经济发展中出现了“市场失灵”，需要“有形之手”来扶正经济发展。中央政府的宏观调控是不同于市场机制的另外一种制度安排，它以人为主观能动性来影响经济发展，同样可以达到大多时候市场经济可以实现的目标。在政策的激励下，区域内部的行为主体会改变自己在没有这项激励条件下的行为。宏观调控政策实施的外在激励可以使区域内部的微观主体产生激励性动力，诸多微观行为主体受到的激励性动力综合表现为区域激励性动力，这一动力有助于区域自我发展能力的形成，因而是区域自我发展能力形成的源动力之一。

在这里，我们需要说明的是，区域自我发展能力形成的源动力与区域自我发展源动力既相互区别，又相互联系。我们知道，区域自我发展能力形成的动力源可以分为内部动力源和外部动力源，那么由这两种动力源转换而成的源动力也可以分为内部源动力和外部源动力，也就是上面提到的市场竞争和政府调控。而区域自我发展源动力则仅仅由区域系统内部动力源转换而成，并不存在区域自我发展的外在源动力概念。我们也要看到，区域自我发展的源动力必定在区域自我发展能力的形成过程中发挥作用，是区域自我发展能力形成的源动力的构成部分。但是区域自我发展能力形成的源动力，虽然可以推动区域发展，但这种发展并不一定是“自我发展”，而是一种外援驱动发展，因此区域自我发展能力形成的源动力也不一定是区域自我发展的源动力。综上所述，区域自我发展能力形成的源动力的范围，要大于区域自我发展的源动力的范围。

三、区域自我发展能力形成的内部动力

区域自我发展能力形成的内部动力就是在区域发展过程中，区域系统内部的构成要素产生的推动区域实现自我发展的力量，它是区域自我发展能力是否能够形成，且实现水平高低的决定力量。任何力量的产生都要有某一确定的主

体，促进某一特定地区形成自我发展能力的动力也是如此，它需要特定的行为主体。因此，在分析区域自我发展能力形成的内部动力时，还需要从区域微观行为主体切入。我们知道，区域内部有家庭、企业、政府和非政府组织四类微观行为主体，那么就要从它们在区域经济社会发展中所扮演的角色来分析其在形成区域自我发展能力过程中发挥的作用。

家庭在区域经济发展中不仅是消费者，而且也是重要生产资料——劳动力的供给者。劳动力素质的高低，直接影响着区域经济的生产效率，进一步影响着区域内部资本积累和再生产的循环是否能够顺利进行。劳动力素质又直接取决于个人的健康状况、预期寿命等等，反过来，具有高素质的劳动力往往能在市场经济中获取更大回报，从而可以拥有更高的社会地位和高水平的经济生活水平，具有较高的效用水平。因此，家庭为获取这种较高的效用，就会为提高劳动力做出努力。劳动力整体素质的提高，则进一步推动了区域自我发展能力的形成。由此看来，家庭对劳动力素质的提升是区域自我发展能力形成的内部动力之一。

企业是区域经济发展中最重要的组成单元之一。盈利性是企业的本质特征，确保技术的领先是其盈利性的基本保障，而技术地位的领先又来源于区域自身的技术创新。反过来说，企业不断地进行技术创新，获得超额利润，增大了资本积累和扩大再生产的可能性。区域内部所有企业，都在技术创新中获得超额利润，大规模地进行扩大再生产，则会表现出区域性经济扩张，这种来自区域系统内部的经济发展就是区域自我发展。因此，区域内部的企业技术创新也是区域自我发展能力形成的内部动力之一。

世界银行 1997 年发展报告指出："有 5 项基础性任务处于每个政府使命的核心地位，如果这 5 项任务完不成，就不可能取得可持续的、共享的、减少贫困的发展：①建立法律基础；②保持非扭曲性的政策环境，包括宏观经济的稳定；③投资于基本的社会服务与基础设施；④保护承受力差的阶层；⑤保护环境。"① 对地方政府而言，不断转变政府职能，为本土经济发展创造良好的环境有利于大量的有竞争力的企业流入，增加区域内部的资本积累，同时，充分作为的地方政府提供的优质公共服务不仅有利于企业创新，也有利于区域内部个人整体素质的提高。另外，地方政府的政策措施对环境和产业经济结构的调整，会直接影响到区域的自我发展。因此，区域内部地方政府的服务型建设也

---

① 世界银行. 世界发展报告：变革世界中政府 [M]. 北京：中国财政经济出版社，1997：4.

是形成区域自我发展能力的内部动力之一。

另外，非政府组织作为区域经济发展的润滑剂，在企业、家庭和政府之间起着桥梁作用，对三者之间的沟通，以及企业的辅助性生产服务起着不可或缺的作用。非政府组织的繁荣发展也是区域自我发展能力形成的内部动力不可缺少的组成部分。

从区域层面看，只有各种类型微观主体的理性行为良好耦合，才能真正成为自我发展能力形成的驱动力，任何一个微观主体释放的动力不匹配都会影响自我发展能力的形成进程。也就是说，促进区域自我发展能力形成的内部动力是一种耦合性动力。与此同时，在一个区域内部，次级地域单元总体表现出来的这种耦合力在大范围的区域中又会进一步耦合。区域内部次级单元之间依然存在着竞争与合作关系，这些关系推动着各个次级地域单元尽快形成自我发展能力，以便占据更多的稀缺性资源。各个次级地域单元自我发展能力的都得以提升，在大尺度地域上就表现为区域自我发展能力的提升。

四、区域自我发展能力形成的外部动力

区域自我发展能力形成的外部动力就是由区域外部主体产生的，对区域自我发展能力的形成起推动作用的力量，它不能决定区域自我发展能力是否能够形成，但是能够影响到区域自我发展能力培育的速度和实现水平的高低。我们认为，在一个国家内部，促进区域自我发展能力形成的外部动力有三个：一是国家各项调控政策；二是其他区域的援助；三是与其他区域之间的竞争与合作关系。

就西部地区而言，培育自我发展能力已经成为当今的时代任务。国家实施西部大开发战略，推动西部地区经济社会发展，利用直接投资和政策倾斜等宏观调控手段构建西部地区产业体系，改善西部地区公共服务状况，提高人民生活水平，这些都在一定程度上促进了西部地区自我发展能力的形成。与此同时，科学设计激励机制，安排中东部地区对西部地区进行援助建设，改善西部地区的基础设施状况，进行直接投资带动当地经济发展，有效推动了当地的自我发展能力的形成。

另外，西部地区和中东部地区在某些领域同样存在着竞争与合作关系，参与竞争的压力和由合作实现的利益共享的吸引力同样推进着西部地区的自我发展能力建设。

第三节　区域自我发展能力的生成路径

一、开发与提升劳动力素质

对于某一个特定地区而言，劳动力的供应状况是影响区域经济社会发展的重要影响因素。这里的劳动力供应状况不仅包括劳动力数量的多寡，还包括劳动力质量的高低。一个地区拥有数量充足、且素质较高的劳动力条件，是其实现快速发展的关键因素之一。

劳动力作为生产要素在社会经济发展过程中发挥的关键作用，引起了诸多经济学理论在促进经济社会发展中对开发和提升劳动力的关注。马克思政治经济学理论认为，在经济社会发展过程中，人不仅是商品和服务的生产者，同时也是商品和服务的需求者。作为生产者，人在社会生产过程中提供必需的生产要素——劳动力使得社会生产顺利进行，为社会提供商品和服务，体现出社会人口所具备的生产力；作为消费者，人通过消费社会商品和服务形成社会生产过程中所需要的劳动，以劳动力形式作为生产要素投入社会生产之中，使社会再生产得以持续下去。同样，对一个地区来说，在区域内部，作为生产者和消费者统一体的人以双重身份影响着生产、分配、流通和消费等社会再生产活动的进行，由此产生的生产力和消费力共同发挥作用，推动着区域经济社会发展。从人是生产者的角度来考虑，人口是劳动力的源泉，而劳动力又是生产要素之一。但是值得注意的是，在地区内部并非所有的人都能成为劳动力，只有那些有劳动能力、又掌握了一定生产技术、并能和生产资料相结合、从事物质产品生产或提供某种劳务的人才能成为劳动力（周起业等，1989）。①

另外，劳动有简单劳动和复杂劳动之分，不同质量的劳动者在单位时间内可能创造的价值相差极大。复杂劳动在单位时间内创造的价值是简单劳动的一倍或数倍，因而开发和提升劳动力，可通过增加复杂劳动的比重提高区域内部创造价值的总数量，增进社会福利水平。

新古典经济学理论和内生增长理论也对劳动力在经济发展过程中的作用给予了充分关注。在新古典主义或稍后的内生增长理论中，劳动力被理解为

---

① 周起业，刘再兴，祝诚，张可云. 区域经济学［M］. 北京：中国人民大学出版社，1989：326.

"人力资本"（Becker，1962）——一种可以通过投资并获得预期收益的资产。[①] 以奥尔多·舒尔茨（Theodore William Schultz）为代表的人力资本理论认为，人力资本是一种特殊的具有主观能动性的资源，是促进经济增长的强大推动力，对现代高新技术的产业发展和经济增长起着决定性作用。通过开发和提升区域劳动力，不仅可以增加区域内部的劳动力数量，还会增加区域内部的人力资本积累。其中心目的是提高劳动者群体或个人的能力以及依靠创新和科技提高生产率，核心在于改进正规的资质、技能水平以及工作经验，以便使劳动者个人和本地劳动力集体以及用工机构从中受益。这样，区域人力资本的不断增加，增强了区域自我发展能力。

区域内部劳动力数量的增加和质量的提高，能够较为容易地转化为现代产业工人，满足现代产业发展对高素质劳动力的需求，推动区域经济社会发展。地方劳动力市场的经济性调整通常取决于劳动力适应不断变化的需求的能力。经济结构的调整迫使员工原有的技能和知识不断地遭淘汰并要求他们持续不断地学习新的知识。更重要的是，劳动力质量提高是实现地区产业结构高度化所必要的前提条件之一。而一个地区能否实现产业结构的高度化又是这一地区经济盛衰的关键。通过将低素质的产业工人转化为高质量的劳动力不是一件简单的、可以一蹴而就的事，而必须经过长期不懈的努力才能逐步实现。

开发与提升当地的劳动力，不仅可以发掘劳动者未获得充分利用的资源，还可以借此机会进行扶贫开发，推动减贫。由于这些劳动者拥有的技能要么过时要么被低估而找不到合适的需求，因此对于经济活动和增长的潜力不能够充分发挥出来除了未被当作经济增长过程的资产之外，资源的未充分利用还表现在压低劳动者的工资报酬，从而把劳动力的再生产过程负担推向社会，使得这些劳动者、家庭和群体更容易变得贫穷和被排斥在社会进步之外。

二、培育企业家精神

企业家精神（Entrepreneurial Spirit）是企业家群体所共有的特质和价值观体系。关于企业家精神的内涵，不同学者持有不同的理解，其涵义具有广泛性、不稳定性和多层次性，至今还没有形成一个为大家所共同接受的准确而全面的定义，也就难以形成一个统一的分析框架（靳卫东、高波、吴向鹏，

---

① Becker, G. S. Investment in human capital: a theoretical analysis', Journal of Political Economy LXX: 1962: 9-49.

2008)。[1] 熊彼特认为企业家精神的核心是“创新”，而“首创性”、“成功欲”、“冒险和以苦为乐”、“精明和敏锐”、“强烈的事业心”是企业家精神的五大要素。美国著名经济学家德鲁克把企业家精神明确界定为社会创新精神，并把这种精神系统地提高到社会进步的杠杆作用的地位。从企业家的内部构成来看，汪丁丁（1997）总结出企业家精神的三个主要成分，一是创新精神、二是敬业精神、三是合作精神。这三种精神虽然有不同的侧重点，但也有相同的一面，即三种精神都是人们对特定文化价值观选择的结果。从不同理论观点可以看出，企业家精神的内涵是最重要的两个方面是创新性和勇于创业。[2]

熊彼特（Schumpeter，1934）认为企业家精神是一种重要的生产要素，是企业家精神而不是资本主义精神才是长期经济增长的真正源泉。在熊彼特（Schumpeter）看来，经济发展是一个“创造性破坏”的内生的动态过程，即不断地通过开发新产品、引入新的生产方式、开辟新市场、获取新的原材料和建立新的组织结构来推动创新的过程。创造性破坏的灵魂是具备企业家精神的企业家。德国学派将企业家视为创新者，企业家的发明与创新是长期经济周期变化的驱动力。[3]

目前，在理论研究方面，企业家精神对经济绩效的影响存在三种机制。一是把企业家精神看作知识外溢的通道。知识在经济增长中的重要作用是通过知识外溢实现的，而企业家精神是知识外溢的传导机制。创新将刺激经济增长，资本积累和创新增长同样为经济增长加速所必须。由于创新之后的技术外溢，模仿者很快被吸引过来，于是最初的创新最终造就经济的繁荣。二是认为企业家精神的涌现能够提升竞争的激烈程度，从而带来竞争优势。熊彼特曾强调经济增长过程中追求利润最大化的企业家对推动创新和经济增长的作用（肖建忠、唐艳艳，2004）。三是认为企业家精神的兴起使特定区域的经济发展更具多样性，多样性的提升有助于经济绩效的提高。在很多情境中，企业家精神被认为是经济增长的重要动力，更有甚者，Holcombe（1998）宣称，企业家精神是经济增长的发动机。

企业是区域发展过程中最基本的经济单元，也是社会财富最直接的创造者。企业家们能够发现目前回报低或者无回报的资源，并通过创建新的工商企

---

① 靳卫东，高波，吴向鹏．企业家精神：含义、度量和经济绩效的评述［J］．中南财经政法大学学报，2008（4）：101-105.

② 汪丁丁．创新：企业家的自由［J］．沪港经济，1997（1）：55-57.

③ DanO'Donogllue and Ivan J. Townshend. Diversifieation, Specialization, Convergence and Divergence of Sectoral Employment Structures in the British Urban System, 1991 - 2001 ［J］. Reg Studies, 2005, 395: 585-601.

业将其转化为高回报的经济活动，以及通过更优化的资源分配和强化竞争来提高效率（Acs，Storey，2004）。区域内部企业的良好发展不仅对推动经济增长，解决就业和增加人们收入都有着极其重要的作用，而且代表着区域本土资源的充分利用和发展潜能的彻底激发，因此创建新的实现自我发展的一个基本要求。

但新企业的创建有赖于一个地区的创业环境和氛围，也就是创业精神的基础。这种能够滋生创业精神，推动新的企业创建的社会基础属于非正式制度范畴，其形成过程十分漫长，因而导致在这种环境下才能够实现的企业家精神就显得弥足珍贵。见表 4.1：

表 4.1　　创业精神的基础①

地方创业文化	对待就业和企业的态度
地方架构条件	存在创业好榜样
	创业技能
	可以获得资本支持
	教育与培训
	交流与协作网络
	官僚体系和管理障碍
现有公共政策	基础设施，例如工商企业场地和许可
	影响态度和动机
	建议、咨询和信息
	教育
	培训
	资本支持
	工商业计划
	方便从退休企业家那里获得工商业设想
	提供许可
	销售和出口扶持
	建议、指导和互助组织
	网络、集群和战略性联合计划
	扶持创新，包括大学——产业联系
	规章制度和税收环境（包括特区）
	社区发展

① （英）安迪·派克，安德烈·罗德里格斯-珀斯，约翰·托梅尼. 地方和区域发展［M］. 王学峰，等，译. 上海：上海人民出版社，2011：160.

三、促进技术进步

一般而言，科学技术在促进区域自我发展能力形成过程的作用主要体现在经济发展、社会进步、生态保护三个方面：

（一）技术进步对经济发展的影响

从经济方面来说，“科学技术是第一生产力。”科学技术一旦物化于社会生产过程之中，就会极大地提高劳动生产效率和资源配置效率。

1. 科学技术的进步促使劳动力质量提高。科学技术进步推动了社会分工的发展，能够使劳动力在专门化的劳动中提高技能；同时，也使劳动时间大为节约，为劳动者提高精神和体力创造了条件。

2. 技术进步有助于改进地区生产要素的配置效率。不同的生产技术水平下，各种生产要素以不同的配置、以某种具体形式结合才能实现生产，而且技术进步能够使生产要素各种配置比例和组合形式的生产得以实现，因而极大拓展了具有不同要素禀赋的地区的发展空间。对于缺少劳动力的地区来说，采取需要劳动力要素投入较少的生产组合进行生产；对于自然资源丰富的地区，自然采取需要自然资源投入量较大的生产技术进行生产。在各种生产要素的丰裕度之间进行比较，通过技术进步实现要素优势向经济优势转化，必然能够较少投入成本，增加产出。

3. 科学技术的进步通过影响市场需求结构、各个产业之间的资本配置以及技术关联性，来刺激或诱使区域产业结构转型升级。一般来讲，地区产业结构的变化趋势是生产要素不断由第一产业向第二产业转移，再由第二产业向第三产业转移。由于在各个产业中各种生产要素的密集程度不同，地区产业结构发展的不同阶段就由几种生产要素密集度不同的产业主导。一般说来，在最初地区产业结构由资源密集型、劳动密集型产业主导，继而由资本密集型产业主导，再由技术密集型产业主导。在这样一个主导产业的转换过程中，技术进步是主要因素。地区产业结构的优化升级，实现了资源的配置效率和利用效率，提高了劳动生产率。

4. 科学技术进步不仅有助于我们获得更为先进的机器设备，还有助于发现新的材料，发现原有生产材料的新的属性，或者克服其某种物理或化学特性，更进一步地讲，可以通过改变这些材料的物理或化学属性，导致生产出新的材料，使之能够使用在新的生产和生活领域。

5. 科学技术可以帮助我们避免自然灾害的发生，或减少自然灾害带来的损失，为地区经济社会发展拓展空间。

由于每一个地区对科学技术的掌握程度不同，导致科学技术在生产过程中的转化为生产力的水平也存在区域差异性。那些具有较高科学技术水平的地区，拥有较高的劳动生产率和资源利用效率，能够吸引各种生产要素流入区域内部，同时实现合理的资源配置，从而增加了社会财富，为区域自我发展能力的形成提供了物质基础。

（二）技术进步对社会进步的影响

从社会方面来说，科学技术进步有助于推动人类社会文明发展。其一，科学技术在医疗卫生、生活环境改造、交通运输、休闲娱乐等生活领域的应用，极大改善了人类的生活环境，为人们提高生活质量创造了环境。其二，科学技术有助于人们对自然界和人类社会本身的认识，增强对人类社会发展途径和前景的判断。同样，科学技术在社会发展方面的作用也具有地域差异性，具有较高科学技术的地区往往比其他地区具有更高水平的社会文明。

（三）技术进步对生态环境的影响

从生态方面来说，科学技术进步能够使人们更好地认识自然环境发展规律、掌握自然环境的利用手段和保护手段，更好地开发和利用自然环境，而避免破坏自然环境。

但是科学技术在地区自我发展能力的形成过程中也是一把双刃剑，它在促进经济发展、社会和谐、环境优美的同时，也带来了种种有损地区自我发能力的危害。如白色污染、资源浪费，核泄漏、化学污染、科技诈骗，等等。因此有人说，也许科学技术只是个诱人的陷阱，人类已经经不住科技产品的诱惑而不顾危险地沉醉在眼前的利益和一时的繁荣大发展之中，也许，这正是大自然的高明之处吧。当然，我们应该看到，就目前而言，科学技术确实改变了我们的生活环境，让我们的生活越来越好，但我们应该在如何合理地利用科学技术为人类服务上多花些心思。

一个地区的自我发展能力形成是一个漫长的过程，在形成过程中的每一个阶段所面临的情况不同，实现技术进步的途径也有所区别。一个地区可以通过三种途径实现技术进步：技术引进、技术模仿和技术的自主创新。这三种技术进步途径各有优缺点，技术引进可以节约大量的进行技术创新的资金成本和时间成本，但是同时也会面临着技术适应性低，永远都不会具有技术优势的缺点；技术模仿虽然成本低廉，但具有时滞性，不可能模仿到先进的技术，也就不可能在国际生产链条中占据有利地位；自主创新的成本较高，而且极具风险，但是地区实现技术领先的必然选择。在权衡各种利弊的情况下，一般说来在地区自我发展能力形成的初期阶段，地区内部技术基础薄弱，完全没有自我发展的技术支撑，为了完成初始的资本积累，就需要引进“适用技术”[①]。在初具自我发展能力的发展阶段，具有一定的技术基础，但又对自主创新无能为力，为了避免长期通过技术引进对外来技术产生依赖，就需要在引进技术的同时，对引进的技术加以消化、吸收，使之变成自己的技术，这就是模仿创新。在具备了较高的自我发展能力之后，就需要依靠本地区自身的力量进行技术创新，这是一种内生型活动。一个区域的经济发展水平要赶上发达国家和地区，必须具有不断提高自身的技术开发能力，这是因为从技术输出国家或地区来讲，一般都禁止向外输出最先进的技术，以保持在技术上的领先地位，因此，从战略角度看，一个区域要缩小在技术上和发达地区的差距，必须依靠自己的力量进行科技创新。

四、优化区域产业结构与空间布局

（一）推动区域产业结构优化升级

在一个地区的经济社会发展过程中，区域总体发展水平与区域产业结构密切相关，而且区域产业结构在一定程度上决定了区域经济社会的发展水平和增长速度。由于区域与产业均具有一定的生命周期，必然会产生区域产业结构动态优化问题。区域产业结构的优化升级是一个相对概念，不能用这一地区产业结构水平的绝对高低来衡量，而是在区域经济效益、生态效益和社会效益的最优目标下，根据区域内部的各种要素禀赋特点，按照正常的经济发展历史和逻辑序列、一般的产业结构演进规律和产业发展的内在要求，对区域产业结构采取一系列的调整活动，使之达到与发展内外环境相适应的区域产业和谐状态（刘秉镰、杜传忠等，2010）。

区域产业结构优化升级包含区域产业结构优化和区域产业结构升级两层含义。区域产业结构优化是指区域产业结构合理化和高效化，前者是指在区域经

---

① 但是选择引进的技术水平存在选择问题，舒马赫（1973）提出了概念，认为中间技术是比较适合资本匮乏但劳动力充足的发展中国家选择的技术。“中间技术”是介于初级与高级、原始与现代的一种技术，“与土技术相比，生产率高得多，与现代工业的资本高度密集的高级技术相比，又便宜得多。”“中间技术”概念的提出有一定的合理性，在一定程度上得到了大家的认可，但是有学者提出，“中间技术”引进虽然会在一定程度上拉动落后地区的国家发展，使其在发展队伍中不掉队，但也很难使落后地区赶上去实现腾飞。因此，提出“适用技术”概念。“适用技术”理论认为，落后的发展中国家要根据最小成本或最大收益原则，考虑本国的生产要素状况、市场规模、社会文化环境、吸收能力等因素，选择符合本国国情的技术。“适用技术”既可以包括先进技术、尖端技术、也可以包括中间技术甚至土技术。而且“适用技术”不仅要考虑经济目标，还要考虑环境目标和社会目标。参见（英）E. F. 舒马赫. 小的是美好的［M］. 虞鸿钧，郑关林，译. 北京：商务印书馆，1984：121.

济体系内，产业与产业之间协调能力加强和关联水平提高；后者是指产业结构效率不断提高的过程，主要表现为由低生产率、低技术含量、劳动密集型行业向高生产率、技术密集型和资本密集型行业演进的过程。区域产业结构升级又称区域产业结构高度化，即区域产业结构从较低水平向较高水平发展的动态过程。

一个良好的区域产业结构通常由一个或几个主导产业，若干相关产业，以及适度超前的基础产业构成，因此区域产业结构优化升级可以通过主导产业选择、关联产业本地化，以及基础产业的发展来进行。

1. 区域主导产业选择

遵循需求弹性原则、技术进步原则、关联强度原则和动态比较优势原则选择地区主导产业（江世银，2004）①，主导产业对区域经济发展的主要作用是：区域到产业是建立在区域生产要素资源条件和特定比例之上，具有较高现实资源使用效益和较好潜在资源利用效益前景的产业部门，它有利于区域资源的合理配置；区域主导产业是在全国具有专业化分工特色的区域优势产业，它能够获得静态或动态比较经济利益，有利于发挥区域现实经济优势或潜在经济优势；区域主导产业还是能够提供大宗系列化最终产品和中间产品的产业部门。

2. 推动关联产业及其本地化

通过“后向关联效应”、“前向关联效应”和“旁侧关联效应”发挥以下作用：一是辅助主导产业部门发展，实现区域主导产业部门发展；二是增强抵抗周期性经济危机或其他偶发性危机的能力，避免经济发展大起大落，大幅度的经济波动给企业生产经营和人民生活造成困难；三是为适应国内外经济发展的潮流，及时地、顺利地实现产业结构转换；四是使区域各种经济资源得到充分利用。本地区主导产业的关联产业有时候可能分布在区域之外，但是会在时机成熟时实现产业转移，迁至区域内部，从而对本地区的经济发展起到推动作用。关联产业实现区域经济内循环，增加资源集聚、利用效率，资本积累。

3. 加强基础设施建设

一方面，通过区域间交通基础设施建设，解决区域经济发展的交通障碍，创造良好的投资环境。另一方面，通过改善区域内部基础设施条件，提升区域内部发展环境，吸引高级生产要素投入区域经济发展过程中。同时，建立人才交流网站，加强人才交流，便于人才引进。另外，搞好信息网络的建设，充分利用这条看不见的高速公路，获取和发布各种经济信息，加强与外界的联系。

---

① 江世银. 区域产业结构调整与主导产业选择研究［M］. 上海：上海人民出版社，2004：177-184.

（二）促进区域产业集聚

聚集经济，也就是外部经济，“往往能因许多性质相似的小型企业集中在特定的地方——通常所说的工业地区分布——而获得”①。产业集群依托其内在机制，从提高劳动生产效率、集群效应、激发创业、刺激创新和竞争力培育等方面推动了地区自我发展能力的形成。

1. 发展产业集群可以提高区域劳动生产效率

在一定的地域空间内，大量企业集聚形成产业集群，诱使地方化效应和城市化效应产生，不仅有助于企业之间分工与合作的进一步深化，提高劳动生产率，还可以得益于相互之空间的临近性，从而节约交通运输成本和空间成本。另外，在一个产业集聚内部，经济活动主体基于相同的社会文化背景和价值观念，相互之间的合作与交易更加便捷，诚信度更高，从而可以节约更多的交易成本，有助于集群的稳定和生产效率提高。

2. 发展产业集群可以增加区域资本集聚

由众多企业集聚形成的产业集群，产生集聚效应对外部企业形成强有力的吸引，因此产业集群的雏形一旦形成，便进入了内部自我强化的良性循环过程。集聚效应越强，对外部企业的吸引力就越大，越多企业的进入就更多地增加区域资本，推动地区经济的快速发展。

3. 发展产业集群有助于新企业的创建

在产业集群内部，各个企业相互联系紧密，需要更多的关联产业进行配套，这就为新企业的创建提供了必然要求。另外，在产业集群内部，人才、技术、资金集聚为新企业的创建提供了更多可能性。更多的企业也代表更大的市场和更多的市场机遇，这些都为新企业的创建提供了必要条件。

4. 发展产业集群有助于区域创新

一方面，在产业集群内部，容易产生专业知识、生产技能、市场信息等方面的累积效应。在产业集群内部，集聚着数量众多的相关生产企业、科研机构、商会、协会、中介机构等，在产生较强的知识与信息累积效应的同时，大量的生产企业也时刻面临着同行竞争的压力。这不仅为企业提供了实现创新的重要来源以及所需的物质基础，也使集群内的企业时刻保持创新的动力。其次，企业之间紧密的网络关系，使得生产企业和相关机构之间更容易形成一个相互学习的整体，推动了集体学习的进程，降低了学习成本，促进了更多具有创新价值的活动的发生。

5. 产业集群有助于提升区域竞争力

产业集聚不仅可以通过实现地方化效应和城市化效应促进生产，提高劳动

---

① （英）阿弗里德·马歇尔. 经济学原理：上卷［M］. 北京：商务印书馆，1997：279-280.

生产率，还有助于形成区域品牌，提升区域形象，增强其区域合作与竞争中的地位。因此，可以通过加快制度创新，加强政府引导，促进资本市场发展，培育特色优势产业集群，统筹区域规划、优化产业布局，构造产业链、整合产业园等途径推动产业集群的形成。①

（三）培育区域产业多样性

1. 区域产业多样性及其存在条件

区域产业专业化与多样化是劳动地域分工的两个方面。劳动地域分工直接导致了区域产业专业化的形成，而区域内部专业化水平与区际专业化差异程度的提升会进一步强化劳动的地域分工趋势。随着分工的不断细化，生产同一件产品需要更多部门的参与，这就增加了地区产业的多样化趋势。长期以来，产业多样化都被看作专业化的对立面，两者之间存在此消彼长的关系。但随着研究的逐步深入，产业多样化的概念不断深化，多样化与专业化之间并非严格对立。产业多样化并不是没有专业化，而是许多专业化共同存在②。从另一个角度讲，在一个地域空间内部，各个较小地域单元表现出较高的区域产业专业化水平，那么从整个地域空间尺度来看，这个地区就表现出较高水平的产业多样性特征。

在大多数研究中并没有区分产业多样化（industrial variety）与产业多样性（industrial diversity），但多样性与多样化所表达的具体意义相差甚远，因而需要在研究过程中对两者进行区分。我们认为，产业多样化是区域产业结构多样性特征的形成过程，而产业多样性是产业多样化演变所形成的结果。产业多样性的概念本身也处于不断发展之中，从初期仅仅涉及产业种类数量，到产业空间分布，再到产业关联程度，其内涵随着研究的深入而日益丰富。在这里，我们给出较为科学的概念，区域产业多样性（regional industrial diversity）是指在一个区域空间内，多种关联性较强的产业共同存在，而且形成了能够实现区域经济系统安全、稳定、可持续发展的产业结构状态。它是以新产业不断涌现，产业结构不断优化升级为内容的区域产业结构多样化（regional industrial variety）的实现过程③。

多样性作为区域产业结构的一种常态，必然有其存在的现实基础，各种区

---

① 徐承红．产业集群与西部地区经济竞争力研究［M］．成都：西南财经大学出版社，2006：226-251.

② Malizia，EE and Ke，S. The influence of economic diversity on employment and stability［J］. Journal of Regional Science，1933，33（2）：221-235.

③ 郑京淑，吴秦．产业结构多样性化对区域经济发展的影响——研究综述与政策启示［J］．广东外语外贸大学学报，2010（5）：67-71.

域与城市发展理论就其存在条件均有所论述。从供给角度讲，区域产业多样性的形成源自多种类型产业空间集聚产生的动态外部性。虽然与地方化经济一样，城市化经济的形成也源于以下四个集聚经济因素：共享中间投入品、分享劳动力储备、劳动力的匹配性和知识溢出①。但与专业化只关注同一产业内部工人交流相比，多样化能够使产业之间的工人交流，从而产生更具生产力的新思想与新组合。而且在多样性的产业发展环境中，某一行业的创新思想或新技术在传播过程中很容易被其他产业中的企业所吸收，产生所谓的“知识外部性”。从需求角度讲，区域内部多样性的市场需求直接导致产业的多样性。城市规模越大，相应人口规模也会较大，而且大城市往往具有较高的人口密度，从而产生较大的市场广度和市场深度。多样化市场需求诱使工业部门不断细化产业分工，导致新产业不断诞生，从而强化了区域产业结构多样性特征。

理论界往往将大规模的区际贸易视为满足地区多样化消费需求的唯一手段，通过发展地方专业化和区域间贸易来实现地方生产效率提高与多样化消费需求的“双赢”，但这必然会产生产业发展中的规模经济与市场消费的多样化需求之间的两难选择问题。新经济地理学的理论基础——D-S 模型通过引入垄断竞争市场和规模报酬递增假设，拓展了规模经济与多样化消费之间两难冲突的解决空间②。区域产业结构呈现多样性特征意味着区域内部具有较大的市场规模，这里主要会产生两种效应，即本地市场效应和生活成本效应。本地市场效应是新经济地理学的核心范畴之一，指的是在大市场中，企业集聚规模超过市场扩大其规模的速度。在同等条件下，企业在市场规模较大的区域内选择生产区位，使生产地接近大市场，扩大生产规模，这样不仅可以实现内部规模经济，而且节省了流通环节巨额运输成本与贸易成本。由于本地市场效应的存在，大量具备相互关联的各类企业为获取更多资源和更为广阔的市场份额而涌入，从而实现区域产业结构的多样性。在产业结构呈现多样性的区域内企业数量众多，其中以工业产品的种类和数量为多；相反，需要从区域外输入的产品种类和数量就少，从而转嫁给消费者的区域间可贸易产品的运输和贸易成本就较少，于是产品相对价格较低，消费者的生活成本就较低。这就是生活成本效应。大量产业工人为提高生活水平，跨区域流动迁入产业多样性区域，这样使得区域市场规模进一步扩大，进一步加强了本地市场效应。由于本地市场效应的强化，导致大量制造企业进入，又进一步强化了生活成本效应，吸引大规模产业工人流入。因而，其中的循环累积因果机制使得本地市场效应和生活成本

① （美）阿瑟·奥沙利文. 城市经济学［M］. 周京奎，译. 北京：北京大学出版社，2008：47.

② 安虎森，等. 新经济地理学原理［M］. 北京：经济科学出版社，2009：13-15.

效应呈现出自我强化特征。同时，在产业结构呈现多样性特征的区域内，大量消费品和中间产品的供给与消费在区域内部实现，使得大规模价值创造活动在区域内部实现，增加了区域资本积累。与此同时，由于本地市场效应的存在，实现规模生产的企业产量增加，在保证区域内部市场需求的前提下向区外输出产品，大量产品利润回流使区域内部进一步的资本积累成为可能。

城市体系是区域产业，尤其是制造业发展的主要空间载体，因而区域产业多样性主要体现为区域内各个城市产业结构的多样性。这种依托产业多样性、以产业增长支撑城市发展所形成的城市称为多样性城市。Firestone（2010）把多样性城市定义为“在城市中有一个以上的主要产业”①，而 Glaeser（1992）给多样性城市的定义为，“在城市中 6 个最高产业占总城市就业量的小部分份额”②。他还第一个检验了多样性是否有利于城市增长的思想。其结果发现，多样性和竞争有利于城市就业增加，而专业化却减少了城市就业增长。Jacobs（1969）在分析产业外部性时认为，众多产业形成并发展于一个城市，比单一产业能够带来更大的城市效应③，即产业发展聚集产生的城市化效应大于地方化效应，因而产业多样化的产业结构特征比专业化更能促进城市的发展。而著名区域经济学家胡佛和杰莱塔尼（1992）明确把城市化经济与产业多样性联系起来，认为专业化区域难以应对区域经济的短期困难，而多样性区域可能有利于克服区域经济波动④。这些思想可以启示我们，产业发展内置于城市发展，没有脱离城市化经济的产业增长，城市是产业增长的空间依托，发展多样性产业一定是以多样性城市为前提条件的。

2. 培育产业多样性，构建地区自我发展能力

长期以来，学术界和实践部门都强调地区比较优势与产业专业化发展，但事实看来地区产业多样性是一种常态，而且已经有一些地区和城市将产业多样性发展作为区域产业发展的政策目标，其目的在于通过提升区域产业多样性水平，撷取产业结构多样性产生的外部性，为区域自我发展能力构建提供稳定健康的经济发展环境、资本积累基础和创新驱动力。

第一，培育产业多样性有助于增强区域经济系统稳定性。区域经济系统保持一定程度的稳定性是构建区域自我发展能力的基本前提，它不仅表现为区域

① Firestone S. Diverse cities and knowledge spillovers. The Annals of Regional Science，1998，44（1）：1-20.

② Glaeser，E. L.，H. D. Kallal，and J. A. Scheinkman. Growth in Cities［J］. Journal of Political Economy，1992，100（6）：1126-1152.

③ Jacobs，J. The Economy of Cities［M］. New York：Vintage Press，1969.

④ （美）艾德加·M. 胡佛，弗兰克·杰莱塔尼. 区域经济学导论［M］. 郭万清，等，译. 上海：上海远东出版社，1992.

内部就业率稳定或失业率的不断降低，产业结构的不断优化升级，还表现在区域经济系统在外部风险冲击下，能够及时自发地转变发展方式和发展方向，在不断调整中实现经济社会持续发展。投资组合理论受企业多元化经营以降低市场风险思想启示，提出发展区域产业多样性可以使得经济系统在遭受外在不利冲击时降低失业率，抑制就业波动，稳定经济发展。由于各个产业生命周期不同，当经济下行或外来冲击发生时，各个产业吸纳劳动力能力表现出极大差异性，使得具有区际不完全流动性的劳动力在各个产业之间流动，实现稳定的就业率。另外，演化经济学也认为，创新和企业进入是社会经济系统发展动力所在，产业多样性是维护社会经济系统长期稳定和发展，甚至生存的关键因素①。在产业多样性较高的地区遭遇经济周期性衰退期或外部冲击时，往往只有相当小一部分行业受到冲击，大部分的行业仍保持相对健康的状态，从而可以避免经济增长率波动，在一定程度上减小了经济萧条期的经济衰退。因此，产业多样性是区域经济发展的稳定器。

第二，培育产业多样性有助于加快区域资本积累。区域资本积累是构建区域自我发展能力的实现基础，它包括物质资本积累、人力资本积累和社会资本积累。在马克思主义经济理论中，资本积累是社会再生产和扩大再生产的基本条件，这里的资本积累指实物资本积累。区域自我发展的重要表现就是区域经济系统的社会再生产和扩大再生产，因而区域内部资本积累效率的大小决定着区域自我发展速度的快慢和区域自我发展能力水平的高低。通过提升区域经济结构的多样性水平，不断完善区域经济内循环系统和拓展区域内产业链条，进而增强资本积累率。一方面，在大力发展区域主导产业和支柱产业的同时，积极推动配套产业建设，通过提高中间产品本土化程度以最大限度实现区域经济内循环，使得更多价值创造活动在区域内部完成，将更多产业增加值留在区域内部，加快区域资本积累。另一方面，延长产业链条或者产品价值链条，逐步占领产业链条的高端位置，提高产品附加值，在完成资本品和中间产品内部供应的同时，通过区际产业内贸易，利用高附加值产品的交换增加区域资本积累。与此同时，产业工人在从事新的行业时，要参加相应的基础知识和相关技能培训，这有助于积累人力资本。产业多样性不仅为劳动力提供了更多的就业机会，也使得劳动力胜任不同工作的能力在就业岗位转换中得以提升，也就是说产业多样性有利于提高区域人力资本水平，促进人力资本积累。另外，产业多样性的发展使得区域内部各项制度更加完备、更容易获得组织创新、公共服务供给效率的提高，从而提高区域社会资本积累能力。

---

① Rammel C. and J. C. van den Bergh. Evolutionary policies for sustainable development: Adaptive flexibility and risk minimizing [J]. Ecological Economics, 2003 (47): 121-133.

第三，培育产业多样性有助于促进区域创新。区域创新是区域自我发展能力构建的根本动力，它包括技术创新、产业创新和企业家活动的实现。在新经济地理学中，与 MAR 外部性关注同一产业内企业之间的技术创新与知识溢出不同，Jacobs 外部性更多关注产业间的技术创新与知识溢出，因而产业多样性更能促进 Jacobs 外部性的产生。首先，在具有产业多样性特征的区域内，众多产业的劳动者在交流中可以形成新的观点，这种新的观点往往会转化成为新技术、新产品和新生产过程。与此同时，区域产业多样性的发展，势必会产生区际产业结构的趋同化现象，区际贸易中呈现产业内贸易，区域之间的竞争表现为区际相关产业之间的竞争，随着竞争程度的日益激烈，各个区域迫于市场压力会进行技术创新。其次，多个产业的发展不仅会给各个产业带来服务和生产技术效率的提高，还会产生产业融合，形成新的产业。这些产业很多都是极具生命力和竞争力的朝阳产业，很多地区产业结构的优化升级有赖于这种新产业的产生和发展。多种制造业发展良好的地区，往往需要生产性服务业为其配套，这些生产性服务业在满足地方需求之余，也会对周边地区产生吸引力，从而增大了地区的要素配置能力，为促进地区经济发展提供推动力。

另外，从理论上讲，区域经济多样性有利于企业家精神的自助培育和企业家活动的产生。由我国经济发展区域特征就可以清楚地知道，企业家精神丰富、企业家活动活跃的地区，经济发展水平往往较高。其原因在于多样性区域经济环境中，各种思想相互交流、碰撞，很容易产生新的观点。同时，多样性的经济环境不仅为企业家提供了包括制度创新、政策扶持、资本获取、技术支持和市场扩张等在内的发展机会，也塑造了公平、竞争的经济环境，最大限度激发企业家主观能动性。

五、培育经济增长极

增长极理论（Growth-pole Theory）认为，一个国家或地区在现实上是不可能实施平衡发展战略的，经济增长通常是从一个或数个增长中心逐步向其他部门或地区传导，政府应通过倾斜投资政策有意识地培养某个产业（支配企业）或城市（地区）作为经济增长极（economic growth pole），带动相关产业和地区经济的整体发展。① 从本质上讲，增长极理论强调地区之间的不平衡发展，希望通过将稀缺性资源按照要素收益规律配置到收益较高的少数地区，以强化增长极的经济发展水平，同周围地区形成一个经济势差，进而通过市场机

① （法）弗朗索瓦·佩鲁．增长极概念［M］．经济学译丛，1988（9）．（美）赫希曼．经济发展战略［M］．北京：经济科学出版社，1991.

制的传导以带动整个区域经济的发展。这一过程又可以分为两个阶段或者两个方面：回波效应和扩散效应。在回波效应较强的阶段里，各种发展要素向增长极集聚，在实现增长极快速发展的同时导致周围地区的发展缓慢。在增长极的示范效应下，周围地区会在增长极技术、资金、人才的扩散中奋力发展。因此，如果在增长中心的区位选择、产业选择以及经济活动方面注重强化空间经济的扩散效应，既可以在较短时间内推进特定不发达地区经济增长，又能够将其经济增长的动力机制传导到周边落后地区，带动后者共同发展。

任何一种理论都有其存在的必要条件，增长极理论也是如此。佩鲁（Francois Perroux）对增长极的形成和建立的基本条件概括为三条：一是具有创新能力的企业和企业家。不同部门、行业或地区经济增长速度不同的原因在于某些推进型产业（主导产业）或有创新能力的企业（企业家的创新是发展进程的主要动因）在一些地区或城市的集聚和优先发展，从而形成恰似“磁场极”的多功能的经济活动中心，亦即增长极。因此企业家及企业的创新是推动增长极形成的动因。二是规模经济效益。经济增长极内大量创新型企业集聚，不仅促进了区域经济的自身发展，日益产生“极化”趋向，并且在发展过程中产生的技术和创新的扩散，资本的集中和输出，规模经济效应和集聚经济效应（城市化趋势），进一步推动着其他地区的发展从而形成经济区域和经济网络。佩鲁（Francois Perroux）这里强调的是增长极扩散作用所带来集聚经济效益，而不是传统意义上的企业内部的规模经济。三是良好的投资环境和生产环境。良好的投资环境和生产环境是资本增值的基础性保证。资本运行的价值追求就是增值，就是利润的最大化，投资主体到异国他乡投资，其根本目的就是为了获得资本的升值和预期的经济利益。因此，投资者不仅关心引资方的自然资源、交通通信等基础性的硬环境，更为关注引资方的政治稳定、政策法律、政府的办事效率等投资的软环境。

在经济增长极的培育过程中，根据地区经济的发展基础与发展条件，因地制宜地促进特色优势产业发展。按照作用和功能的不同，对不同区域予以明确的定位，以建立多层次的区域增长极网络体系。促进增长极的经济扩张，以此实现区域内经济效益增加的“金融性外部经济”，强化乘数效应和加速效应。更要重视经济增长极对区域经济带动作用的发挥，增强增长极的扩散效应，带动区域内技术模仿和创新，提高区域生产效率。改善市场环境，促进竞争，强化市场机制和政策扶持的结合力度，促使增长极与外围地区之间极化效应与扩散效应的平衡，优化生产要素的配置状态，促进区域经济整体发展。

六、转变地方政府职能

政府在区域经济中的作用是在凯恩斯主义出现后才被理论界所承认。一般认为，政府在发动、支持与促进经济发展过程中的主要任务包括提供发展的制度环境、提供公共产品、处理外部性等方面。许多国家政府干预区域经济的实践证明，在区域经济发展过程中，中央政府和地方政府的作用不尽一致。中央政府需要从全国整体发展的全局角度来考虑其对各个区域的影响，其干预区域经济的重点在于促进区域经济发展以及区域经济关系的协调，为了实现地域之间的平等，各个国家均倾向于采用重新分布更多的资源到落后和边远地区以促进地域空间上的均衡发展，这一措施有时被解释为“空间凯恩斯主义”（Martin，Sunley，1997）。地方政府则不同，地方政府主要考虑辖区内经济发展水平和人民生活水平的提高。

地方政府的作用主要有以下五个方面：一是在人力资源开发方面，制定良好的地方教育政策；人力资源开发政策应与经济发展相一致，相互补充。二是在企业发展方面，为私人部门创造就业机会提供资金支持和财政承诺；以区域内主导产业为主建立竞争优势；设立可量化的目标以监测其进展；促进区域市场而非地方市场的发育；努力促进关键产业的增长，繁荣区域经济，改善所有产业与地区的总体经济环境；集中力量于战略目标而不是分散资源。三是在经济环境方面，营造一个财政稳定的经济环境，承认政府对市场条件的影响是有限的。四是在社区改造方面，投资于地区经济以促进经济活动。五是在基础设施方面，区域基础设施投资是地方政府为经济增长做出持久贡献的主要机会。通过地方政府职能转变，加强地方政府在上述五个职能的作用，有助于推动这一地区自我发展能力的形成。

七、扩大对外开放

（一）加强区域合作

各个地区发展条件和特点差异很大，客观上要求区域间合作，实现资源的合理配置。通过建立地区之间友好关系来减弱自然资源和生产要素的区域不平衡分布对社会经济发展的影响。长期以来，推动区域合作都被中央政府视为克服在资源配置过程中存在的“政府失灵”和“市场失效”的重要措施。放弃“大而全”、“小而全”的思想，通过区域经济合作加强区域内外的经济联系，促进资本、技术、人才、信息等发展要素的流通，以资源整合实现集聚效应和规模经济，提高区域劳动生产率，增加资本积累，推动区域经济发展。

（二）扩大对外贸易

亚当·斯密认为："正如交换能力引起劳动分工，分工程度必然受到交换能力大小即市场范围的制约。如果市场太小，就没有谁完全投身于一种专门的职业。因为在这种情况下，他们不能用自己消费不完的剩余劳动产品来随意换得需要的别人的劳动产品。"① 也就是说，随着地域分工的加深，区际贸易必然日益频繁。区际贸易的加强即市场范围的扩展，是分工发展的必要条件。

由劳动分工所带来的经济利益，古典经济学家已经做了不少的论述，盛洪在《分工与交易》一书中，将其归纳为直接的经济性和间接的经济性两种。直接的经济性是采用一定程度的分工和专业化的生产方式后较采用这种方式以前带来的生产效率的提高或生产资源的节约；间接的经济性是指分工和专业化的发展为生产方式的其他创新提供了条件，而对这些方式创新的采用会带来生产效率的提高或生产资源的节约。② 区际劳动分工的经济性大致表现在五个方面：一是区际劳务分工使得各地区根据本区域在自然资源、人力、资本、技术等方面的比较优势，将其生产、经营活动集中在较少的方面，这既能够较快地提高其生产的熟练程度，又能够最大限度地使各种资源得到有效合理的使用，生产更多的劳动产品，提高劳动生产率。二是可以共享社会生产条件，减少对基础设施要求的复杂性，从而节约基础设施的费用。三是可以形成较为高效率的地方劳动力市场，利于集中培训专业技术人员。四是可以共享辅助行业提供的专门服务。五是有利于专业技术的传播和扩散。③

遵循比较优势理论和出口基础理论，较少的地方化和更多的专业化，把经济贸易活动作为支撑地方和区域经济增长的途径。这种实践活动仍代表着全球背景下，在促进对经济活动地方化所面临的难以应付和持续发展的挑战方面的更为广泛的理解和行动上迈出的第一步，对地方和区域发展具有积极意义。

（三）引进外部资本

通过引进外商直接投资，加快资本形成与积累，推动地区工业化和技术创新，进而扩大对外贸易，实现国际市场开拓，增强地区的资源创生、集聚和利用能力。一种传统观点认为，引进外商直接投资会导致地区发展过度依赖外商企业而导致地区经济处于"分厂经济"的角色，从而决定这一地区在等级化的"劳动力空间分工"中的从属地位，而跨国公司提供的只不过是程式化的

---

① （英）亚当·斯密. 国富论［M］. 孙善春，李春长，译. 北京：中国华侨出版社，2010：6-7.

② 盛洪. 分工与交易［M］. 上海：上海三联书店，上海人民出版社，2006：38-45.

③ 郝寿义，安虎森. 区域经济学［M］. 北京：经济科学出版社，2004：283-285.

半技能型的工作岗位（Massey，1995）。[①] 在过去，人们用批判的眼光审视外商直接投资，认为投入地会产生“依赖性发展”，是一种建在“沙漠中的教堂”，因为这些投资与当地经济的联系性不强。如果外商企业减资或撤资，这一地区将被“架空”，几乎失去发展基础和发展能力。当然这种情况并不是子虚乌有，在一些落后地区依然存在，但是一些研究人员认为跨国公司组织形式的改变带来了不同形式的地区发展的可能性（Henderson et al.，2002）[②]，可以通过调整地区发展政策来使外资企业“植根于”本地经济。这些政策包括实现外资企业管理人才本土化、搞好配套产业发展，形成产业链条，推动产业升级等等。

跨国公司的直接投资有两种途径，一是直接投资新建企业，二是合并企业实现投资。最重要的是，进入地方和区域经济的模式在不同时期和不同地方是不相同的，但是都具有帮助投入地实现经济再造的潜能（Andy Pike et al.，2011）外商直接投资对各地区的资本形成，继而对地区经济增长、工业化进程、外向型经济发展以及地区就业和创新产生十分重要的影响（魏后凯，2002；Kueh，1992）。[③] 一般来讲，外商直接投资是资本、技术、人才、管理和营销经验的综合体。外商直接投资的进入，将通过多种直接和间接的途径促进所在区域的科技和制度创新。从直接影响看，外资企业将通过技术进出口、新产品开发以及采用新的营销和管理方法，刺激区域的创新。从间接影响来看，外资企业的科技创新和制度变革，将会通过人员流动，正式和非正式的交流，示范效应、模仿和学习等途径传递扩散到周围的企业。资本形成尤其是在资本积累初期有显著效果（陈秀山等，2007）。[④]

八、寻求政策支持与区域援助

通过本土化发展形式培育依托当地资源和资本的“土生土长”型经济，固然可以减少对外源性和外部经济的依赖，保持对地区发展的持久推动力。但

① Massey，D. Spatial Divisions of Labour：Social Structure and the Geography of Production，London：Macmillan，1995.

② Henderson，J.，Dicken，O.，Hess，M.，Coe，N. and Yeung H. W-C. Global production networks and the analysis of economic development，Review of international Political Economy，2002，9（3）：436-464.

③ 魏后凯. 外商直接投资对中国区域经济增长的影响［J］. 经济研究，2002（4）：19-26. Kueh，Y. Y.，Foreign Investment and Economic Change in China，The China Quarteerly，1992，637-681.

④ 陈秀山. 中国区域经济问题研究［M］. 北京：商务印书馆，2007，545.

这一发展战略也并不完美，其中最重要的一点就是它见效比较慢。就劳动力资源而言，开发和提供劳动力素质是一项长期的任务，并且还有可能发生由于劳动力流动性增强而导致的技能型和高资质的劳动力从落后地区流出而出现的“智力流失”现象。就资本积累而言，实现资本积累，满足“起飞”的基本条件往往需要很长时间。就企业家精神培育而言，培养地区的创新文化和精神，创建的新的企业，也通常需要几代人的努力。因此，积累能力和市场开拓能力都很弱的地区，在构建区域自我发展能力的过程中就很有必要寻求外源性资源。

九、加强生态环境保护

自然界是人类的安身立命之所，没有对自然界的保护，人类就会失去立足生存之地，也就无从谈起一个地区的自我发展。恩格斯指出：“自然和历史——这是我们在其中生存、活动并表现自己的那个环境的两个组成部分。”①人类不可能脱离自然界提供的自然环境、生活和生产资料生存下去，任何肆意掠夺自然资源、破坏生态环境的行为最终都要祸及自身。在一个地区的自我发展过程中，实施可持续发展战略，加强对生态环境的保护，实现经济、社会和生态环境之间的协调发展。

① 马克思恩格斯全集：第 39 卷［M］. 北京：人民出版社，2004：64.

第五章　西部地区自我发展能力评价分析

科学合理地设计一套评价指标体系，是客观、准确地对一个地区自我发展能力进行评价、分析和研究的基本前提。区域自我发展能力概念本身就具有内涵丰富、外延广阔、构成要素众多等特征，加之我国西部地区实现由自我发展能力驱动的内生型发展研究又涉及经济、社会、生态、文化、历史等多个社会科学领域，还要考虑西部地区的自然资源禀赋和西部地区在国家区域发展战略中的功能地位，因此西部地区自我发展能力评价是一项复杂的系统工程。在现有文献中，一部分学者利用单一指标、复合指标或者指标体系等方法尝试对西部地区（或西部地区内部的代表性地区）的自我发展能力水平进行评价分析，但是由于理论基础和研究思路的不同，指标选取随意性大，研究结论也是仁者见仁，智者见智。

笔者试图在前文理论分析的基础上，在尽量避免现有区域自我发展能力指标体系设计缺陷的前提下，努力构建一套既能反映区域发展现实情况，又不脱离理论基础的评价指标体系，对我国西部地区的自我发展能力水平进行科学合理的评价，继而通过东、中、西部三大经济地带自我发展能力水平的对比分析，探明我国西部地区当前自我发展能力水平在全国的地位，并分析西部地区自我发展能力构成要素相对应于东中部地区的强项和弱项，以利于进一步的对策分析。另外，考虑到各个省域内部各个地区自我发展水平的差异性，选取四川省的21个地级市作为代表性地区对较小尺度的地域范围自我发展能力水平进行评价分析。

第一节 区域自我发展能力评价指标体系的构建与评价方法

一、区域自我发展能力评价指标体系的设计原则

构建区域自我发展能力评价指标体系的目的，就是把某一特定地区自我发展所涉及的因素及内在关系，在不影响结论真实性的基础上进行简单化处理，以便用具有代表性评价指标获取尽可能多的信息，为科学研究和地方政府发展决策提供科学依据。我们知道，区域自我发展能力内涵丰富、覆盖面广、动态性强，而且具有显隐兼形的特点，构建区域自我发展能力评价指标体系是一项复杂的系统工程，因此在这一过程中应该从多领域、多角度综合考虑，并始终遵循和合理把握以下几个重要原则：

（一）科学性原则

所谓科学性，是指一门学科所具有的对象的客观性、规律的重复性、理论的可检验性、理论体系的逻辑严谨性、科学性与价值的统一性，这是自然科学和社会科学对科学性的广义定义。① 就构建区域自我发展能力评价指标体系而言，科学性体现在通过对区域自我发展能力客观性、规律性的重复性、理论的可检验性、理论体系逻辑结构的完整性和严谨性的认识和研究，设计出来的评价指标体系必须能准确反映区域层面自我发展能力提升的物质技术基础、内部构成特征，以及动态变化和演变趋势，能够揭示区域发展运行的主要本质特征和内在规律。对于区域自我发展能力的评价结果要经得起不同观念和意见的质疑、推敲和论证，经得起事实的检验。

（二）系统性原则

区域自我发展能力是一个由创新开发能力、要素集聚能力、资源利用能力和协调发展能力四大要素构成的复杂系统，对其构建评价指标体系应该以系统论思想为指导，注重指标体系中各个指标的有机联系，处理好部分与整体、具体行动与系统目标之间的关系，避免因指标体系的简单组合、缺乏系统性等错误所导致的评价失真。

（三）客观性原则

所谓客观性，是指所建立的区域自我发展能力评价指标体系，应该尽可能

---

① 李建平，李闽榕，高燕京，等. 中国省域经济综合竞争力发展报告（2005—2006）［M］. 北京：社会科学文献出版社，2007：1538.

与区域自我发展能力的内涵和结构保持一致。进入指标体系和数学模型的各种数据，要尽可能使用直接数据，少用经过间接量化、含有主观判断因素的间接数据，如问卷调查和合成数据等等，力求反映地区自我发展的真实情况。

（四）完备性

区域自我发展能力不仅构成要素众多，而且影响因素之间的关系也错综复杂。在设计区域自我发展能力的评价指标体系时，应该系统地、全面地考虑各种影响因素和构成要素，尽可能完整地、全面地反映和度量区域自我发展能力的真实水平。

（五）可操作性

在区域自我发展能力评价指标体系的构建过程中，可操作性体现在数据的获取与指标体系的简化两个方面。出于数据的可获得性和真实性考虑，评价指标的选取应该建立在统计资料的完备性调查的基础之上，尽量选取有数据支持的指标，无数据支持的指标可以在确保替代指标科学性和客观性的基础上用相关指标替代，如果确实无数据可得，即使是合理的指标也无法真正进入到评价程序中，因此只能舍弃。另外，尽量利用国家统计部门现有公开的数据资料，比如国家统计年鉴和各类专业年鉴等。

（六）动态性原则

区域自我发展能力的形成是一个动态积累的过程，而且它对区域社会经济发展的影响也具有滞后性。因此，评价指标体系中既要有测度区域自我发展成果的现实指标，又要有反映区域自我发展过程的过程指标，也要包含反映区域自我发展潜能的未来指标，将三种类型的指标有机结合起来综合反映区域创新能力现状和未来趋势。

（七）可比性原则

所谓可比性，是指所要建立的区域自我发展能力评价指标体系，必须能够对全国不同地区的自我发展能力状况进行客观评价和相互比较。因为，一个地区的自我发展能力只同自己的过去相比，只从过去和现在来预测未来发展趋势是不完全的，只能从与其他地区的比较当中，才能得到全面正确的体现。因此，需要明确测评指标的涵义、统计口径、时间、使用范围等，确保测评结果能够进行横向比较和纵向比较，以便了解和把握不同区域创新能力的实际水平和变化趋势。在测评时，测评指标尽量采用相对指标。

科学性、系统性、客观性、完备性、可操作性、动态性和可比性等原则是建立区域自我发展能力评价指标体系的重要保证，也是正确、有效地进行区域自我发展能力分析和研究的重要保证，因此必须在评价指标体系的设计过程中始终坚持和落实。与此同时，上述七个原则是一个相互联系、相互作用的有机整体，必须全面坚持和把握。只要这些原则都能真正坚持和落实了，区域自我发展能力指标体系就会比较顺利和完善地建立起来。

二、区域自我发展能力评价指标体系的总体框架

根据区域自我发展能力的构成特点与构成要素，按照科学性、系统性、客观性、完备性、可操作性、动态性和可比性等原则，系统考虑了与区域自我发展能力的形成或者能力水平体现有关的、涉及生态、经济、社会、政治和文化等多个领域的“直接性”要素和“间接性”要素、“显性要素”和“隐性要素”、“现实性”要素和“潜在性”要素，在借鉴已有关于区域自我发展能力测度与评价研究成果的基础上，建立了一套由四级指标构成的区域自我发展能力评价指标体系。

（一）一级指标的选定

拟设定评价指标体系的一级指标1个，也就是总指标或目标性指标。这是衡量一个地区自我发展能力的综合性指标，也是用来衡量评价一个地区自我发展能力水平高低的最终目标。一级指标是区域自我发展能力评价指标体系的总结，它能够综合表达一个地区的自我发展能力的基本状况，但需要由代表着事关区域自我发展能力的各种具体因素的更加细分的指标来支撑。

（二）二级指标的选定

在理论分析部分我们已经提到，一个地区的自我发展能力表现在4个方面，即对各种类型资源的创造能力、对区域内外各种资源的集聚能力和利用能力，以及在区域发展过程中对发展内容的协调能力。为了评价一个地区的自我发展能力水平，我们在这里就需要从上面4个方面设置二级指标，构成区域自我发展能力评价指标体系的主要方面和主体框架。

（三）三级指标的选定

鉴于二级指标过于宽泛，为细致地进行评价和分析，依据前文所进行的理论分析，分别在创新开发能力指标下设立理论研究、专利申请、产品开发和市场开拓等4个三级指标；在要素集聚能力指标下设立人口集聚度、技术集聚度、资本集聚度、资源集聚度和经济集聚度等5个三级指标；在资源利用能力指标下设效率水平和产出水平等2个三级指标；在协调发展能力指标下设经济管理、环境保护和社会管理等3个三级指标。这一指标评价体系共14个三级指标。

（四）四级指标的选定

基于分析目的，在本书的区域自我发展能力评价指标体系中，三级指标仍

然是一个处于承上启下地位的综合性指标，而不是基础性指标，每个三级指标下仍然需要设立一组能够充分反映和代表其性质和作用的基础性指标来支撑。这些基础性指标就是四级指标，它们的选取是否科学合理，直接决定着本书评价研究结果的准确性和可信度。

区域自我发展能力评价指标体系一共包括76个基础性指标，分别从属于14个三级指标，4个二级指标，1个总指标。在这些基础性指标中，既有数量指标，也有比率指标；既有总量指标，也有均值指标；既有正向指标，也有逆向指标。具体情况如表5.1所示。

表5.1　　区域自我发展能力评价指标体系

<table>
<tr><th>一级指标（1个）</th><th>二级指标（4个）</th><th>三级指标（14个）</th><th>四级指标（76个）</th><th>单位</th><th>性质</th></tr>
<tr><td rowspan="33">区域自我发展能力</td><td rowspan="26">创新开发能力</td><td rowspan="10">专利申请</td><td>规模以上工业企业专利申请数</td><td>件</td><td>正指标</td></tr>
<tr><td>规模以上工业企业有效发明专利数</td><td>件</td><td>正指标</td></tr>
<tr><td>国内三种专利申请受理数</td><td>件</td><td>正指标</td></tr>
<tr><td>国内三种专利授申请授权数</td><td>件</td><td>正指标</td></tr>
<tr><td>国内三种发明专利授申请受理数</td><td>件</td><td>正指标</td></tr>
<tr><td>国内三种实用新型专利授申请受理数</td><td>件</td><td>正指标</td></tr>
<tr><td>国内三种外观设计专利授申请受理数</td><td>件</td><td>正指标</td></tr>
<tr><td>国内三种发明专利授申请授权数</td><td>件</td><td>正指标</td></tr>
<tr><td>国内三种实用新型专利授申请授权数</td><td>件</td><td>正指标</td></tr>
<tr><td>国内三种外观设计专利授申请授权数</td><td>件</td><td>正指标</td></tr>
<tr><td rowspan="5">产品开发</td><td>规模以上工业企业新产品项目数</td><td>个</td><td>正指标</td></tr>
<tr><td>规模以上工业企业新产品产值</td><td>万元</td><td>正指标</td></tr>
<tr><td>高新技术产业新产品项目数</td><td>个</td><td>正指标</td></tr>
<tr><td>高新技术产业新产品产值</td><td>万元</td><td>正指标</td></tr>
<tr><td>农业植物新品种授权数</td><td>个</td><td>正指标</td></tr>
<tr><td rowspan="2">市场开拓</td><td>商标有效注册量</td><td>件</td><td>正指标</td></tr>
<tr><td>出口额</td><td>万美元</td><td>正指标</td></tr>
<tr><td rowspan="5">理论研究</td><td>地方部门属研究与开发机构发表科技论文数</td><td>篇</td><td>正指标</td></tr>
<tr><td>地方部门数研究与开发机构出版科技著作数</td><td>本</td><td>正指标</td></tr>
<tr><td>高等学校发表科技论文数</td><td>篇</td><td>正指标</td></tr>
<tr><td>高等学校出版科技著作数</td><td>本</td><td>正指标</td></tr>
<tr><td>SCI论文数</td><td>篇</td><td>正指标</td></tr>
<tr><td rowspan="7">要素集聚能力</td><td>人口集聚度</td><td>城市人口密度</td><td>人/平方千米</td><td>正指标</td></tr>
<tr><td rowspan="6">技术集聚度</td><td>技术市场技术流入合同数全国占比</td><td>%</td><td>正指标</td></tr>
<tr><td>技术市场技术开发合同数全国占比</td><td>%</td><td>正指标</td></tr>
<tr><td>技术市场技术转让合同数全国占比</td><td>%</td><td>正指标</td></tr>
<tr><td>技术市场技术咨询合同数全国占比</td><td>%</td><td>正指标</td></tr>
<tr><td>技术市场技术服务合同数全国占比</td><td>%</td><td>正指标</td></tr>
<tr><td>国外技术引进合同数全国占比</td><td>%</td><td>正指标</td></tr>
</table>

表5.1(续)

一级指标（1个）	二级指标（4个）	三级指标（14个）	四级指标（76个）	单位	性质
区域自我发展能力	要素集聚能力	资本集聚度	外商直接投资总额全国占比	%	正指标
			国际旅游收入总额全国占比	%	正指标
			地区税收总额全国占比	%	正指标
			全社会固定资产投资总额全国占比	%	正指标
			资本形成总额全国占比	%	正指标
			路网密度	千米/平方千米	正指标
			医疗卫生机构床位数全国占比	%	正指标
			农业机械总动力全国占比	%	正指标
			规模以上工业企业资产总额全国占比	%	正指标
		资源集聚度	水资源总量全国占比	%	正指标
			森林储量全国占比	%	正指标
			矿产资源总量全国占比	%	正指标
			能源总量全国占比	%	正指标
			农用地面积全国占比	%	正指标
		经济集聚度	经济密度	亿元/平方千米	正指标
	资源利用能力	效率水平	劳动生产率	万元/人	正指标
			第一产业劳动生产率	万元/人	正指标
			第二产业劳动生产率	万元/人	正指标
			第三产业劳动生产率	万元/人	正指标
			规模以上工业企业总资产贡献率	%	正指标
			万元 GDP 能耗	吨标准煤/万元	逆指标
		产出水平	地区生产总值	万元	正指标
			第一产业生产总值	万元	正指标
			第二产业生产总值	万元	正指标
			第三产业生产总值	万元	正指标
	协调发展能力	经济管理	财政自给率	–	正指标
			产业结构优化程度	–	正指标
			市场化程度	–	正指标
			经济增长质量	–	正指标
		环境保护	生活垃圾无害化处理率	%	正指标
			森林覆盖率	%	正指标
			突发环境事件次数	次	逆指标
			废水排放总量	万吨	逆指标
			废气排放总量	万吨	逆指标
		社会管理	基尼系数	–	逆指标
			城乡收入比	–	逆指标
			失业率	%	逆指标
			城镇职工基本养老保险覆盖率	%	正指标
			城镇基本医疗保险覆盖率	%	正指标
			新型农村社会养老保险覆盖率	%	正指标
			新型农村合作医疗覆盖率	%	正指标

表5.1(续)

一级指标（1个）	二级指标（4个）	三级指标（14个）	四级指标（76个）	单位	性质
区域自我发展能力	协调发展能力	社会管理	失业保险覆盖率	%	正指标
			生育保险覆盖率	%	正指标
			城镇居民最低生活保障人口占比	%	逆指标
			农村居民最低生活保障人口占比	%	逆指标
			人口预期寿命	%	正指标
			义务教育普及率	%	正指标

三、区域自我发展能力评价指标的选择说明与解释

（一）创新开发能力

依据创新开发能力的基本内涵，我们知道一个地区的创新开发能力不仅包括其在技术创新和产品开发方面的能力，还包括这一地区在市场拓展以及基础理论研究方面的推进能力，因此我们在创新开发能力这一二级指标下面设立专利申请、产品开发、市场开拓和理论研究等4个三级指标。

对于上述4个三级指标，我们采用规模以上工业企业专利申请数、规模以上工业企业有效发明专利数、国内三种专利申请受理数、国内三种专利授权数、国内三种发明专利申请数、国内三种实用新型专利申请数、国内三种外观设计专利申请数、国内三种发明专利授权数、国内三种实用新型专利授权数和国内三种外观设计专利授权数10个基础性指标来表示一个地区在专利发明方面的能力；利用规模以上工业企业新产品项目数、规模以上工业企业新产品产值、高新技术产业新产品项目数、高新技术新产品产值和农业植物新品种授权数5个基础性指标来表示一个地区在产品开发方面的能力；利用商标有效注册量和出口额两个基础性指标表示一个地区的市场开拓能力；利用一个地区的地方部门属研究与开发机构发表科技论文数、地方部门属研究与开发机构出版科技著作数、高等学校发表科技论文数、高等学校出版科技著作数和SCI论文发表数量5个基础性指标来表示这一地区的理论研究进展能力。

1. 国内三种专利申请受理数。直接引用统计数据。

一个地区的专利权拥有数量能够反映该地区拥有自主知识产权的科技和设计成果情况。三种专利分别指发明专利、实用新型专利和外观设计专利，其中发明专利指对产品、方法或者其改进所提出的新的技术方案，它是国际通行的反映拥有自主知识产权技术的核心指标；实用新型专利指对产品的形状、构造或者其结合所提出的适于实用的新的技术方案，其反映具有一定技术含量的技

术成果情况；外观设计专利指对产品的形状、图案、色彩或者其结合所做出的富有美感并适于工业上应用的新设计，反映拥有自主知识产权的外观设计成果情况。

2. 国内三种专利授权数。直接引用统计数据。

3. 规模以上工业企业专利申请数。直接引用统计数据。

4. 规模以上工业企业有效发明专利数。直接引用统计数据。

5. 国内三种发明专利申请数。直接引用统计数据。

6. 国内三种实用新型专利申请数。直接引用统计数据。

7. 国内三种外观设计专利申请数。直接引用统计数据。

8. 国内三种发明专利授权数。直接引用统计数据。

9. 国内三种实用新型专利授权数。直接引用统计数据。

10. 国内三种外观设计专利授权数。直接引用统计数据。

11. 规模以上工业企业新产品项目数。直接引用统计数据。

12. 规模以上工业企业新产品产值。直接引用统计数据。

13. 高新技术产业新产品项目数。直接引用统计数据。

14. 高新技术产业新产品产值。直接引用统计数据。

15. 农业植物新品种授权数。直接引用统计数据。

16. 商标有效注册量。直接引用统计数据。

17. 出口额。直接引用统计数据。

18. 地方部门属研究与开发机构发表科技论文数。直接引用统计数据。

19. 地方部门属研究与开发机构出版科技著作数。直接引用统计数据。

20. 高等学校发表科技论文数。直接引用统计数据。

21. 高等学校出版科技著作数。直接引用统计数据。

22. SCI 论文发表数量。直接引用统计数据。

（二）要素集聚能力

依据要素集聚能力的基本内涵，我们知道一个地区的发展是多种发展要素共同作用的综合结果，这些发展要素包括人口、资本、资源、技术等，因此衡量一个地区对发展要素的集聚能力需要从这一地区对人口、技术、资源和资本等发展要素的聚集程度入手，同时这一地区的经济集聚度可以在一个总体产出层面代表着它的要素集聚能力，因此我们在要素集聚能力这一二级指标下面设立人口集聚度、技术集聚度、资源集聚度、资本集聚度和经济集聚度 5 个三级指标。

对于上述 5 个三级指标，我们采用城市人口密度来表示一个地区对人口的集聚能力；利用技术市场技术流入合同数全国占比、技术市场技术开发合同数全国占比、技术市场技术转让合同数全国占比、技术市场技术咨询合同数全国占比、技术市场技术服务合同数全国占比和国外技术引进合同数全国占比6个细分指标来表示一个地区对技术要素的集聚能力；利用外商投资总额全国占比、国际旅游收入全国占比、税收收入全国占比、全社会固定资产投资总额全国占比、资本形成总额全国占比、规模以上工业企业资产总额全国占比、路网密度、医疗卫生机构床位数全国占比和农业机械总动力全国占比9个基础性指标表示一个地区的资本要素集聚能力；利用水资源总量全国占比、森林储量全国占比、矿产资源总量全国占比、能源总量全国占比和农用地全国占比5个基础性指标来表示这一地区在资源要素方面的集聚能力；利用经济密度这一基础性指标来描述一个地区的经济发展要素集聚的综合能力。

1. 城市人口密度。直接引用统计数据。

2. 技术市场技术流入合同数全国占比

计算公式为：技术市场技术流入合同数全国占比=地区技术市场技术流入合同数/全国技术市场技术流入合同数×100%

3. 技术市场技术开发合同数全国占比

计算公式为：技术市场技术开发合同数全国占比=地区技术市场技术开发合同数/全国技术市场技术开发合同数×100%

4. 技术市场技术转让合同数全国占比

计算公式为：技术市场技术转让合同数全国占比=地区技术市场技术转让合同数/全国技术市场技术转让合同数×100%

5. 技术市场技术咨询合同数全国占比

计算公式为：技术市场技术咨询合同数全国占比=地区技术市场技术咨询合同数/全国技术市场技术咨询合同数×100%

6. 技术市场技术服务合同数全国占比

计算公式为：技术市场技术服务合同数全国占比=地区技术市场技术服务合同数/全国技术市场技术服务合同数×100%

7. 国外技术引进合同数全国占比

计算公式为：国外技术引进合同数全国占比=地区国外技术引进合同数/全国国外技术引进合同数×100%

8. 外商投资总额全国占比

外商直接投资是指外国投资者在我国境内通过设立外商投资企业、合伙企业、与中方投资者共同进行石油资源的合作勘探开发以及设立外国公司分支机构等方式进行投资。外国投资者可以用现金、实物、无形资产、股权等投资，还可以用从外商投资企业获得的利润进行再投资。

计算公式为：外商投资总额全国占比=地区外商直接投资实际额/全国外商直接投资实际总额×100%

9. 国际旅游收入全国占比

计算公式为：国际旅游收入全国占比=地区国际旅游收入额/全国国际旅游收入额×100%

10. 税收收入全国占比

计算公式为：税收收入全国占比=地区税收收入额/全国税收收入额×100%

11. 全社会固定资产投资总额全国占比

全社会固定资产投资是以货币形式表现的，在一定时期内全社会建造和购置固定资产的工作量以及与此有关的费用的总称。该指标是反映固定资产投资规模、结构和发展速度的综合性指标，又是观察工程进度和考核投资效果的重要依据。

计算公式为：全社会固定资产投资总额全国占比=地区全社会固定资产投资总额/全国全社会固定资产投资总额×100%

12. 资本形成总额全国占比

固定资本形成总额是指常住单位在一定时期内获得的固定资产减处置的固定资产的价值总额。固定资产是通过生产活动生产出来的，且其使用年限在一年以上、单位价值在规定标准以上的资产，不包括自然资产。可分为有形固定资本形成总额和无形固定资本形成总额。有形固定资本形成总额包括一定时期内完成的建筑工程、安装工程和设备工器具购置（减处置）价值，以及土地改良、新增役、种、奶、毛、娱乐用牲畜和新增经济林木价值。无形固定资本形成总额包括矿藏的勘探、计算机软件等获得减处置。

计算公式为：资本形成总额全国占比=地区资本形成总额/全国资本形成总额×100%

13. 规模以上工业企业资产总额全国占比

计算公式为：规模以上工业企业资产总额全国占比=地区规模以上工业企业资产总额/全国规模以上工业企业资产总额×100%

14. 路网密度

这里的交通运输线路包括地区内铁路、内河航道和公路，路网密度是指单位国土面积内的这些交通运输线路长度。这一指标表示地区交通的通达性。

计算公式为：路网密度=地区铁路营业里程+地区内河航道里程+地区公路里程/地区辖区面积

15. 医疗卫生机构床位数全国占比

计算公式为：医疗卫生机构床位数全国占比=地区医疗卫生机构床位数/全国医疗卫生机构床位数×100%

16. 农业机械总动力全国占比

农业机械总动力是指全部农业机械动力的额定功率之和，在这里代表农业产业资本的实现状况。

计算公式为：农业机械总动力全国占比=地区农业机械总动力/全国农业机械总动力×100%

17. 水资源总量全国占比

水资源总量是指当地降水形成的地表和地下产水总量，即地表径流量与降水入渗补给量之和。

计算公式为：水资源总量全国占比=地区水资源总量/全国水资源总量×100%

18. 森林储量全国占比

森林蓄积量是指一定森林面积上存在着的林木树干部分的总材积。

计算公式为：森林储量全国占比=地区森林储量/全国森林储量×100%

19. 矿产资源总量全国占比

矿产资源是指由地质作用形成的，具有利用价值的，呈固态、液态、气态的自然资源，是社会生产发展的重要物质基础。在这里所说的矿产资源是指金属矿产（如铁矿、锰矿、铜矿、铅矿、铝土矿）和非金属矿产（如金刚石、石灰岩、黏土）。基础储量是查明矿产资源的一部分，它能满足现行采矿和生产所需的指标要求，是控制的、探明的并通过可行性或预可行性研究认为属于经济的、边界经济的部分，用未扣除设计、采矿损失的数量表示。

计算公式为：矿产资源总量全国占比=地区矿产资源总量/全国矿产资源总量×100%

20. 能源总量全国占比

这里的能源总量指石油、天然气和煤炭储备量，分别采用1.4286千克标准煤/千克，1.2143千克标准煤/立方米，0.7143千克标准煤/千克的换算系数折合成标准煤的总量。

计算公式为：能源总量全国占比=地区能源总量/全国能源总量×100%

21. 农用地面积全国占比

计算公式为：农用地全国占比=地区农用地面积/全国农用地面积×100%

22. 经济密度

经济密度是指区域国民生产总值与区域面积之比，表示单位面积土地上经济效益的水平，一般以每平方千米土地的产值来表示。

计算公式为：经济密度=地区国内生产总值/地区辖区面积

（三）资源利用能力

依据资源利用能力的基本内涵，我们知道一个地区的资源利用表现在效率水平和产出水平两个方面，这里的效率水平不仅指生产效率，也指资本和资源的利用效率，因此我们在资源利用能力这一二级指标下面设立效率水平和产出水平两个三级指标。

对于效率水平和产出水平指标，我们采用劳动生产率、第一产业劳动生产率、第二产业劳动生产率、第三产业劳动生产率、规模以上工业企业总资产贡献率和万元 GDP 能耗 6 个基础性指标来表示一个地区在产品生产过程中的效率实现能力；利用地区生产总值、第一产业生产总值、第二产业总产值和第三产业总产值 4 个基础性指标来表示一个地区的产出能力。

1. 劳动生产率

劳动生产率是指劳动者在一定时期内创造的劳动成果与其相适应的劳动消耗量的比值。劳动生产率水平可以用同一劳动在单位时间内生产某种产品的数量来表示，单位时间内生产的产品数量越多，劳动生产率就越高；也可以用生产单位产品所耗费的劳动时间来表示，生产单位产品所需要的劳动时间越少，劳动生产率就越高。

计算公式为：劳动生产率=地区规模以上工业总产值/全部从业人员平均人数

2. 第一产业劳动生产率

计算公式为：第一产业劳动生产率=地区第一产业生产总值/地区第一产业就业人数

3. 第二产业劳动生产率

计算公式为：第二产业劳动生产率=地区第二产业/地区生产总值第二产业就业人数

4. 第三产业劳动生产率

计算公式为：第三产业劳动生产率=地区第三产业生产总值/地区第三产业就业人数

5. 规模以上工业企业总资产贡献率。直接引用统计数据。

6. 万元 GDP 能耗。直接引用统计数据。

7. 地区生产总值。直接引用统计数据。

8. 第一产业生产总值。直接引用统计数据。

9. 第二产业总产值。直接引用统计数据。

10. 第三产业总产值。直接引用统计数据。

（四）协调发展能力

依据协调发展能力的基本内涵，我们知道一个地区的协调发展不仅包括经济发展与环境保护之间的相互关系，还包括社会和谐，因此我们从经济管理、环境保护和社会管理三个方面衡量一个地区的协调发展能力。

对于经济管理、环境保护和社会管理 3 个三级指标，我们采用财政自给率、地区产业结构优化程度、市场化程度和经济增长质量 4 个基础性指标来表示一个地区对经济发展的管理与调控能力；利用生活垃圾无害化处理率、森林覆盖率、突发环境事件次数、废气排放总量和废水排放总量 5 个基础性指标来表示一个地区的自然环境保护与生态建设能力；利用基尼系数、城乡收入对比、失业率、城镇职工基本养老保险覆盖率、城镇基本医疗保险覆盖率、新型农村社会养老保险覆盖率、新型农村合作医疗覆盖率、生育保险覆盖率、失业保险覆盖率、城镇居民最低生活保障人口占比、农村居民最低生活保障人口占比、人口预期寿命和义务教育普及率 13 个基础性指标来表示一个地区在社会发展方面的管理与调控能力。

1. 财政自给率

财政自给率在一定程度上可以代表一个地区的财政支出能力。

计算公式为：财政自给率＝地区财政一般预算收入额/地区财政一般预算支出额

2. 地区产业结构优化程度

计算公式为：地区产业结构优化程度＝地区第二、三产业就业人员总数/地区就业人员总数×100%

3. 市场化程度

计算公式为：市场化程度＝地区私营经济生产总值/地区生产总值×100%

4. 经济增长质量。引用相关文献数据。①

5. 生活垃圾无害化处理率。直接引用统计数据。

6. 森林覆盖率。直接引用统计数据。

7. 突发环境事件次数。直接引用统计数据。

8. 废气排放总量。直接引用统计数据。

9. 废水排放总量。直接引用统计数据。

---

① 钞小静，任保平. 中国经济增长质量的时序变化与地区差异分析［J］. 经济研究，2011（4）：26-40.

10. 基尼系数。引用相关文献数据。①

11. 城乡收入对比

计算公式为：地区城乡收入比=地区城镇可支配收入/地区农村纯收入

12. 失业率。直接引用统计数据。

13. 城镇职工基本养老保险覆盖率

计算公式为：地区城镇职工基本养老保险覆盖率=地区参加城镇职工基本养老保险人数/地区城镇人口总数×100%

14. 地区城镇基本医疗保险覆盖率

计算公式为：地区城镇基本医疗保险覆盖率=地区城镇基本医疗保险人数/地区城镇人口总数×100%

15. 新型农村社会养老保险覆盖率

计算公式为：地区新型农村社会养老保险覆盖率=地区参加新型农村社会养老保险人数/地区农村人口总数×100%

16. 新型农村合作医疗覆盖率

计算公式为：新型农村合作医疗覆盖率=地区参加新型农村合作医疗人数/城镇居民最低生活保障人口占比

17. 生育保险覆盖率

计算公式为：地区生育保险参保人数/地区女性人数×100%

18. 地区失业保险覆盖率

计算公式为：地区失业保险覆盖率=地区参加失业保险人数/地区城镇人口总数×100%

19. 城镇居民最低生活保障人口占比

计算公式为：城镇居民最低生活保障人口占比=地区城镇居民最低生活保障人数/地区城镇人口总数×100%

20. 农村居民最低生活保障人口占比

计算公式为：农村居民最低生活保障人口占比=农村居民最低生活保障人数/地区农村人口总数×100%

21. 人口预期寿命。直接引用统计数据。

22. 义务教育普及率。直接引用统计数据。

---

① 彭定赟. 中国区域基尼系数的测算及其非参数模型研究［J］. 中南财经政法大学学报，2012（5）：9-14.

四、区域自我发展能力的评价方法

在区域经济研究过程中，常常需要用多个变量对多个地区进行综合评价，如区域经济发展水平、区域经济综合竞争力、地区经济发展潜力、地区投资环境和城市综合影响力，等等。这些综合评价指标的共同特点就是将多个相关指标合成一个综合指标，以反映某一方面的综合水平。要完成这项工作，一般要经过一下五项步骤：

第一，选取指标；

第二，对指标进行无量纲化处理；

第三，对指标进行简化或归类处理；

第四，确定权重；

第五，计算综合评价值。

各种不同的定量方法对综合评价指标的合成主要体现在指标简化、权重确定和计算综合评价值的过程中，这些方法常用特尔斐法、层次分析法、主成分分析法和因子分析法。特尔斐法和层次分析法评价结果的可靠性主要依赖于建模人所建立的概念模型的实际情况和打分人的专业水准。而主成分分析法和因子分析法评价结果的可靠性主要依赖于分析过程和结果的可解释性以及主成分或公因子的方差贡献率。下面我们主要介绍本文在研究中用到的因子分析法。

（一）因子分析法①

因子分析法是一种常用的多元分析方法，其基本思想是通过研究众多变量之间的内部依赖关系，寻求这些数据的基本结构，并用少数几个被称为公因子的不可观察变量，来表示基本数据结构。这些公因子能够反映原来众多变量所代表的主要信息，从而有利于达到简化数据结构，方便研究的目的。

在区域经济学研究中，描述某一地区综合特征的统计指标往往很多，但这些指标之间常常具有很强的相关性，使研究工作复杂化。运用因子分析，可以从反映综合特征的众多变量中，提取几个主要的公因子，每个公因子代表一种重要影响，抓住这些公因子，既可以使我们能够分析出不可观测的主要影响因素，而且可以简化数据结构，确定综合评价数学模型的权重，从而计算出综合评价值。

1. 因子分析模型与因子载荷矩阵

假定有 n 个区域，有 p 个指标反映某一综合区域特征，表示为矩阵：

---

① 侯景新，尹卫红. 区域经济分析方法［M］. 北京：商务印书馆，2004：134-140.

$$
\begin{matrix}
x_{11} & x_{11} & \cdots & x_{1j} & \cdots & x_{1p} \\
x_{21} & x_{21} & \cdots & x_{2j} & \cdots & x_{2p} \\
\cdots & \cdots & \cdots & \cdots & \cdots & \cdots \\
x_{i1} & x_{i1} & \cdots & x_{ij} & \cdots & x_{ip} \\
\cdots & \cdots & \cdots & \cdots & \cdots & \cdots \\
x_{n1} & x_{n1} & \cdots & x_{nj} & \cdots & x_{np}
\end{matrix}
$$

其中，指标：x_1，$x_2 \cdots x_j \cdots x_p$；样本：1，2…i…n。

这 p 个指标反映了 n 个区域的差异。那么能否从这 p 个指标中提取出 $m(m < p)$ 个公因子，使这 m 个公因子仍能保持原来 p 个指标所反映的区域差异？

先对原始变量进行标准化处理，形成以下模型：

$$
\begin{aligned}
x_1 &= a_{11}F_1 + a_{12}F_2 + \cdots + a_{1p}p_p + \varepsilon_1 \\
x_2 &= a_{21}F_1 + a_{22}F_2 + \cdots + a_{2p}p_p + \varepsilon_2 \\
&\cdots \quad \cdots \quad \cdots \quad \cdots \\
x_p &= a_{p1}x_1 + a_{p2}x_2 + \cdots + a_{pp}F_p + \varepsilon_p
\end{aligned}
$$

上述模型被称为因子模型。

在上述因子模型中，x 为标准化后的新变量，$x = (x_1, x_2, \cdots, x_p)'$

F 为公因子，是相互独立的不可观察的理论变量，$F = (F_1, F_2, \cdots, F_m)'$

由公因子的系数组成的矩阵 A 为因子载荷矩阵，矩阵 A 中的元素 a_{ij} 为因子载荷。

$$
A = \begin{bmatrix}
a_{11} & a_{12} & \cdots & a_{1m} \\
a_{21} & a_{22} & \cdots & a_{2m} \\
\cdots & \cdots & \cdots & \cdots \\
a_{p1} & a_{p2} & \cdots & a_{pm}
\end{bmatrix}
$$

因子载荷矩阵主要有以下 7 种求解方法，分别为：主成分分析（Principal Components）、普通最小二乘法（Unweighted Least Squares）、广义最小二乘法（Generalized Least Squares）、最大似然法（Maximum Likelihood）、主轴因子法（Principal Axis Factoring）、因子提取法（Alpha Factoring）、映像分析法（Image Factoring）。

2. 因子解释与因子旋转

在具体分析过程中产生的公因子必须是可以解释的，否则，因子模型毫无意义。对因子的解释是通过因子载荷矩阵来进行的。因子分析法常通过因子旋转来解决上述问题。因子旋转在几何上相当于将因子空间的坐标轴旋转，通过正交或斜交旋转使因子载荷矩阵上每一列的元素能够尽量极化，以利于因子意义的解释。

采用的旋转方式有四种，分别为：方差最大法（Varimax）、等量最大法（Equamax）、四次方最大法（Quartinax）、斜交旋转（Direct Oblimin）。

3. 因子抽取个数与因子得分

因子抽取个数取决于公因子对原始变量的方差贡献。方差贡献越大，公因子越重要。一般认为，当重要性居于前几位的因子的总体方差贡献率达到或超过85%时，后面的公因子就可以不考虑了。

在多数多元统计书籍和文章中，一般用α表示公因子的方差贡献率。其公式为：

$$\alpha_k = \lambda_k \left(\sum_{i=1}^{p} \lambda_i \right)^{-1}$$

α_k代表第k个公因子的方差贡献率。

一般用下列公式计算累计方差贡献率：

$$\sum_{i=1}^{m} \lambda_i \left(\sum_{i=1}^{p} \lambda_i \right)^{-1}$$

上述公式代表前m个公因子的累积方差贡献率。

公因子的方差贡献率实际上代表公因子对样本信息变化反应程度的大小，就区域经济而言，公因子的方差贡献率代表各个原始变量对所有研究的区域综合特征的刻画程度。公因子的方差贡献率越大，该公因子对所研究的区域综合特征的刻画程度就越高。当少数几个公因子的累积贡献率达到85%时，我们就可以认定，这几个公因子可以代表原来的多个变量来反映所研究区域的综合特征。

方差贡献率的分析结果对区域经济分析有两个作用。一个作用是减少变量个数，达到减少变量个数、简化数据结构的目的。另一作用是进行综合指标计算时，用来计算公因子的权重。计算公式如下：

$$W_i = \lambda_i \left(\sum_{i=1}^{m} \lambda_i \right)^{-1}$$

4. 因子得分

因子模型中实际上是用因子的线性组合来表示原始变量，因子负载是该线性组合的系数。而在实践中常常需要反过来考虑原始变量对公因子的影响，将公因子表示为原始变量的线性组合，进而计算因子得分。

公式如下：

$$F_j = \beta_{j1} x_1 + \beta_{j2} x_2 + \cdots + \beta_{jp} x_p \qquad (j = 1,\ 2,\ \cdots,\ m)$$

通过因子载荷矩阵计算因子得分的方法有三种：回归法（Regreession）、巴特利特法（Bartlett）、安德森—鲁宾法（Anderson-Rubin）。

（二）聚类分析

聚类，简单地说，就是分类。聚类分析，就是用某种方法及准则对一组样本或变量进行分类的多元统计分析方法。

在社会科学研究分析中，经常需要对研究问题涉及的对象进行分类。通过分类，可以将数量繁多的样本简化为几类，通过分析不同类型之间的区别联系，可以总结归纳出一些规律，便于解决该问题或方便类似问题的解决。聚类分析有几种不同的分类方法：层次聚类法、迭代聚类法和快速聚类法等。在本书的分析过程中，我们利用层次聚类分析法对西部地区 12 个省份的自我发展能力和四川省 21 个地级市的自我发展能力进行分类。

聚类分析的分析原理和具体实施步骤在这里就不一一赘述了。

（三）指标权重的确定

在本书的实际分析中，我们首先利用因子分析法对四级指标进行分析，各个公因子的权重由公式 $W_i = \lambda_i \left(\sum_{i=1}^{m} \lambda_i \right)^{-1}$ 计算。

在计算一级指标时，二级指标的权重我们借鉴钞小静、任保平（2012）的方法，将四级指标中第一公因子的权重作为二级指标的权重来进行测算。①

第二节　西部地区自我发展能力的评价分析

一、西部地区基本概况

我国西部地区幅员辽阔，包括内蒙古、陕西、甘肃、青海、宁夏、新疆、四川、重庆、云南、贵州、西藏和广西 12 个省、市和自治区，土地面积 686.8 万平方千米，占全国陆地面积的 71.5%。根据 2011 年的统计数据，我国西部地区的经济总量达 100 234.96 亿元，占全国生产总值的 19.22%；人口 36221.65 万人，占全国总人口的 27.02%；能源总量 6 501 580.39 万吨标准煤，占全国能源总量的 41.17%；矿产资源总量达 355 187.4 万吨，占全国矿产资源总量的 44.06%；森林面积达 11 681.29 万公顷，占全国森林总面积的 59.76%；草原面积达 32 868.77 万公顷，占全国草原总面积的 84.26%；湿地

① 钞小静，任保平. 中国经济增长质量的时序变化与地区差异分析［J］. 经济研究，2011（4）：26-40.

面积达1879.55万公顷，占全国湿地总面积的48.84%。[①] 另外，西部地区战略位置和生态区位十分重要，蕴藏丰富的自然资源，是长江、黄河、澜沧江等多条大江大河的发源地。

东部地区包括北京、天津、河北、山东、辽宁、上海、江苏、浙江、广东、福建、海南11个省（市）。

中部地区包括吉林、黑龙江、山西、江西、河南、湖北、湖南和安徽8个省份。

二、数据来源与处理

在本书的研究过程中，我们对省级地域单元的自我发展能力水平测算时所使用的数据主要来源于《中国统计年鉴（2012）》、《中国区域经济统计年鉴（2012）》和《中国科技统计年鉴（2012）》。另外，各个省份辖区面积的相关数据来源于中国政府网站[②]。

由于各个基础性指标的属性和量纲量级不同，我们无法对其直接进行合成，因此在进行因子分析之前，需要进行一定的变换和处理。对于指标属性问题，地区自我发展能力指数的各个基础性指标属性是不同的，如果对不同属性的直接加总就不能正确反映不同作用力的综合结果。因此在测算过程中，我们对基尼系数、城乡收入比、万元GDP能耗、突发环境事件次数、废气排放总量、废水排放总量、失业率、城市居民最低生活保障人口占比和农村居民最低生活保障人口占比9个逆指标均取倒数形式，使所有指标对区域自我发展能力的作用力方向趋同化。

另外，由于西藏自治区的万元GDP能耗、生活垃圾无害化处理率和农业植物新品种授权数等数据缺失，但又为了使研究分析能够进行下去，我们将西藏的上述缺失指标视为西部地区其他11个省份中的最低水平值。

三、西部地区自我发展能力与中东部地区的比较分析

为了与中东部地区进行对比分析，我们利用因子分析法对我国31个省份在2011年所表现出来的自我发展能力水平进行了测算。需要说明的是，本书中的测算结果只能说明在某一特定指标的评价中，各个省份在全国范围内的相

---

① 国家统计局. 中国统计年鉴（2012）[M]. 北京：中国统计年鉴出版社，2012.

② 中央政府门户网站. 地方概览 [EB/OL]. http://www.gov.cn/test/2007-08/07/content_708271.htm.

对性，并不是确切的数据。测算结果及各个省份在全国的位次如表 5.2 所示：

表 5.2　　2011 年我国 31 个省份自我发展能力水平

地区		创新开发能力		要素集聚能力		资源利用能力		协调发展能力		区域自我发展能力	
		指数值	排名	指数值	排名	指数值	排名	指数值	排名	指数值	排名
东部地区	北京	0.4114	6	1.0626	3	0.1841	11	1.0206	2	1.4927	5
	天津	-0.0610	9	-0.1985	18	0.5043	5	0.9992	3	0.6384	7
	河北	-0.2977	17	-0.2473	20	0.2574	10	-0.0768	18	-0.2624	16
	山东	0.6444	4	0.2057	8	1.1454	2	0.1918	11	1.2658	6
	辽宁	-0.1406	12	0.4402	6	0.3874	8	0.4845	6	0.5743	8
	上海	0.5672	5	1.4113	1	0.7919	4	1.0831	1	2.1273	3
	江苏	2.2381	2	1.1219	2	1.3580	1	0.5761	5	3.2439	2
	浙江	1.4183	3	0.3508	7	0.4657	7	0.4369	9	1.7105	4
	福建	-0.0199	7	-0.2571	21	0.1205	14	0.1564	12	-0.0034	12
	广东	2.6147	1	1.0161	4	1.0860	3	0.6021	4	3.3492	1
	海南	-0.5080	29	-0.8001	30	-0.0831	18	0.3418	10	-0.6521	22
中部地区	吉林	-0.4378	23	-0.3633	24	0.0785	15	0.4658	7	-0.2272	15
	黑龙江	-0.3469	18	0.0761	12	0.0245	16	0.4419	8	0.0274	10
	山西	-0.4224	20	-0.1102	16	-0.6033	26	-0.2114	22	-0.7888	24
	安徽	-0.0285	8	-0.2708	22	-0.2303	22	-0.1679	21	-0.3660	18
	江西	-0.3890	19	-0.2789	23	-0.1943	20	0.1199	13	-0.4686	20
	河南	-0.1882	15	0.0838	10	0.2865	9	-0.0516	17	0.0183	11
	湖北	-0.0849	10	-0.1666	17	0.1613	12	0.0769	14	-0.0275	13
	湖南	-0.1525	13	-0.2101	19	0.1451	13	-0.0345	16	-0.1682	14
西部地区	内蒙古	-0.4857	27	0.1178	9	0.4831	6	-0.3959	23	-0.2724	17
	广西	-0.4242	21	-0.4456	26	-0.3308	23	-0.4619	25	-0.9599	25
	重庆	-0.1761	14	-0.6298	28	-0.5599	24	0.0727	15	-0.6984	23
	四川	-0.0924	11	0.6461	5	-0.0927	19	-0.1323	20	0.1463	9
	贵州	-0.4285	22	-0.4660	27	-0.9589	30	-0.8817	30	-1.5128	28
	云南	-0.4596	24	0.0786	11	-0.5828	25	-0.8666	29	-1.0589	26
	西藏	-0.5133	30	-0.0558	14	-1.1508	31	-1.1443	31	-1.6015	31
	陕西	-0.2595	16	0.0384	13	-0.1961	21	-0.4397	24	-0.5078	21
	甘肃	-0.4765	26	-0.4260	25	-0.7838	27	-0.8470	28	-1.4218	27
	青海	-0.5283	31	-0.6438	29	-0.8034	28	-0.7752	27	-1.5443	29
	宁夏	-0.5029	28	-0.9858	31	-0.8853	29	-0.4805	26	-1.5853	30
	新疆	-0.4697	25	-0.0937	15	-0.0241	17	-0.1022	19	-0.4670	19

（一）创新开发能力

从测算结果来看，我国31个省份的创新开发能力之间存在较大差异。广东、江苏和浙江在区域创新开发能力指标评价中表现优异，位列三甲，其指数值分别为2.6147、2.2381和1.4188，表明这些地区在科技创新、产品开发和市场开拓等方面具有极强的发展能力。排名在后3位的省份分别是东部地区的海南，西部地区的西藏和青海，其创新开发能力指数值分别为-0.5080、-0.5133和-0.5283，说明这些省份在科技创新、产品开发和市场开拓等方面的发展能力较弱。

从东、中、西部三大经济地带来看，全国的创新开发能力水平呈现出"东强，西弱，中部一般"的局面。从整体看来，东部地区的创新开发能力较强，除福建、天津、辽宁、河北和海南的指数为负外，其余省份都为正值，而且有八个省份的排名在前10位，只有海南省的排名在20位之后。中部地区创新开发能力在全国范围内处于一般水平，而且内部各个地区的创新开发能力差异较大。中部地区所有省份的创新开发能力指数值均为负值，虽然安徽省的创新开发能力水平居中部地区第1位，但在全国31个省份中排在第8位；吉林在中部地区位次最低，在全国范围内排在第23位。西部地区的创新开发能力最弱，所有省份的创新开发能力指数值都为负值，四分之三的省份的位次都排在20位之外，而且西藏和青海的创新开发能力在全国31个省份中排在最后两位。

（二）要素集聚能力

与创新开发能力测算结果一样，各个省份的要素集聚能力水平也存在较大差异。上海、江苏和北京在要素集聚能力指标评价中表现出较高水平，位列三甲，其指数值分别为1.4113、1.1219和1.0626，这说明这三个省份在人口、技术、资本、资源和生产力等方面具有较强的集聚能力。排在最后三位的是东部地区的海南省，和西部地区的青海与宁夏，其要素集聚能力指数值分别为-0.8001、-0.6438和-0.9858，这说明这三个省份在发展要素集聚方面能力水平较低。

从东、中、西部三大经济地带来看，全国的要素集聚能力水平仍然呈现出"东强，西弱，中部一般"的局面。从整体看来，东部地区的发展要素集聚能力较强，内部各个地区的发展要素集聚能力水平差距较大。除福建、天津、河北和海南的要素集聚能力指数值为负外，其余省份都为正值，而且有七个省份的排名在前10位，只有海南省的排名在20位之后。中部地区要素集聚能力在全国范围内处于一般水平，八个省份的位次分布在第10位到第24位之间。西部地区的创新开发能力最弱，而且内部各个地区之间差异较大。四川、内蒙古和云南三个地区分别排在第 5 位、第 9 位和第 11 位，而青海和宁夏两个省份的要素集聚能力在全国 31 个省份中排在第 29 位和第 31 位。

（三）资源利用能力

在资源利用能力测算结果中，江苏、山东和广东得分值最高，其指数值分别为 1. 3580、1. 1454 和 1. 0860，位列前三名，表现出较强的生产效率水平和产出能力。而资源利用能力最差的三个省份分别是宁夏、贵州和西藏，它们的资源利用能力指数值分别是-0. 8853、-0. 9589 和-1. 1508。

从东、中、西部三大经济地带来看，全国的资源利用能力水平仍然呈现出“东强，西弱，中部一般”的局面。从整体看来，东部地区的资源利用能力较强，内部各个地区的资源利用能力水平差距较大。除海南外，其余省份的资源利用能力水平都为正值；所有省份都排在 20 位之前，而且有八个省份的排名在前 10 位。中部地区的资源利用能力在全国范围内处于一般水平。西部地区的资源利用能力最弱，而且内部各个地区之间差异较大。虽然内蒙古的资源利用能力指数值在全国范围内排在第 9 位，但是西部地区四分之三的省份排在 20 位之后。

（四）协调发展能力

从测算结果来看，我国 31 个省份的协调发展能力水平之间存在较大差异。上海、北京和天津在地区协调发展能力指标评价中表现较好，位列三甲，其指数值分别为 1. 0831、1. 0206 和 0. 992，在经济管理、环境保护和社会管理等方面表现出极强的能力水平。排名在后 3 位的省份分别是云南、贵州和西藏，其协调发展能力指数值分别为-0. 8666、-0. 8817 和-1. 1443，说明这些省份在济管理、环境保护和社会管理等方面的自我发展能力较弱。

从东、中、西部三大经济地带来看，全国的创新开发能力水平同样呈现出明显的“东强，西弱，中部一般”的局面。从整体看来，东部地区的协调发展能力较强，除河北的指数值为负外，其余省份都为正值；所有省份都排在 20 位之前，而且有七个省份的排名在前 10 位，只有海南省的排名在 20 位之后。中部地区的协调发展能力在全国范围内处于一般水平，而且内部各个地区的协调发展能力差异较大。吉林和黑龙江在全国范围内排名在第 7 位和第 8 位，但中部地区表现最差的山西省在全国范围内排在第 22 位。西部地区的协调发展能力最弱，除重庆外，所有省份的协调发展能力指数值都为负值，有十个的省份的位次都排在 20 位之外，而且云南、贵州和西藏的协调发展能力在全国 31 个省份中排在最后 3 位。

（五）区域自我发展能力

就区域自我发展能力测算结果来看，各个省份之间的自我发展能力水平差异较大。广东的自我发展能力水平最强，位列第一，其指数值为3.3492。其次是江苏和上海两个地区，其指数值分别是3.2439和2.1273。青海、宁夏和西藏的自我发展能力水平最低，其指数值分别是-1.5443、-1.5853和-1.6015。

从东、中、西部三大经济地带来看，全国各个省份的自我发展能力水平呈现出“东强，西弱，中部一般”的局面。从整体看来，东部地区的自我发展能力较强，除河北、福建和海南的指数值为负外，其余省份都为正值，而且有八个省份的排名在前10位，只有海南省的排名在20位之后。中部地区的自我发展能力在全国范围内处于一般水平，中部地区所有省份的自我发展能力水平在全国范围内排在第10位到第24位之间。西部地区的自我发展能力整体水平最弱，而且内部各个地区之间差异较大。除四川外，西部地区所有省份的自我发展能力指数值都为负值，四分之三的省份的位次都排在20位之外，而且青海、宁夏和西藏的创新开发能力在全国31个省份中排在最后3位。

综上所述，从全国范围看来，东、中、西部地区在创新开发能力、要素集聚能力、资源利用能力和协调发展能力等方面都表现出“东强，西弱，中部一般”的局面。因此，我们就可以得出这样一个结论，那就是“西部地区自我发展能力低下”。

需要说明的是，在创新开发能力、要素集聚能力、资源利用能力和协调发展能力，以及区域自我发展能力总体指标评价中，北京、上海和广州的排名并不是最高的，这可能与我们北上广的经济实力在全国最强的现实感受有所出入。笔者认为，这其中可能有以下三个方面原因：第一，一个地区的创新开发能力在一定程度上说也是一种综合能力，不仅包括理论研究和科技创新，还包括产品开发和市场开拓等等。从2011年的相关统计数据来看，虽然北京和上海的CSI论文数在全国31个省份中最多，在一定程度上说明这两个地区的理论研究水平国内最高，但是在出口额指标中，上海排在第4位，北京排在第7位；在国内三种专利申请授权数指标中，上海排在第5位，北京排在第6位；在规模以上工业企业新产品项目数指标中，上海排在第5位，北京排在第9位，这些指标在很大程度上影响着上海和北京两个地区在创新开发能力指标评价中的位次。第二，评价一个地区创新开发能力的相关数据采取的总体数据，那么像浙江、广东、山东这样经济大省就会在评价中具有规模优势。第三，在测算过程中，我们是采取2011年的截面数据，具有一定的偶然性，这也正是我们在理论部分所阐述的一个地区的自我发展能力具有动态性的一个印证，当然这需要从历史变迁的角度去进一步验证。

四、西部地区省域自我发展能力的评价分析

在前文分析中，我们知道与中东部地区相比，西部地区的自我发展能力总体水平较低。然而，在西部地区内部，各个省份的自我发展能力水平也相差悬殊。下面我们分别从创新开发能力、要素集聚能力、资源利用能力和协调发展能力，以及地区自我发展能力总体水平五个方面对西部地区的 12 个省份进行比较分析。

（一）创新开发能力分析

根据表 5.1 中的区域自我发展能力评价指标体系，我们对西部地区 12 个省份创新开发能力水平进行了测算，测算结果及其排名情况如表 5.3 所示：

表 5.3　　2011 年西部地区 12 个省份创新开发能力水平

地区	创新开发能力指数	排名
四　川	-0.0924	1
重　庆	-0.1761	2
陕　西	-0.2595	3
广　西	-0.4242	4
贵　州	-0.4285	5
云　南	-0.4596	6
新　疆	-0.4697	7
甘　肃	-0.4765	8
内蒙古	-0.4857	9
宁　夏	-0.5029	10
西　藏	-0.5133	11
青　海	-0.5283	12

我们可以看出，在西部地区，四川省和重庆市在科技创新、产品开发、市场开拓和理论研究等方面的能力较强，其创新开发能力指数值分别为-0.0924和-0.1761，位次西部地区第 1 位和第 2 位。青海和西藏两个地区的创新开发能力最低，其指数值分别为-0.5133 和-0.5283。从整体看来，西南地区的创新开发能力比西北地区高。见图 5.1：

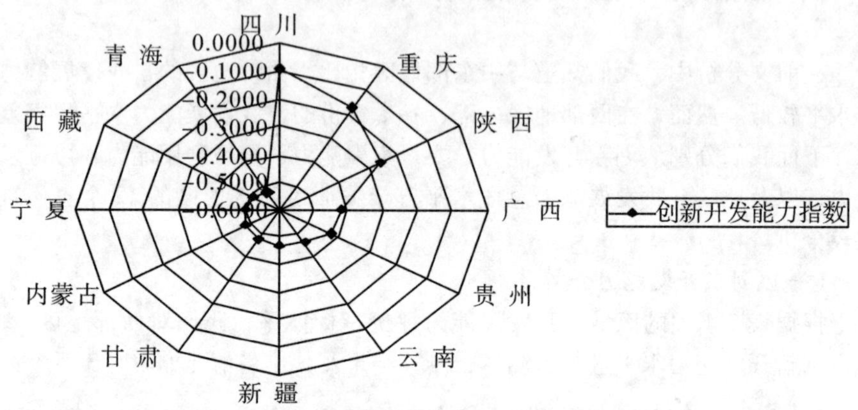

图 5.1　2011 年西部地区 12 个省份创新开发能力排序

（二）要素集聚能力分析

根据表 5.1 中的区域自我发展能力评价指标体系，对西部地区 12 个省份要素集聚能力水平进行了测算，测算结果及其排名情况如表 5.4 所示：

表 5.4　　2011 年西部地区 12 个省份要素集聚能力水平

地区	要素集聚能力指数	排名
四　川	0.6461	1
内蒙古	0.1178	2
云　南	0.0786	3
陕　西	0.0384	4
西　藏	-0.0558	5
新　疆	-0.0937	6
甘　肃	-0.4260	7
广　西	-0.4456	8
贵　州	-0.4660	9
重　庆	-0.6298	10
青　海	-0.6438	11
宁　夏	-0.9858	12

我们可以看出，在西部地区，四川和内蒙古两个地区的要素集聚能力水平较强，其指数值分别为 0.6461 和-0.1178，排名西部地区的第 1 位和第 2 位。青海和宁夏两个地区的要素集聚能力水平最低，分列倒数第 2 位和第 1 位。见图 5.2：

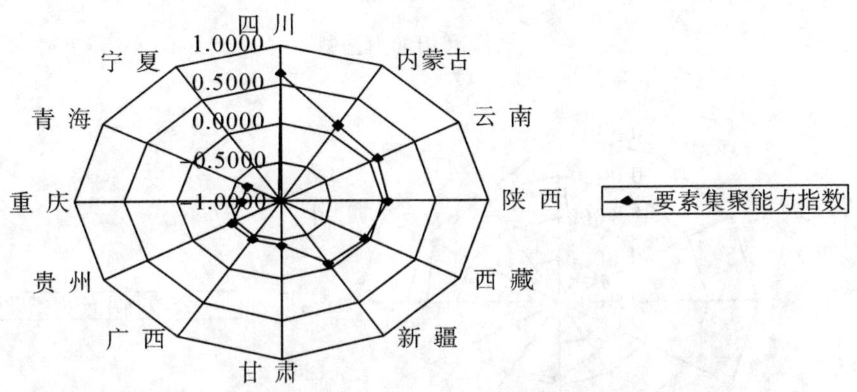

图 5.2 2011 年西部地区 12 个省份要素集聚能力排序

（三）资源利用能力分析

根据区域自我发展能力评价指标体系，对西部地区 12 个省份资源利用能力水平进行了测算，测算结果及其排名情况如表 5.5 所示：

表 5.5 2011 年西部地区 12 个省份资源利用能力水平

地区	资源利用能力指数	排名
内蒙古	0.4831	1
新 疆	-0.0241	2
四 川	-0.0927	3
陕 西	-0.1961	4
广 西	-0.3308	5
重 庆	-0.5599	6
云 南	-0.5828	7
甘 肃	-0.7838	8
青 海	-0.8034	9
宁 夏	-0.8853	10
贵 州	-0.9589	11
西 藏	-1.1508	12

从表 5.5 我们可以看出，在西部地区，内蒙古和新疆两个地区的资源利用能力较强，其指数值分别为 0.4831 和-0.0241，排在西部地区第 1 位和第 2 位。而西藏地区的资源利用能力则最低，其指数值为-0.1.1508，排在西部地

区的最后1位。从整体来看，西南地区内部的资源利用能力水平较为一致；西北地区的资源利用能力比西南地区较高。见图5.3：

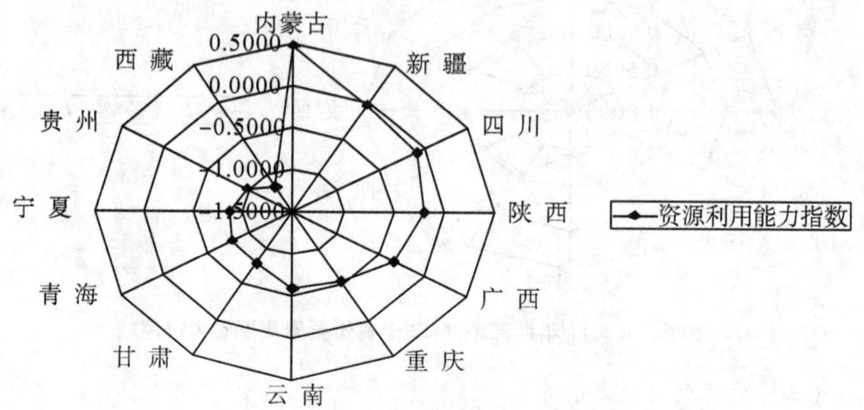

图5.3 2011年西部地区12个省份资源利用能力排序

（四）协调发展能力分析

根据区域自我发展能力评价指标体系，对西部地区12个省份的协调发展能力进行了测算，测算结果及其排名情况如表5.6所示：

表5.6 2011年西部地区12个省份协调发展能力水平

地区	协调发展能力指数	排名
重　庆	0.0727	1
新　疆	-0.1022	2
四　川	-0.1323	3
内蒙古	-0.3959	4
陕　西	-0.4397	5
广　西	-0.4619	6
宁　夏	-0.4805	7
青　海	-0.7752	8
甘　肃	-0.8470	9
云　南	-0.8666	10
贵　州	-0.8817	11
西　藏	-1.1443	12

从表 5.6 我们可以看出，在西部地区，重庆市的协调发展能力最强，其指数值为 0.0727，排在西部地区第 1 位。西藏的协调发展能力水平最低，其指数值为-1.1443，排在西部地区最后 1 位。从整体看来，西南地区各个省份的自我发展能力水平相差较大，重庆市位居第 1 位，而西藏则排在最后 1 位；而西北地区各个省份的自我发展能力水平较为相同。见图 5.4：

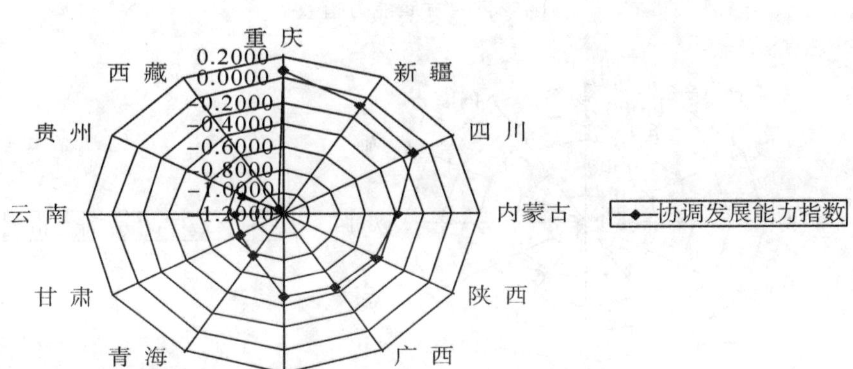

图 5.4　2011 年西部地区 12 个省份协调发展能力排序

（五）西部地区省域自我发展能力分析

根据区域自我发展能力评价指标体系，对西部地区 12 个省份的区域自我发展能力进行了测算，测算结果及其排名情况如表 5.7 所示：

表 5.7　　2011 年西部地区 12 个省份自我发展能力水平

地区	区域自我发展能力指数	排名
四　川	0.1463	1
内蒙古	-0.2724	2
新　疆	-0.4670	3
陕　西	-0.5078	4
重　庆	-0.6984	5
广　西	-0.9599	6
云　南	-1.0589	7
甘　肃	-1.4218	8
贵　州	-1.5128	9
青　海	-1.5443	10
宁　夏	-1.5853	11
西　藏	-1.6015	12

从表 5.7 我们可以看出，在西部地区，四川和内蒙古的自我发展能力水平较高，它们的指数值分别为 0.1463 和-0.2724，排在西部地区的第 1 位和第 2 位。而西藏的自我发展能力水平最低，其指数值为-1.6015，排在西部地区的最后 1 位。从整体看来，西南地区内部的自我发展能力水平相差较大，排在前面的四川，与排名靠后的西藏都分布在西南地区，而西北地区内部的各个省份自我发展能力水平相对一致。见图 5.5：

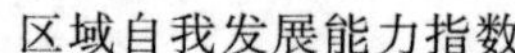

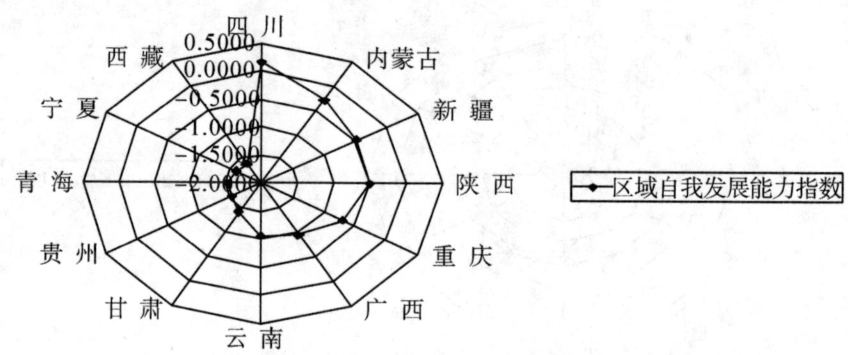

图 5.5　2011 年西部地区 12 个省份自我发展能力排序

五、西部地区省域自我发展能力的聚类分析

聚类分析（cluster analysis）是根据研究对象的特征，将性质相似的研究对象归为一类，使得同类中研究对象具有高度同质性，不同类别之间的研究对象具有高度异质性的一种分类方法。我们利用聚类分析方法对西部地区 12 个省份的自我发展能力水平进行分析，有助于我们更好地将各个地区的自我发展能力进行分类，以便通过对比和类比更深入地了解实际情况，为各个地区的自我发展能力提升战略提出针对性对策建议。

西部地区 12 个省份的各种自我发展能力指标如表 5.8 所示。我们可以发现，一些省份在创新开发能力、要素集聚能力、资源利用能力和协调发展能力，以及综合指标地区自我发展能力指标的评价时均表现相对较好，排名也都靠前，比如四川、新疆和陕西等。而有一些省份在五种指标的评价中表现都不好，位次都靠后，比如宁夏和青海等。另外，还有一部分地区，它们在一部分指标的评价中表现较好，但在其他指标的评价中表现却相对较差，比如西藏，虽然它的要素集聚能力能力水平排名第 5 位，但资源利用能力水平和协调发展能力水平排名都是第 12 位，创新开发能力水平排名是第 11 位，在地区自我发展能力的综合评价中表现也不会很好，排在第12位。这样的地区还有云南、贵州等。

表5.8　　2011年西部地区12个省份自我发展能力水平

地区	创新开发能力		要素集聚能力		资源利用能力		协调发展能力		区域自我发展能力	
	指数值	排名	指数值	排名	指数值	排名	指数值	排名	指数值	排名
内蒙古	-0.4857	9	0.1178	2	0.4831	1	-0.3959	4	-0.2724	2
广西	-0.4242	4	-0.4456	8	-0.3308	5	-0.4619	6	-0.9599	6
重庆	-0.1761	2	-0.6298	10	-0.5599	6	0.0727	1	-0.6984	5
四川	-0.0924	1	0.6461	1	-0.0927	3	-0.1323	3	0.1463	1
贵州	-0.4285	5	-0.4660	9	-0.9589	11	-0.8817	11	-1.5128	9
云南	-0.4596	6	0.0786	3	-0.5828	7	-0.8666	10	-1.0589	7
西藏	-0.5133	11	-0.0558	5	-1.1508	12	-1.1443	12	-1.6015	12
陕西	-0.2595	3	0.0384	4	-0.1961	4	-0.4397	5	-0.5078	4
甘肃	-0.4765	8	-0.4260	7	-0.7838	8	-0.8470	9	-1.4218	8
青海	-0.5283	12	-0.6438	11	-0.8034	9	-0.7752	8	-1.5443	10
宁夏	-0.5029	10	-0.9858	12	-0.8853	10	-0.4805	7	-1.5853	11
新疆	-0.4697	7	-0.0937	6	-0.0241	2	-0.1022	2	-0.4670	3

（一）聚类分析

根据区域自我发展能力指标数据资料，使用聚类分析法对西部地区12个省份进行分析，画出聚类图如图5.6所示：

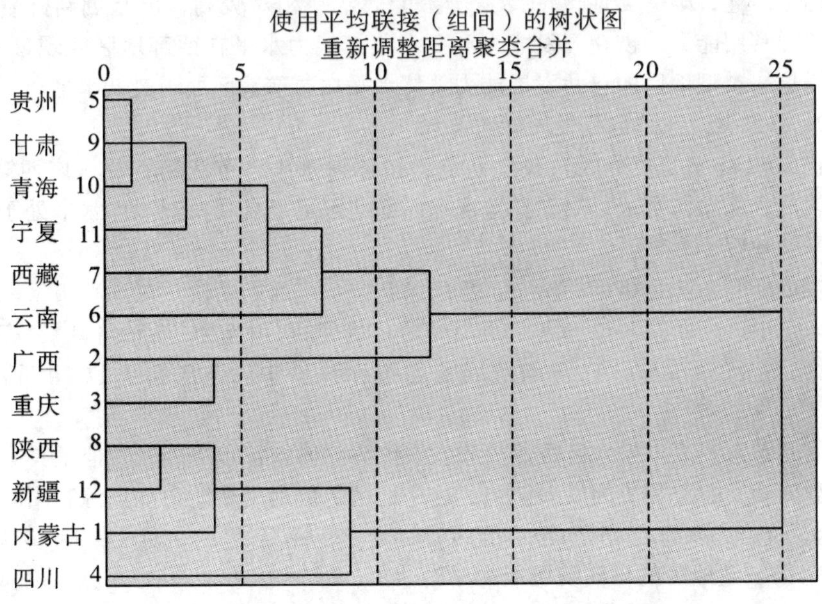

图5.6　西部地区12个省份自我发展能力聚类分析图

从聚类图可以看出，利用聚类分析法可以将 12 个省份划分为三类：

第一类：贵州、甘肃、青海、宁夏、西藏和云南。

第二类：广西和重庆。

第三类：陕西、新疆、内蒙古和四川。

由此可知，聚类分析结果与因子分析结果一致，其分类与按照因子分析法所得各个地区的自我发展能力水平高低划分相同。第一类地区是西部地区中自我发展能力水平最差的省份，第二类地区的自我发展能力水平处于中间水平，第三类地区的自我发展能力水平最高。

（二）各类地区的自我发展能力要素比较分析

1. 第一类地区的自我发展能力要素

在 2011 年第一类地区的自我发展能力指标评价中，云南、甘肃、贵州、青海、宁夏和西藏依次排名西部地区的第 5 位到第 12 位。从整体看来，第一类地区的自我发展能力总体水平在西部地区处于最低水平。

在创新开发能力指标评价中，贵州第 5 位、云南第 6 位、甘肃第 8 位、宁夏第 10 位、西藏第 11 位、青海第 12 位。在要素集聚能力指标评价中，云南第 3 位、西藏第 5 位、甘肃第 7 位、贵州第 9 位、青海第 11 位、宁夏第 12 位。在资源利用能力指标评价中，云南第 7 位、甘肃第 8 位、青海第 9 位、宁夏第 10 位、贵州第 11 位、西藏第 12 位。在协调发展能力指标评价中，宁夏第 7 位、青海第 8 位、甘肃第 9 位、云南第 10 位、贵州第 11 位、西藏第 12 位。

综上所述，第一类地区的要素集聚能力水平相对较高，但是创新开发能力、资源利用能力、创新开发能力和要素集聚能力水平在西部地区表现最差，以至于这一类型地区的自我发展能力总体水平在西部地区处于最低水平。

2. 第二类地区的自我发展能力要素

在 2011 年第二类地区自我发展能力指标评价中，重庆第 5 位、广西第 6 位。因此，从总体看来，第二类地区在西部地区属于自我发展能力水平处于中游水平的地区。

在创新开发能力指标评价中，重庆第 2 位、广西第 4 位。在要素集聚能力指标评价中，广西第 8 位、重庆第 10 位。在资源利用能力指标评价中，广西第 5 位、重庆第 6 位。在协调发展能力指标评价中，重庆第 1 位、广西第 6 位。

由此看来，第二类地区虽然自我发展能力总体指标水平一般，但是具有较高的创新开发能力和协调发展能力，这一地区的要素集聚能力和资源利用能力较差。

3. 第三类地区的自我发展能力要素

第三类地区是西部地区内部自我发展能力水平较高的地区。在 2011 年第一类地区的自我发展能力指标评价中，四川、内蒙古、新疆和陕西依次排名西部地区的第 1 位到第 4 位。

在创新开发能力指标评价中，四川第 1 位、陕西第 3 位、新疆第 7 位和内蒙古第 9 位。在要素集聚能力指标评价中，四川第 1 位、内蒙古第 2 位、陕西第 4 位和新疆第 6 位。在资源利用能力指标评价中，内蒙古第 1 位、新疆第 2 位、四川第 3 位和陕西第 4 位。在协调发展能力指标评价中，新疆第 2 位、四川第 3 位、内蒙古第 4 位、陕西第 5 位。

综上所述，第一类地区的自我发展能力水平相对较高，但是各个地区在创新开发能力方面的能力水平差异较大；在要素集聚能力、资源利用能力和协调发展能力水平上，各个地区具有较高的水平，而且相对一致。因此，这一类型地区的自我发展能力总体水平在西部地区处于最高水平。

第三节　四川省 21 地级市自我发展能力的评价分析

在前文的分析中，我们对西部地区各个省份的自我发展能力水平有了基本了解，但是我们知道，省级地域单元面积较大，省内各个地区的发展条件与发展基础以及经济发展水平也存在较大差异，因此要想提出符合实际的经济发展对策，就要对一个省份内部的各个地区自我发展能力水平有一个深入的了解。下面我们以四川省内部的 21 个地、市、州为例，对西部地区内部各个地级市的自我发展能力水平进行评价分析。

一、四川省基本概况

四川省位于中国西部地区，土地面积 48.5 平方千米，辖一个副省级城市：成都。17 个地级市：绵阳、德阳、宜宾、攀枝花、乐山、南充、自贡、泸州、内江、广元、遂宁、资阳、广安、雅安、眉山、达州、巴中。3 个自治州：阿坝藏族羌族自治州、甘孜藏族自治州、凉山彝族自治州。根据 2011 年统计数据，四川省生产总值达 21026.68 亿元，人均生产总值达 2.61 万元，2011 年年末四川省人口达 8050 万人。

四川省拥有已探明储量的矿产资源 132 种，占全国资源种数的 70%，其中天然气、硫铁矿、芒硝、萤石、钙、钒、钛储量居全国第一。在资源开发基础上的天然气化工、天然气能源、钒钛金属加工等产业在国内具有比较优势。各类石材及矿泉水储量和产量也比较大。四川省水电资源蕴藏量达 1.5 亿千瓦，仅次于西藏，可开发量近1亿千瓦，位居中国首位。地下热水资源也非常丰富，全省光发现温泉（群）354处，地下热水钻孔114个。已探明的地下矿藏有132种，其中钒、钛、钙、芒硝、萤石、天然气、硫铁矿的储量居中国第一位，钛储量居世界第一，钒储量居世界第三。另外，四川是长江上游最大的水源涵养区，是中国三大林区和五大牧区之一，动植物资源丰富。其中天然中药材4300多种，药用植物种类占全国的75%，是国家中药材现代化科技产业基地，中药上有“无川不成方”之说。重点保护野生植物占全国30%，珍稀动物种类数量居全国第二位，85%以上的大熊猫分布在四川境内。除粮食、油料、水果和鲜花之外，茶叶、蚕茧、烟草、白蜡、桐油、苎麻、花椒、核桃、竹笋、荞麦、板栗、魔芋、橄榄油、食用菌等农林土产在全国也有很高的知名度和市场占有率。

二、评价指标体系的调整

囿于数据的可得性，我们在对四川省各个地级市的自我发展能力进行评价时，需要根据四川省的实际情况对评价指标体系中个别指标进行调整。地区自我发展能力评价指标体系的调整如下表5.9所示：

表5.9　　四川省地区自我发展能力评价指标体系

一级指标（1个）	二级指标（4个）	三级指标（12个）	四级指标（76个）	单位	性质
区域自我发展能力	创新开发能力	专利申请	国内三种专利申请受理数	件	正指标
			国内三种专利申请授权数	件	正指标
		市场开拓	出口额	万美元	正指标
		科技支出	地方财政支出中科学技术占比	%	正指标
			县级以上政府部门属研究与开发机构从业人员数	人	正指标
	要素集聚能力	人口集聚度	人口密度	人/平方千米	正指标
		资本集聚度	外商直接投资总额全省占比	%	正指标
			国际旅游收入总额全省占比	%	正指标
			国内旅游收入总额全省占比	%	正指标
			地区税收总额全省占比	%	正指标
			金融机构本外币存款额全省占比	%	正指标
			全社会固定资产投资总额全省占比	%	正指标
			规模以上工业企业资产总额全省占比	%	正指标
			公路路网密度	千米/平方千米	正指标
			医疗卫生机构床位数全省占比	%	正指标
			农业机械总动力全省占比	%	正指标

表5.9(续)

一级指标（1个）	二级指标（4个）	三级指标（12个）	四级指标（76个）	单位	性质
区域自我发展能力	要素集聚能力	资源集聚度	耕地面积全省占比	%	正指标
			规模以上工业企业全部从业人员数全省占比	%	正指标
			R&D人员折合全时人员数全省占比	%	正指标
			县级以上政府部门研发机构从业人员全省占比	%	正指标
			县级以上政府部门研发机构个数全省占比	%	正指标
		经济集聚度	经济密度	亿元/平方千米	正指标
			地区生产总值全省占比	%	正指标
	资源利用能力	效率水平	劳动生产率	万元/人	正指标
			第一产业劳动生产率	万元/人	正指标
			第二产业劳动生产率	万元/人	正指标
			第三产业劳动生产率	万元/人	正指标
			规模以上工业企业总资产贡献率	%	正指标
			万元GDP能耗	吨标准煤/万元	逆指标
		产出水平	地区生产总值	万元	正指标
			人均地区生产总值	元	正指标
			第一产业生产总值	万元	正指标
			第二产业生产总值	万元	正指标
			第三产业生产总值	万元	正指标
	协调发展能力	经济管理	财政自给率	-	正指标
			产业结构优化程度	-	正指标
			市场化程度	-	正指标
		环境保护	生活垃圾无害化处理率	%	正指标
			城市建成区绿化覆盖率	%	正指标
			城市污水处理率	%	正指标
		社会管理	城乡收入比	-	逆指标
			失业率	%	逆指标
			火灾发生次数	件	逆指标
			下岗再就业人员数	万人	正指标
			城镇职工基本养老保险覆盖率	%	正指标
			城镇基本医疗保险覆盖率	%	正指标
			失业保险覆盖率	%	正指标
			生育保险覆盖率	%	正指标
			城镇居民最低生活保障人口占比	%	逆指标
			农村居民最低生活保障人口占比	%	逆指标
			国民体质达标率	%	正指标

三、数据来源与处理

在本书中，对四川省地级市自我发展能力水平测算时所使用的数据主要来源于《中四川统计年鉴（2012）》和《中国区域经济统计年鉴（2012）》。

同样考虑到分析方法的数据要求，我们对各个地级市的城乡收入比、万元GDP能耗、失业率、火灾发生次数和城镇居民最低生活保障人口占比5个逆指标均采取倒数形式处理，使所有指标对区域自我发展能力的作用力方向趋同化。

四、四川省21地级市自我发展能力的评价分析

（一）创新开发能力分析

根据调整后的区域自我发展能力评价指标体系，对四川省21个地、市、州的创新开发能力水平进行了测算，测算结果及其排名如表5.10所示：

表5.10　2011年四川省21个地（市、州）创新开发能力水平

地区	创新开发能力指数	排名	地区	创新开发能力指数	排名
成都市	4.2648	1	遂宁市	−0.3275	12
绵阳市	0.2316	2	达州市	−0.3434	13
雅安市	0.1460	3	泸州市	−0.3442	14
德阳市	0.0942	4	眉山市	−0.3590	15
攀枝花	0.0666	5	南充市	−0.3627	16
宜宾市	0.0428	6	阿坝州	−0.3797	17
乐山市	−0.1186	7	内江市	−0.3918	18
资阳市	−0.1266	8	广安市	−0.4081	19
自贡市	−0.1668	9	巴中市	−0.4396	20
凉山州	−0.3063	10	甘孜州	−0.4568	21
广元市	−0.3151	11			

由表5.10可以看出，四川省21个地、市、州之间的创新开发能力水平相差悬殊。成都市的创新开发能力水平最高，其指数值为4.2648，是唯一一个达到1以上的地区，说明成都市经济实力雄厚，科技创新和市场开拓能力较强，在四川省的经济发展中处于经济增长极的地区。接下来依次是绵阳市、雅安市、德阳市、攀枝花市和宜宾市，这些地区工业基础夯实，创新开发能力较强，其指数为1以下的正值。除上述7个地区外，其余14个市（州）的创新

开发能力指数均为负值，其中广安市、巴中市和甘孜州三个地区的创新开发能力水平最低，这说明这些地区科技创新与市场开拓能力相对较弱，亟须采取措施增强资本积累，加快技术创新，提升创新开发能力。见图 5.7：

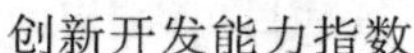

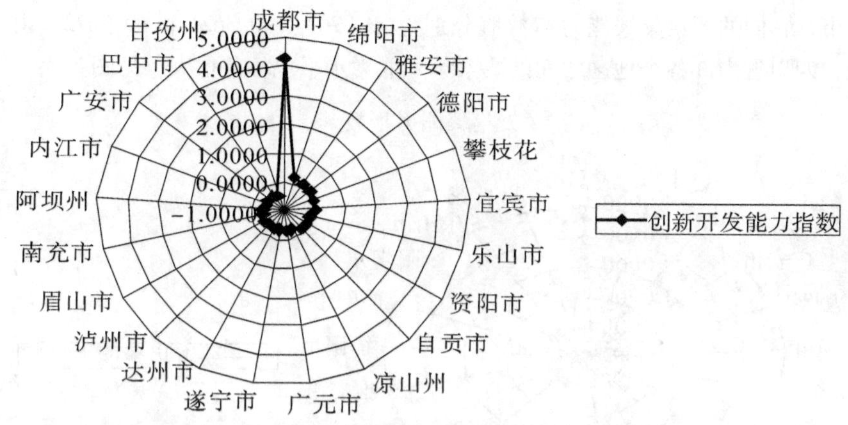

图 5.7　2011 年四川省 21 个地区创新开发能力排序

（二）要素集聚能力分析

根据调整后的区域自我发展能力评价指标体系，四川省 21 个地、市、州的要素集聚能力的测算结果及其排名如表 5.11 所示：

表 5.11　　2011 年四川省 21 个地（市、州）要素集聚能力水平

地区	要素集聚能力指数	排名	地区	要素集聚能力指数	排名
成都市	3.6185	1	内江市	-0.2507	12
攀枝花	0.1261	2	眉山市	-0.2565	13
乐山市	0.0123	3	遂宁市	-0.2581	14
阿坝州	-0.0049	4	凉山州	-0.2902	15
德阳市	-0.0291	5	南充市	-0.3111	16
绵阳市	-0.0323	6	广元市	-0.3119	17
雅安市	-0.0959	7	达州市	-0.3189	18
自贡市	-0.1013	8	广安市	-0.3203	19
宜宾市	-0.1170	9	资阳市	-0.3621	20
甘孜州	-0.1292	10	巴中市	-0.3672	21
泸州市	-0.2003	11			

由表 5.11 可以看出，成都市的要素集聚能力最强，其指数值在 1 以上，为 3.6185，是唯一一个达到 1 以上的地区。接下来是攀枝花市和乐山市，它们的指数值为小于 1 的正值，分别为 0.1261 和 0.0123，说明这两个地区的要素集聚能力虽然与成都相比较弱，但是与川内其他地区相比仍然具有优势。其余 18 个市、州的要素集聚能力指数都是负值，排在最后 3 位的广安市、资阳市和巴中市，它们的要素集聚能力指数值分别为-0.3203、-0.3621 和-0.3672。由此可见，四川省内部各个地区之间的要素集聚能力水平也相差很大。见图 5.8：

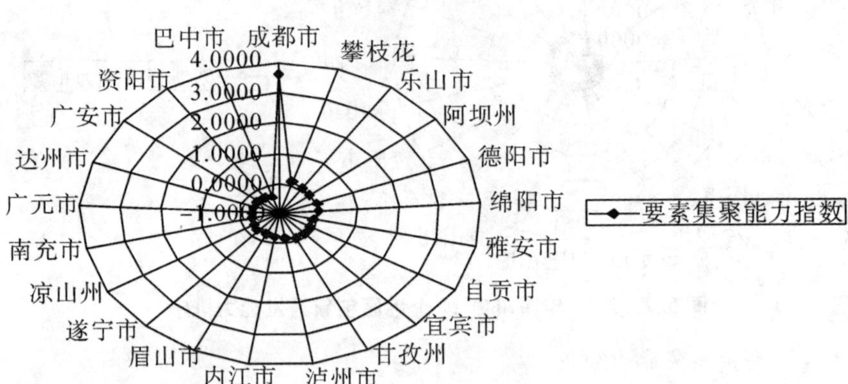

图 5.8　2011 年四川省 21 个地区要素集聚能力排序

（三）资源利用能力分析

根据调整后的区域自我发展能力评价指标体系，四川省 21 个地、市、州的资源利用能力水平进行了测算，其测算结果及其排名情况如表 5.12 所示：

表 5.12　　2011 年四川省 21 个地（市、州）资源利用能力水平

地区	资源利用能力指数	排名	地区	资源利用能力指数	排名
成都市	2.4461	1	遂宁市	-0.1329	12
攀枝花	0.5356	2	泸州市	-0.1403	13
德阳市	0.3246	3	眉山市	-0.1815	14
绵阳市	0.1781	4	广安市	-0.1898	15
乐山市	0.1357	5	自贡市	-0.2943	16
内江市	0.1141	6	雅安市	-0.3474	17
南充市	0.0255	7	广元市	-0.5021	18
达州市	-0.0063	8	阿坝州	-0.5162	19
资阳市	-0.0237	9	甘孜州	-0.6230	20

表5.12(续)

地区	资源利用能力指数	排名	地区	资源利用能力指数	排名
凉山州	-0.0561	10	巴中市	-0.6446	21
宜宾市	-0.1015	11			

由表5.12可以看出，成都市的资源利用能力最强，其指数值为2.4461，也是唯一一个达到1以上的地区。接下来依次是攀枝花市、德阳市、绵阳市、乐山市、内江市和南充市6个地区，它们的资源利用能力指数均为正值，但小于1。其他14个地区的资源利用能力较弱，指数值均为负值。阿坝州、甘孜州和巴中市3个地区的资源利用水平最低，排在21个地区的最后3位。见图5.9：

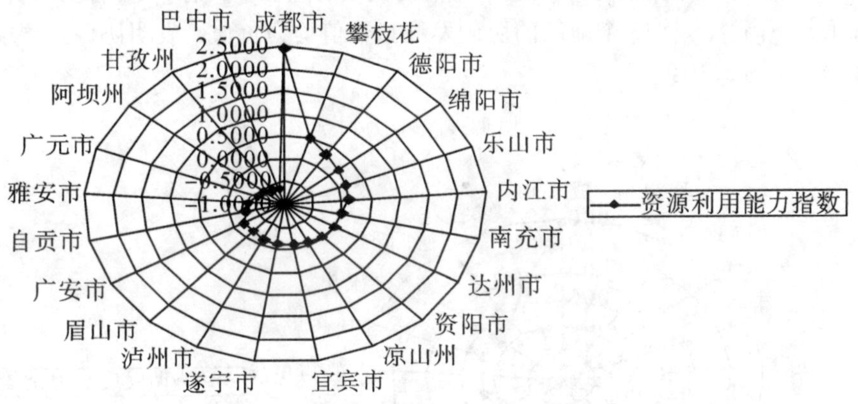

图5.9　2011年四川省21个地（市、州）资源利用能力排序

（四）协调发展能力分析

根据调整后的区域自我发展能力评价指标体系，四川省21个地、市、州的协调发展能力水平进行了测算，其测算结果及其排名情况如表5.13所示：

表5.13　　2011年四川省21个地（市、州）协调发展能力水平

地区	协调发展能力指数	排名	地区	协调发展能力指数	排名
成都市	1.8834	1	广安市	-0.1281	12
攀枝花	0.8207	2	资阳市	-0.1554	13
德阳市	0.3106	3	南充市	-0.1670	14
乐山市	0.2712	4	达州市	-0.1680	15
宜宾市	0.2290	5	雅安市	-0.1986	16
泸州市	0.1467	6	广元市	-0.2671	17

表5.13(续)

地区	协调发展能力指数	排名	地区	协调发展能力指数	排名
绵阳市	0.1436	7	凉山州	-0.4232	18
内江市	0.0708	8	巴中市	-0.5920	19
眉山市	-0.0426	9	阿坝州	-0.7560	20
自贡市	-0.0713	10	甘孜州	-0.8075	21
遂宁市	-0.0992	11			

由表5.13可以看出，成都市和攀枝花市在经济、社会和生态的协调发展方面表现突出，它们的协调发展能力指数分别为1.8834和0.8207，分列第1位和第2位。接下来依次是德阳市、乐山市、宜宾市、泸州市、绵阳市和内江市6个地区，它们在经济、社会与生态协调发展过程中具有一定的能力，但是水平并不高。其余13个地区的协调发展指数值均为负值，表明协调发展能力较弱。见图5.10：

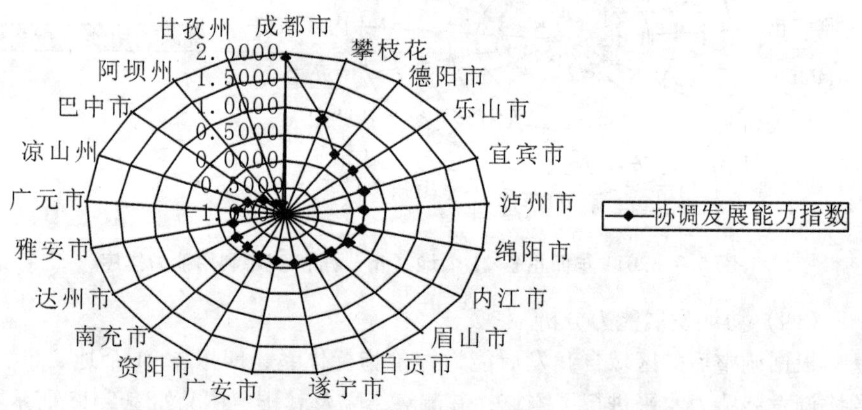

图5.10　2011年四川省21个地（市、州）协调发展能力排序

（五）地区自我发展能力分析

四川省21个地、市、州的区域自我发展能力水平测算结果及其排名如表5.14所示：

表5.14　2011年四川省21个地（市、州）自我发展能力水平

地区	区域自我发展能力指数	排名	地区	区域自我发展能力指数	排名
成都市	9.5985	1	遂宁市	-0.6669	12
攀枝花	0.8809	2	南充市	-0.6895	13

表5.14(续)

地区	区域自我发展能力指数	排名	地区	区域自我发展能力指数	排名
德阳市	0.4079	3	达州市	-0.6953	14
绵阳市	0.3770	4	眉山市	-0.6969	15
乐山市	0.1026	5	凉山州	-0.7884	16
宜宾市	0.0005	6	广安市	-0.8460	17
雅安市	-0.2295	7	广元市	-0.9923	18
自贡市	-0.4539	8	阿坝州	-1.0503	19
内江市	-0.5006	9	甘孜州	-1.3170	20
资阳市	-0.5181	10	巴中市	-1.4041	21
泸州市	-0.5186	11			

由表5.14可以看出，四川省内部各个地区之间自我发展能力水平相差悬殊，总体来看大致可以划分为三个层次。第一层次是成都市，它自我发展能力水平较高，其指数值分别9.5985。第二个层次是攀枝花市、德阳市、绵阳市、乐山市和宜宾市5个地区，它们的自我发展能力指数值为小于1的正值，这说明这些地区具有一定的自我发展能力，但发展后劲不足，仍需要进一步提升自我发展能力水平。第三个层次自我发展能力水平最低，包括雅安市、自贡市、内江市、资阳市等15个地区，它们的自我发展能力指数均为负值。其中，阿坝和甘孜两个自治州以及巴中市的自我发展能力指数值最低，分别为-1.0503、-1.3170和-1.4041，这些地区亟须实施自我发展战略，逐步培育和提升自我发展能力。见图5.11：

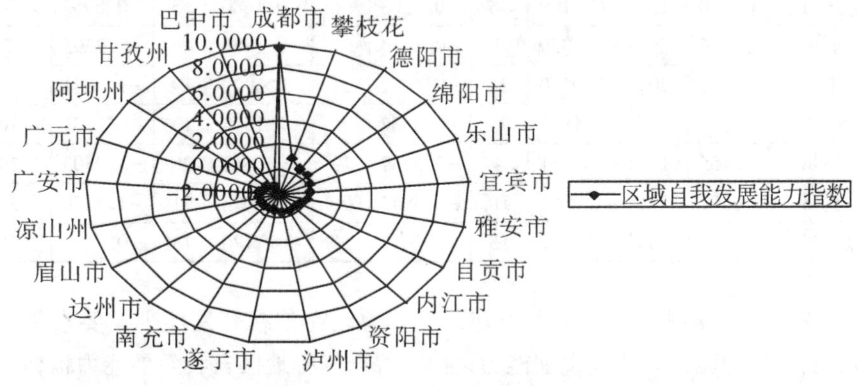

图5.11　2011年四川省21个地（市、州）自我发展能力排序

五、四川省21个地级市自我发展能力的聚类分析

我们利用聚类分析方法对四川省内部21个地区的自我发展能力水平进行分析，有助于我们更好地将各个地区的自我发展能力进行分类，以便通过对比和类比更深入地了解实际情况，为各个地区的自我发展能力提升战略提出针对性对策建议。四川省21个地区的各种自我发展能力指标如表5.15所示：

表5.15　　2011年四川省21个地区自我发展能力水平

地区	创新开发能力		要素集聚能力		资源利用能力		协调发展能力		区域自我发展能力	
	指数值	排名	指数值	排名	指数值	排名	指数值	排名	指数值	排名
成都市	4.2648	1	3.6185	1	2.4461	1	1.8834	1	9.5985	1
自贡市	−0.1668	9	−0.1013	8	−0.2943	16	−0.0713	10	−0.4539	8
攀枝花	0.0666	5	0.1261	2	0.5356	2	0.8207	2	0.8809	2
泸州市	−0.3442	14	−0.2003	11	−0.1403	13	0.1467	6	−0.5186	11
德阳市	0.0942	4	−0.0291	5	0.3246	3	0.3106	3	0.4079	3
绵阳市	0.2316	2	−0.0323	6	0.1781	4	0.1436	7	0.3770	4
广元市	−0.3151	11	−0.3119	17	−0.5021	18	−0.2671	17	−0.9923	18
遂宁市	−0.3275	12	−0.2581	14	−0.1329	12	−0.0992	11	−0.6669	12
内江市	−0.3918	18	−0.2507	12	0.1141	6	0.0708	8	−0.5006	9
乐山市	−0.1186	7	0.0123	3	0.1357	5	0.2712	4	0.1026	5
南充市	−0.3627	16	−0.3111	16	0.0255	7	−0.1670	14	−0.6895	13
眉山市	−0.3590	15	−0.2565	13	−0.1815	14	−0.0426	9	−0.6969	15
宜宾市	0.0428	6	−0.1170	9	−0.1015	11	0.2290	5	0.0005	6
广安市	−0.4081	19	−0.3203	19	−0.1898	15	−0.1281	12	−0.8460	17
达州市	−0.9410	13	−0.8109	18	−0.0063	8	−0.1680	15	−0.6953	14
雅安市	−1.0846	3	−0.9339	7	−0.3474	17	−0.1986	16	−0.2295	7
巴中市	−1.2282	20	−1.0570	21	−0.4827	21	−0.5920	19	−1.4041	21
资阳市	−1.3719	8	−1.1800	20	−0.5532	9	−0.1554	13	−0.5181	10
阿坝州	−1.5155	17	−1.3031	4	−0.6237	19	−0.7560	20	−1.0503	19
甘孜州	−1.6591	21	−1.4261	10	−0.6942	20	−0.8075	21	−1.3170	20
凉山州	−1.8027	10	−1.5492	15	−0.7647	10	−0.7176	18	−0.7884	16

我们可以发现，在四川省内部，一些地区在创新开发能力、要素集聚能力、资源利用能力和协调发展能力，以及综合指标地区自我发展能力指标评价中均表现良好，位次都靠前，比如成都市、德阳市、绵阳市和攀枝花市等。而

有一部分地区在五种指标评价中表现都不好，位次均靠后，比如甘孜州、巴中市等。还有一种地区，它们在一部分指标评价中表现较好，但在其他指标的评价中表现却相对较差，比如阿坝州的要素集聚能力的排名是第 4 位，比较靠前，但是它的创新开发能力、资源利用能力和协调发展能力水平分别排名第 17 位，第 19 位和第 20 位，最终导致总体指标评价水平相对落后。这样的地区还有南充市和眉山市等。换句话说，这些地区自我发展存在“短板”，亟须有针对性提高指标评价处于“短板”状态的自我发展能力。

（一）聚类分析

根据区域自我发展能力指标数据资料，使用聚类分析法对四川省 21 个地区进行分析，画出聚类图如图 5. 12 所示：

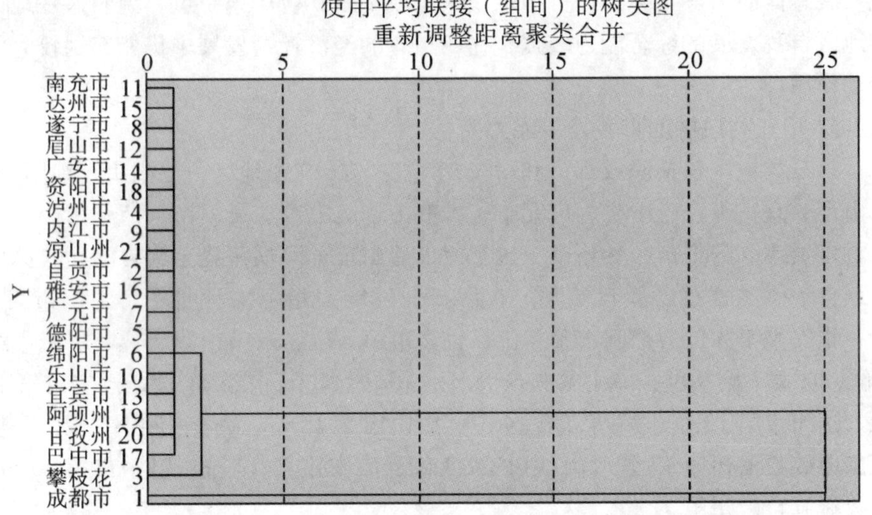

图 5. 12　四川省 21 个地（市、州）自我发展能力聚类分析图

从聚类图可以看出，利用聚类分析法可以将 21 个地区划分为三类：

第一类：成都市。

第二类：攀枝花市。

第三类：德阳市、绵阳市、乐山市、宜宾市、巴中市、广元市、雅安市、南充市、资阳市、泸州市、内江市、自贡市、广安市、达州市、遂宁市、眉山市、阿坝藏族羌族自治州、凉山彝族自治州和甘孜藏族自治州。

由上述分类结果可以看出来，聚类分析结果与因子分析结果大致一样，基本上是按照各个地区的自我发展能力总体指标水平高低分类。

（二）各类地区的自我发展能力要素比较分析

1. 第一类地区的自我发展能力要素

第一类地区只有成都市一个地区，它在创新开发能力、要素集聚能力资源利用能力和协调发展能力，以及地区自我发展总体能力等指标评价中均居首位，这说明成都市在四川省的经济发展中处于增长极地位，不仅具有强大的科技创新能力和要素集聚能力，而且生产效率和经济效益高，具有强大的经济集聚效应。

2. 第二类地区的自我发展能力要素

第二类地区只有攀枝花一个地区，除创新开发能力水平在四川省内排第五位外，这一地区在要素集聚能力、资源利用能力和协调发展能力，以及地区自我发展总体能力等指标的评价中均仅次于成都市，位居第二位，说明这一地区的地区自我发展的综合能力较强，在四川省的经济社会发展中仍能起到较大的带动作用。

3. 第三类地区的自我发展能力要素

第三类地区包括除成都市和攀枝花市之外的 19 个地区，德阳市、绵阳市、乐山市、宜宾市、巴中市、广元市、雅安市、南充市、资阳市、泸州市、内江市、自贡市、广安市、达州市、遂宁市、眉山市、阿坝藏族羌族自治州、凉山彝族自治州和甘孜藏族自治州。在创新开发能力指标的评价中，绵阳市第 2 位、雅安市第 3 位、德阳市第 4 位、宜宾市第 6 位、乐山市第 7 位、资阳市第 8 位、自贡市第 9 位、凉山彝族自治州第 10 位、广元市第 11 位、遂宁市第 12 位、达州市第 13 位、泸州市第 14 位、眉山市第 15 位、南充市第 16 位、阿坝藏族羌族自治州第 17 位、内江市第 18 位、广安市第 19 位、巴中市第 20 位、甘孜藏族自治州第 21 位。

在要素集聚能力指标的评价中，乐山市第 3 位、阿坝藏族羌族自治州第 4 位、德阳市第 5 位、绵阳市第 6 位、雅安市第 7 位、自贡市第 8 位、宜宾市第 9 位、甘孜藏族自治州第 10 位、泸州市第 11 位、内江市第 12 位、眉山市第 13 位、遂宁市第 14 位、凉山彝族自治州第 15 位、南充市第 16 位、广元市第 17 位、达州市第 18 位、广安市第 19 位、资阳市第 20 位、巴中市第 21 位。

在资源利用能力指标的评价中，德阳市第 3 位、绵阳市第 4 位、乐山市第 5 位、内江市第 6 位、南充市第 7 位、达州市第 8 位、资阳市第 9 位、凉山彝族自治州第 10 位、宜宾市第 11 位、遂宁市第 12 位、泸州市第 13 位、眉山市第 14 位、广安市第 15 位、自贡市第 16 位、雅安市第 17 位、广元市第 18 位、阿坝藏族羌族自治州第 19 位、甘孜藏族自治州第 20 位、巴中市第 21 位。

在协调发展能力指标的评价中，德阳市第 3 位、乐山市第 4 位、宜宾市第

5位、泸州市第6位、绵阳市第7位、内江市第8位、眉山市第9位、自贡市第10位、遂宁市第11位、广安市第12位、资阳市第13位、南充市第14位、达州市第15位、雅安市第16位、广元市第17位、凉山彝族自治州第18位、巴中市第19位、阿坝藏族羌族自治州第20位、甘孜藏族自治州第21位。

综上所述，与成都市和攀枝花市相比，第三类地区的自我发展能力总体水平较弱，而且各个地区之间的差异较大，德阳市、绵阳市、雅安市和乐山市等地区的自我发展能力水平相对较强，而甘孜州、巴中市等地区的自我发展能力相对较弱。

第四节　西部地区自我发展能力低下的原因分析

西部地区自我发展能力低下的现实困境，是经济、社会、生态环境等多方面因素相互作用的综合性结果。

一、西部地区自然条件恶劣

在现代区域经济发展中，虽然自然环境条件的影响不是决定性的，但它通过生存环境条件、地区产业的形成与发展、经济发展机会和发展空间等因素对地区的经济发展产生了直接或间接的影响。我国西部地区虽然也有一些自然环境较好的地区，诸如关中地区、成都平原等，但总体来说，西部地区自然条件恶劣，自然灾害频发，云贵高原、青藏高原等地区人类居住的适宜性很低；西北地区水资源严重缺乏，西南地区水土流失严重。随着经济社会的发展，“靠山吃山、靠水吃水”的生存心态导致了土地荒漠化、石漠化、盐渍化，水土流失，泥石流和洪涝灾害频发。自然环境条件不断恶化，严重影响了西部地区自我发展能力的形成。

二、西部地区区位条件不佳

西部地区地处内陆，远离海洋，唯有长江水道可以出海，但路程遥远，陆路交通滞后，自古就有“蜀道难，难于上青天”的说法。近代以来，我国的经济发展集中在东部沿海地区，改革开放以来，迅速崛起的北京、上海、广州等大城市经济中心距西部遥远。有梯度理论可知，西部地区在承接技术扩散中往往处于低末端，地理位置的偏僻是西部地区技术发展缓慢的诱因之一。与此同时，由于交通条件的限制，西部地区的对外贸易也受到极大限制，削弱了资源的集聚和市场开拓能力。另外，相对封闭的环境，使得西部地区很难接触到外界先进的价值观念和经营理念，导致西部地区思想落后，创新思维被禁锢。

三、西部地区资本积累缓慢

长期以来，由于历史、自然、社会等多方面因素影响，我国西部地区一直处于以东部沿海地区为中心的“中心—外围”模型的外围区域，在全国垂直型区域产业分工体系中定位于矿产资源和原材料基地，导致区域产业结构单一、层次低下，产业之间关联性弱。这种基于资源禀赋的经济发展模式，使西部地区在与东中部进行区际贸易过程中面临“双重利润损失”难题，区域实物资本积累少。

虽然西部大开发以来，国家对西部进行了大规模的投资，促进了西部地区的资本积累，但我们只能将这些投资看作对西部地区的“补课”，因为相对于东部地区来说，西部地区的资本积累仍然不足。另外，国家的对外开放政策由沿海向内陆梯度推移，开放重点集中在东部地区，这使得东部地区获得了比西部地区更多的优惠政策，增强了资源集聚和市场开拓能力。而西部地区的一些发展要素也会在利润驱使下流向东部地区，加剧了西部自我发展能力难以形成的现实困境。

四、西部地区劳动力资源不足

由于生活环境差，医疗卫生条件跟不上，生活习惯落后，导致西部地区居民的身体素质较差。由于基础教育和职业培训的滞后，西部地区劳动力的专业技能十分低下，不能满足经济发展需要。在国家战略向东部地区倾斜时，西部地区的高素质人才流入西部，加重了西部地区人才匮乏的困境。

西部大开发以来，虽然国家增大了西部地区的科技教育、卫生健康投入，使得西部地区的人力资本水平和人力资本积累能力大幅度提升，但与东部沿海地区相比，西部地区人力资本积累仍不足。虽然西部地区具有低成本的劳动力的比较优势，但并不具有发展需要的人力资本。随着劳动力在经济增长中的贡献不断下降，人力资本的重要性日益显现，西部地区人力资本的缺乏阻碍了地区经济发展和自我发展能力的形成。

五、西部地区制度安排不完善

在改革开放之后的很长一段时间内，国家对东部地区赋予了一系列促进其快速发展的优先发展政策，东部地区在这样一种制度安排下进行改革开放，迅速获取了“先发优势”，实现了地区经济的快速增长，而西部地区由于缺少这样一套制度安排，或者根本没有这套制度安排，发展相对缓慢，最终导致西部地区与东部地区的发展差距不断扩大（陈健生，2002）①。

就财政政策来看，中央实行多种形式的财政包干政策，东部地区经济基础好、发展快，具有更强的财政能力，在这一政策下拥有更大的财政收入支配权而更具有区域比较优势。就税收政策来说，在西部地区除了给予民族自治地区和老少边穷地区一些税收优惠政策外，并没有其他优惠，而这些地区本来就没有多少税收收入，因而对西部地区的资本积累没有大的作用。但东部地区的特殊经济区域在优惠税收政策的支持下就可以增大资本积累，可扩大再生产。

从西部地区内部来看，长期以来西部地区缺少一套完善的、可以支持经济内生性增长的制度安排，这种制度安排的缺位导致了区域内经济主体行为利己化，强化了经济发展的短期行为。一是相关法律缺失。我国的西部大开发是一个长期的系统工程，需要有坚实的法律基础来保障其顺利实施，然而现有与大开发战略相关的规定仍处于政策层面，而没有与之相关法律出台，从而使得各项活动的实施无法可依，经济行为短期化，导致开发目标模糊，行动秩序混乱，开发质量低劣。二是科技创新要素管理体制不完善。西部科技创新要素分散于企业、高等院校和科研院所等研发主体，这些机构隶属于拥有各自运行机制和考核体制的不同部门，服从垂直管理，这种管理体制导致了科技投入过于分散，严重削弱了西部科技创新合力。同时，各个研发主体内部功利化的考核机制诱使科研人员急功近利，不能安心于周期长、价值重大的科研创新活动，严重阻碍了西部地区科研创新的长期发展和重大成果的取得，这种现象在基础研究领域更为突出。三是政策体系不完善。西部地区虽然存在激励科技创新的财税、投融资、成果奖惩政策，但相关政策体系并不完善，这极大制约了西部地区科研主体进行科技创新的积极性和主动性。四是监督评估不到位。完备、合理的监督能够确保战略实施和创新活动的顺利进行，客观、合理的评估能够为开发行为和科技创新活动的提供动力源泉。然而，在西部大开发战略的实施过程中及创新活动的开展过程中，对资金投入、重大项目布局及实施过程缺乏

---

① 陈健生. 西部开发制度分析两题［J］. 经济学家，2002（2）：120-121.

应有的监督，项目结果也未得到必要的客观评估，使开发和创新过程中存在的问题很难得到客观反馈，及时纠正。

六、西部地区创新体系存在严重缺陷

我国西部地区创新体系不完善，也是地区经济内生增长机制存在缺陷的重要原因之一。第一，西部地区创新体系总体发展水平偏低。西部地区创新体系不完整，尚未覆盖整个西部地区。虽然西部地区存在诸如成都、重庆、西安等创新极，但是也存在大量的创新空洞。同时，无论从数量还是从质量上看，西部地区创新主体在促进科技创新方面均处于较低水平。第二，西部地区创新体系的协作程度低。官、产、学、研及中介合作链条的不完整是西部创新体系难以发挥作用的最大制约。由于受传统发展观念的影响，政府部门往往倾向于利用技术的引进和模仿来促进产业结构升级，而对自主创新重视不够。由于构建区域创新体系的政策缺失，使得科研院所、高等院校和企业之间缺少必要的协作和交流，无法形成高效率的区域创新体系。这不仅使基础研究成果难以进行产业化，迫使大企业从国外高价引进技术成果，还导致知识扩散渠道不畅通，技术溢出效应难以实现。第三，西部地区创新体系对区域经济发展贡献不大。创新空洞的存在及创新主体之间低水平的协作，导致了创新要素流动不畅，知识外溢效应难以产生，极大制约了西部经济内生性增长。

七、西部地区文化传统保守

随着人类社会的发展，西部地区人们在改造大自然的同时，也造成了大量的水土流失和生态破坏，生存条件日益恶化。为了生存，人们形成了以温饱和生存为根本动机的生存方式，这一生存方式加剧了人类与自然之间的矛盾。"小富即安"的思想无助于西部地区的资本积累和社会再生产扩大。同时，西部地区地处内陆，环境相对封闭，文化传统相对保守，思想相对落后，缺乏创业精神，导致经济发展缺乏活力。

本章利用区域自我发展能力评价指标体系，使用因子分析法和聚类分析法对我国 31 个省份和四川省 21 个地级市的自我发展能力水平进行了实证分析，结果显示，我国西部地区的自我发展能力水平低于东中部地区；西部地区各个省份之间，以及四川省内部 21 个地区之间的自我发展能力水平都存在较大差异。

长期以来，自然条件恶劣、生态环境脆弱，区位条件不佳、交通基础设施供给不足，资本积累缓慢，劳动力资源不足，制度安排不完善，区域创新体系存在缺陷以及西部传统文化保守等多种因素导致了西部地区自我发展能力低下的现实困境。由于西部地区幅员辽阔，内部各个地区的自然、经济、社会等因素也存在很大差异，从而使得西部地区内部各个地区的自我发展能力水平迥异。

具备不同自我发展能力水平地区，在发展过程中所面临的问题、发展的重点、所要实现的目标，以及实现目标的途径和可能采取的发展手段都会也有所不同。因此，在西部地区的自我发展能力构建过程中，应该因地制宜，根据地区的功能定位和实际发展情况，合理制定自我发展目标和内容，通过差异性手段实现不同类型地区的自我发展能力培育、增强和提升。

第六章 欠发达地区自我发展能力培育的国际经验与启示

地区发展不平衡是一个在世界范围内普遍存在的问题，无论发达国家还是发展中国家都存在不同程度的地区发展差距。在一个国家内部，各个地区之间发展差距会在一定程度上影响整个国民经济的持续健康发展，当地区发展差距达到某一水平后就会成为国民经济发展的制约因素。因此，提升欠发达地区的自我发展能力，促进欠发达地区快速健康发展，并以此缩小国内地区之间的发展差距，实现区域协调发展是各个国家共同面临的任务。在世界近现代史上，一些国家通过大规模区域开发塑造欠发达地区的自我发展能力，不仅促进了欠发达地区的发展与繁荣，实现了区域协调发展目标，也推动了整个国民经济的较快发展。这些国家在欠发达地区自我发展能力的塑造过程中积累了丰富的实践经验，这些经验值得我们在西部大开发过程中加以借鉴；但也产生了一些不良后果，它们带来的教训值得我们时刻注意。在这一章中，我们以美国、苏联、日本和巴西作为典型代表，对欠发达地区的自我发展能力塑造过程中的经验教训进行归纳总结，以期对我国西部地区自我发展能力构建有所启示。

第一节 欠发达地区自我发展能力培育的国际比较

美国、苏联、日本和巴西都曾面临着严重的地区发展差距问题，他们根据欠发达地区的自然环境条件、经济和社会发展状况，采取了不同的开发措施，对欠发达地区自我发展能力进行构建，取得了显著成效。

一、美国西部地区的自我发展能力培育①

（一）美国西部地区自我发展能力培育的历程与成效

美国幅员辽阔，自然环境条件繁杂多样，西部地区地貌以高原山地为主，中部为平原，东部是阿巴拉契亚山脉。总体看来，东北部和中部地区自然环境优越，适宜经济社会发展，加之自然资源和历史原因，这一地区成为了全国的经济重心，而其他地区发展缓慢，造成了地区发展水平的差异性。这种地区之间的发展不平衡，不仅阻碍了美国国民经济的持续健康发展，也对国家安全构成了威胁。因而在独立战争之后，美国便开始了对落后地区进行大规模开发，通过培育这些地区的自我发展能力推动区域经济平衡发展，使得美国的地区发展差距逐渐缩小，为整个国民经济的发展提供了动力，也使国家安全得到了基本保障。这一开发过程可以分为三个阶段：农业开发阶段、工业开发阶段和科技开发阶段。

在独立战争结束到 19 世纪 50 年代的农业开发阶段中，美国通过所谓的“西进运动”在西部地区建立了大量的农场和牧场，农业的快速发展为美国的资本主义及其工业化发展完成了资本积累。从 19 世纪 50 年代到第二次世界大战结束，美国政府通过大规模开发，尤其是 1929—1993 年经济大危机爆发后罗斯福总统推行的“新政”，对田纳西河流域和阿巴拉契亚地区的大规模开发，促进了美国南部“阳光地带”的崛起，提升了南部地区的自我发展能力，美国的工业化中心由东北部转移到了中西部地区，并且完成了工业化过程。第二次世界大战结束后，分布在西部和南部的军事工业开始向民用工业转化，这一地区的宇航、原子能、电子科技产业迅速发展，逐渐形成了加利福尼亚州的“硅谷”、北卡罗来纳的“三角研究区”和佛罗里达的“硅滩”、亚特兰大的计算机工业基地等高新技术产业的科研和生产基地，建立了加州大学、斯坦福大学等世界著名大学。经过这一时期的开发，这一地区不仅奠定了美国在全球的高新科技领导者地位，也使得区域自我发展能力急剧提升。

（二）美国西部地区自我发展能力培育的主要措施

1. 制定相关法律，成立专门机构保障开发计划顺利进行

在落后地区的开发过程中，美国先后实施了《宅地法》、《荒芜土地法令》、《土地再开发法》、《加速公共工程法》、《麻梭浅滩和田纳西河流域发展

① 辛强国. 西部跨越式发展的国际比较［M］. 成都：西南财经大学出版社，2006：79-104. 张敦富. 区域经济开发研究［M］. 北京：中国轻工业出版社，1998：65-73. 郑长德. 世界不发达地区开发史鉴［M］. 北京：民族出版社，2001：151-179. 王磊，赵大新，苏鸿，柏文喜. 大开发：世界各国开发落后地区实录［M］. 北京：北京图书馆出版社，2000：1-61.

法》、《田纳西河流域管理法》和《阿巴拉契亚区域开发法》等一系列法律法规，确保了各项地区开发实践活动的顺利进行。与此同时，为推动开发活动的顺利进行，在不同的时期分别为某一些专项开发活动建立了专门机构，比如在田纳西河流域开发过程中成立了“田纳西河流域管理委员会（TVA）”，在阿巴拉契亚地区的开发过程中成立了“阿巴拉契亚地区委员会”，这一机构由阿巴拉契亚地区各个州代表和联邦政府代表共同组成，这些开发机构的成立确保了相关地区开发法案的顺利实施。

2. 大力推动基础设施建设

美国在对欠发达地区的开发过程中，十分重视基础设施建设对提升这些地区自我发展能力的促进作用。在开发早期，美国以交通运输业发展为先导，通过交通运输业的发展推动西部地区开发。在1883年，“坎伯兰大道”的完工打通了东西部地区之间的交通，在1825—1850年，又相继开通了伊利运河、费城—匹兹堡运河和切萨比-俄亥俄运河。为了刺激铁路建设，政府制定和实施了一系列优惠政策，诸如向铁路公司馈赠土地、提供低利率银行贷款以及免税等，相继在西部地区建成了太平洋铁路、中央与联邦太平洋铁路等5条铁路，形成了西部地区的铁路网络。在阿巴拉契亚地区的开发过程中，政府投入大量资金建设以公路为主的交通运输系统，打通了这一地区内部及其与外部的联系通道。除了政府拨款进行交通基础设施建设外，这一地区还对劳动力培训和环境治理进入了大规模投入。据统计，在中后期投入的140亿美元之中，有80亿美元用于公路交通建设，另外60亿美元主要用于社区能源、教育、文化和医疗卫生等公共设施建设。欠发达地区交通运输通达性的提高以及其他公共基础设施的不断完善，增强了这些地区的要素集聚能力和利用能力，推动了区域自发展能力的形成进程。

3. 倾斜性财政政策支持

虽然美国在促进欠发达地区自我发展能力形成过程中，主要依靠市场发挥主导性和基础性调节作用，但美国中央政府也采取了相关倾斜性财政政策给予支持。一是根据各个地区经济发展水平的差异性，实施差别性税收政策，在发达地区实行较高税率，再通过财政转移支付分配给欠发达地区，并且在欠发达地区实行较低税率，增加这些地区的发展资金促进资本积累。比如，马里兰州的所得税率为9%，伊利诺伊州是3%，而阿拉斯加、佛罗里达、内华达、南达科达、德克萨斯、华盛顿和怀俄明七个州则完全不征收所得税。二是建立以专项补贴为主的转移支付制度。为了增加对欠发达地区的投入资金，扩大这些地区的资本积累，中央政府实施了“以专项补助为主、分类补助和一般补助为辅”的财政转移支付政策向欠发达地区进行资金支持。三是积极引导社会资本向欠发达地区投资。四是直接利用财政拨款支持欠发达地区产业发展。第二次世界大战之后，中央政府以军事拨款形式向西部和南部地区投入大量资金支持，有力推动了这些地区的军事工业发展，为后来这些地区的产业向民用工业转型，并且发展成为战略性科技高地奠定了资本和技术基础。中央政府的倾斜性财政支持，为这些地区扩大再生产提供了必要资金，推动了欠发达地区的资本积累，促进了地区自我发展能力的形成。

4. 资源开发与环境保护并重

中央政府在出售土地的过程中，对水利、矿山、森林、公园等事关生态平衡的区域实施保留政策，并且在诸如《草原植树法》、《沙漠土地法》等一系列法律法规中，强调生态环境保护。在阿巴拉契亚地区开发过程中，尤其注意到对当地生态环境恶化的治理，一共颁布15个涉及土地复垦、水净化、大气净化和酸雨控制等诸方面的法令。其中采取的主要措施有以下几个①：一是规定煤炭开采后必须复田。也就是说，开采土地要恢复原貌，用于农业生产或植树种草，保护土地生态，减少水土流失。二是严格处理煤矿废水，使污水达到排放标准后方可进入天然水体，减轻水污染，保护水源。三是加强燃煤废气的消烟除尘工作，减少大气中二氧化硫和粉尘的排放量，改善大气环境质量。

5. 通过建立“增长中心”带动地区发展

美国政府在西部地区的自我发展能力培育过程中，实施增长极战略，以“增长中心”带动周围地区发展。在阿巴拉契亚地区的开发过程中，阿巴拉契亚区域委员会根据各个次级地域单元增长潜力的大小，确定了125个增长中心，将发展资金集中投入这些增长中心。这些增长中心由一个或多个社区组成，它们主要承担为周围腹地提供各种就业计划以及文化、社会和商务服务的功能。位于增长中心周围的广阔腹地，则主要是通过就业岗位培训和教育、医疗设施建设，提高当地居民的文化素质，以使他们能够从增长中心获得就业机会。

6. 调整和优化产业结构

在西部地区的开发过程中，美国政府采取政策主动引导产业均衡发展。比如，为推进农业现代化的发展步伐，美国颁布了农业调整法，实行农产品价格补贴政策，给予农业发展以财力支持。在两次世界大战期间，美国政府为了发战争财，在西部地区发展了一批具有相当技术水平和规模实力的军工企业。进入冷战时期后，政府又将这些企业推向民营化，迅速完成了由军用向民用的转变，迅速发展以宇航、原子能、电子、生物等为代表的高科技产业，有力推动并实现了西部地区产业结构的转型升级。

---

① 张敦富. 区域经济开发研究［M］. 北京：中国轻工业出版社，1998：69.

7. 重视科技教育发展

在西部大开发的早期，中央政府十分重视推动农业发展的科技研究，积极推动农业生产工具的研发，革新农业技术和改良品种，建立农业科技普及网络。随后在工业化和信息化阶段，美国更加注重科学技术进步，以先进的科技水平占领了世界产业链条的高端地位。与此同时，联邦政府向欠发达地区投入巨额教育经费，用来提高劳动者素质。20 世纪 60 年代，联邦政府将 45%的教育经费拨给了人口不到三分之一的西南部地区，这一地区的州政府每年财政支出的 85%用于教育投资特别是高等教育事业发展。同时，地方政府还投入大量资金实施职业培训计划，尤其是失业人员的再就业培训。科技教育经费的大量投入有效提高了欠发达地区的科技创新能力和劳动生产率，增强这一地区对资源的创生能力、集聚能力和利用能力。

二、苏联西伯利亚地区的自我发展能力培育①

（一）苏联西伯利亚地区自我发展能力培育的历程与成效

西伯利亚地区是指苏联乌拉尔山脉以东至太平洋沿岸之间的区域，包括西西伯利亚平原、中西伯利亚高原以及南部和东北部的山地，总面积 1277 万平方千米，占苏联领土的 57%，现俄罗斯面积的 70%。西伯利亚幅员辽阔，自然资源丰富，矿藏有石油、天然气、煤、金、金刚石等，各类资源分布比较集中，而且大型矿床较多，全国 70%的自然资源蕴藏于此。但是西伯利亚自然环境恶劣，气候酷寒，人类生存和生产条件十分艰苦。早在 20 世纪 60 年代以前，这里地广人稀，经济社会发展十分落后。

1917 年十月革命胜利之后，苏联政府为了尽快恢复战后国民经济，决定开始有计划有步骤地对西伯利亚地区进行大规模开发，并且把西伯利亚大开发置于国家发展战略高度。从苏联第二个五年计划（1933—1937）开始，国家的财政投入向西伯利亚倾斜，推动西伯利亚地区的采矿业、化学合成、金属冶炼、森林采伐、木材加工等工业发展。直到 1975 年第九个五年计划结束，经过七个“五年计划”期间对西伯利亚地区的大规模开发，西伯利亚地区已经成为苏联工业的重要基础和出口商品基地，也是各种高科技研究和产业的重要基地。总体来说，1917 年后苏联西伯利亚地区的大开发过程大致可以划分为

① 郑长德. 世界不发达地区开发史鉴［M］. 北京：民族出版社，2001：183-190. 何顺果. 比较开发史［M］. 北京：世界图书出版公司，2002：345-371. 肖慈方. 中外欠发达地区经济开发的比较研究［D］. 四川大学博士学位论文，2003.

三个阶段①：第一阶段是十月革命胜利后到第二次世界大战前，这是西伯利亚地区的恢复与初步发展时期，经过这一段时间的发展，西伯利亚地区的经济得到了恢复性发展，初具区域自发展能力；第二阶段是第二次世界大战至20世纪50年代，苏联出于战备和国防安全考虑，大批军工企业和工矿业布局或转移到西伯利亚地区，并且带去了大量的技术和人才，增强了西伯利亚地区的自我发展能力；第三阶段是20世纪60年代起西伯利亚地区进入了一个全新的发展阶段，经过这一时期的大规模开发，西伯利亚地区具有了完备的自我发展能力，发展成为苏联重要的战略经济区域。

（二）苏联西伯利亚地区自我发展能力培育的主要措施

1. 制订科学、详细的开发规划

为了科学、有序地推动西伯利亚地区的开发，苏联在十月革命后就加强了对西伯利亚地区的地质普查和勘探工作，并在20世纪30年代对重点开发地区进行了区域规划。在30~80年代期间，实施了5次长期投资纲要。在实际开发过程中，苏联按照五年计划逐步推进对西伯利亚地区的开发，集中力量有序向前推进，确保了开发质量，使得西伯地区的自我发展能力得到稳步提升。从1926年开始，苏联建立了西伯利亚发展的科学研讨会制度，每隔十几年就会举行会议，邀请全国的科学家和经济学家为西伯利亚地区开发的重大决策提供方向性和科学性建议。

2. 大力发展交通设施建设

在大开发之前，广袤的西伯利亚地区内交通运输网络密度十分稀疏，低水平的交通运输通达性严重阻碍了这一地区的经济社会发展，因此苏联在进行大开发的过程中始终重视交通设施建设。20世纪30年代，苏联完成了对原有的一条东西向的西伯利亚大铁路的改建工程和全线复线工程，并且建成了一些通过工矿区的铁路支线，架构了基本的铁路交通网线。第二次世界大战之后，苏联又一次对西伯利亚大铁路进行全面的改造升级。20世纪50年代到70年代末，苏联在西伯利亚地区相继完成了勒纳铁路、南西伯利亚铁路东段、贝阿铁路和秋明—下瓦托夫斯克铁路等。这些铁路工程的完成提高了西伯利亚地区的交通网络通达性，增强了这一地区的要素集聚能力。

3. 建立区域性生产综合体

为了避免“行政区经济”所带来的种种弊端，苏联在西伯利亚地区的开发过程中主要采取建立地域生产综合体的开发方式，企图打破行政区经济的地域壁垒和条块分割，对自然资源进行综合开发，全面推动地区经济社会发展。区域性

① 茶洪旺. 区域经济理论新探与中国西部大开发［M］. 北京：经济科学出版社，2008：121.

生产综合体的实质是按一定区域配置生产力的一种符合现代化大生产要求的组织形式，其主要涵义是根据某一地区的自然地理条件、经济因素，有计划地配置专业生产部门及辅助生产部门，以达到合理利用各种资源，统筹规划，以最少的人、财、物力取得最大经济效果的生产目的。1924—1979 年西伯利亚共新建城市 125 个，其中的 92 个城市都是因组建区域性生产综合体而形成的。这些地域生产综合体的建成不但为所在地区建立了专门化的经济中心，而且形成了足以支撑整个社会生产和生活的基础设施，在短时期内形成强大的生产能力。

4. 注重智力投资

1957 年，为了平衡国内区域经济发展，使国民经济的布局趋于合理，苏联政府决定在新西伯利亚市郊建立苏联科学院西伯利亚分院，即“科学城”，这是开发西伯利亚的一项重大举措。到 1979 年，“科学城”已拥有 60 多个研究所和设计院，有 1 万多名科技人员在此工作，科学院院士和通讯院院士 100 多位，以及数以百计的博士和副博士。“科学城”的建立与发展，大大提高了西伯利亚地区的科技创新能力。另外，以优惠政策吸引人才。如对有组织招募到西伯利亚工作的工人发放安家补助费，发放较高的工资和退休金（比其他地区高 20%以上），给予边疆地区工作津贴，对到西伯利亚安家的移民免除几年的农业税、增加带薪节假日和允许退休后择地安排等。

5. 利用外资推动开发进程

20 世纪 60 年代，来自于原经济互助委员会国家的大量资金进入西伯利亚开发中，极大地推动了能源运输管道建设、森林资源开发和铁路建设。70 年代后，来源于西方国家的大量资金进入西伯利亚地区，主要流向能源或原材料开发领域。通过引进外资，苏联实现了与西方国家广泛的经济交往与合作。西方的设备与技术源源不断地流向苏联，苏联的能源和原材料又同时输往西方，并由此加强了对外经济联系。大量国外资本的进入，提高了西伯利亚地区的资本积累进度，促进了西伯利亚地区的自我发展能力形成。

三、日本北海道的自我发展能力培育①

（一）日本北海道地区自我发展能力培育的历程与成效

北海道是位于日本北部的一个面积较大的岛屿，面积 8.34 万平方千米，占日本国土面积的 22.1%，由于占据重要的战略地位而被喻为“日本北门锁

① 郑长德. 世界不发达地区开发史鉴［M］. 北京：民族出版社，2001：194-208. 肖慈方. 中外欠发达地区经济开发的比较研究［M］. 四川大学博士学位论文，2003. 王磊，赵大新，苏鸿，柏文喜. 大开发：世界各国开发落后地区实录［M］. 北京：北京图书馆出版社，2000：1-61.

钥”。这一地区蕴藏着丰富的水资源和森林资源，海岸平原地带土壤肥沃，气候适宜，适合农业发展。但在20世纪50年代之前，由于远离日本经济中心，高山地区面积大，寒冷时间长，交通通达性差，基础设施落后，北海道地区经济发展水平相对比较落后。第二次世界大战之后，日本面临着恢复国民经济发展和解决就业问题的双重难题，日本政府决定对北海道地区进行大规模开发。

从20世纪50年代开始，北海道地区相继进行了多个以不同开发重点为目标的开发计划。这些计划目标依次是开发资源和振兴产业，实现产业现代化，提高生产水平和进行社会发展福利设施建设，促进社会经济的稳定性和形成综合环境，提高竞争力，培育地区产业集群工程和主导产业基地，等等。这些开发计划重点突出、目标明确，实施过程环环相扣，依次推进，极大提高了北海道地区的自我发展能力。

（二）日本北海道地区自我发展能力培育的主要措施

1. 立法先行，成立专门机构保障开发法案实施

为了推动北海道地区开发，日本政府于1950年颁布了《北海道开发法》，为北海道地区开发提供了基本原则和开发方针。按照《北海道开发法》的规定，在中央政府设立“北海道开发厅”，在地方政府中设立“北海道开发局”，形成了双重负责的协调开发体制，确保了开发方案的有效实施。

2. 制订开发规划，有计划地推进开发进程

从20世纪50年代开始，日本政府在北海道地区分阶段实施具有不同开发重点的综合开发计划，每一个阶段为5年。经过几十年的开发，北海地区的基础设施状况得到了极大改善，已经成为日本重要的农产品、水产品和木材、煤炭的供应基地，新农业技术实验基地，新兴工业生产基地和国际旅游胜地。

3. 实行有效的财政政策支持

日本政府对北海道地区开发实行倾斜性政策支持，在直接公共投资、补贴和税收等方面给予支持。比如增加预算内的直接公共投资，中央年平均资助的公共投资占当地财政支出的比例比全国平均水平高1倍左右；在政府补贴中，中央政府对北海道地区的开发项目补贴比重明显高于其他地区。比如在1995年，北海道地区日常河流改造和国家高速公路建设方面的补贴比其他地区高13%，在港口建设方面的补贴比其他地区高35%，在渔港建设方面的补贴比其他地区高30%，在公路和其他基础设施建设方面的补贴比其他地区高13%。在农业开发方面，则根据不同的实施主体分别予以资金支持，比如农业土地改良所需调查费用，国营事业是由中央政府全额出资，道营事业则由北海道政府出资50%以上，也有中央政府部分资金支持。另外，通过采取减免税收、推行全民年金和全民保险制度等形式，保证北海道地区居民的基本生活水平不会受

地区经济水平差异的影响。

4. 设立地区开发金融机构

运用政策性金融手段，以提供优惠贷款的形式支持北海道开发，如设立专门的"北海道东北开发金融公库"（70%的资金来源于其财政部大藏省），作为北海道开发的特别金融机构。

5. 加快中心城镇建设

经过50多年的开发，札幌、小樽、室兰、函馆等城镇都已成为生活环境舒适、交通便捷的中心城镇，90%的居民居住于此，提高了人们的生活水平，减少了人类活动对自然生态环境的破坏。

6. 积极调整落后地区产业结构、优化产业空间布局

日本在北海道地区的开发过程中，重新安排了工业布局，促进了制造业从经济发达的"三湾一海"地区向北海道扩散，在北海道建立了不少"开发据点"、"定居圈"、"技术集成城市"。在农业生产上，根据地区自然条件，不断调整生产布局，建立各具特色的专业化生产区域，实现农产品商品化，形成全国粮食、畜产、水产、林业生产基地，以农业为基础向经济综合体系发展，形成比较发达的食品加工业、木材加工、造纸工业等。

四、巴西落后地区的自我发展能力培育①

（一）巴西落后地区自我发展能力培育的历程与成效

在第二次世界大战之后，巴西在新工业化运动推动下快速发展，创造了"巴西奇迹"。但是在国民经济高速发展的同时，东部经济发达地区与亚马逊河流域经济落后地区的发展差距越来越大。为了缩小地区差距，促进区域协调发展，巴西政府决定对亚马逊河流域进行大规模开发。经过几十年的开发，亚马逊河流域的经济社会得到了较大发展，自我发展能力逐步形成。

（二）巴西落后地区自我发展能力培育的主要措施

1. 制订科学合理的开发计划，成立专门的开发机构

巴西政府为了加快落后地区的开发，培育这些地区的自我发展能力，在不同阶段根据实际情况制订了全国统一的综合性开发计划。1967年，巴西政府为了培育北部地区的自我发展能力，制订了涵盖工、农、牧等全面发展的综合性开发计划——"达卡拉雅斯计划"。通过这一计划的实施，巴西政府专门拨

---

① 肖悬方. 中外欠发达地区经济开发的比较研究［D］. 四川大学博士学位论文，2003. 郭丽. 区域后发优势实现机制研究［M］. 长春：吉林大学出版社，2009：64-69. 刘学敏. 国外典型区域开发模式的经验与借鉴［M］. 北京：经济科学出版社，2010：94-113.

款500亿美元，对一个储量为180亿吨的大型铁矿进行开发，建立起由200个农牧中心组成的农牧基地。巴西政府为了加快亚马逊河流域的开发，在1970年制订了《全国一体化规划》，计划通过调整原有的农业生产布局，争取建立起有国际竞争力的农业部门。为了确保一体化规划的顺利实施，巴西政府成立了跨州的东北部、中西部、北部和南部4个专门负责地区开发的管理局。

2. 调整区域格局

将原来的首都里约热内卢迁到内陆地区的巴西利亚，并且在森林深处设立亚马逊州府马瑙斯市，带动大量人口、资金、技术流向北部亚马逊河流域。经过30多年的建设，巴西利亚联邦区已经成为人口近200万，有10座卫星城镇的现代化都市。在这一过程中，在中西部和北部地区设立多个移民点，鼓励并组织东南部居民向这一带迁移定居，并对移民提供必要的资金、技术帮助。

3. 以城市化建设为契机打造经济增长极

在北部地区，巴西政府设置了马瑙斯自由贸易区，提供各种优惠政策，以吸引国内外投资，从而使马瑙斯成为巴西最重要的贸易集散地，带动了整个亚马逊地区的开发，并对巴西全国的经济现代化发展起到了带动和辐射效应。

4. 加强基础设施建设

在基础设施建设方面，巴西政府从流域规划中的能源交通起步，20世纪70年代完成了世界上著名的亚马逊公路，形成了总长1.3万千米的公路网，使边远地区的交通状况大为改观，从而为流域综合开发创造了条件。同时，积极打造出口走廊，将内陆地区与沿海的港口城市连接起来。另外，巴西政府积极开发水利资源，在亚马逊地区建造了总装机容量800万千瓦的图库鲁伊水电站，为落后地区的发展提供了电力资源。

5. 加大人力资本投资

通过学习美国的西部开发经验，巴西政府认识到提高劳动者素质是开发落后地区的重要环节。为此，巴西政府投资7亿美元成立了东北部教育基金，帮助落后地区培养教师，免费发放教科书，并于1996年启动了“远距离教学计划”，通过卫星电视向偏远地区播放教学节目，使落后地区的文盲率大大降低，为中西部开发提供了所需的开发者和创业者队伍。

第二节　国外欠发达地区自我发展能力培育的经验与启示

“他山之石，可以攻玉”。虽然由于每个欠发达地区的自然环境条件、发展基础和功能定位有所不同，导致它们在培育自我发展能力时所要采取的措施存在差异性，但是区域发展的共同性决定了一个欠发达地区在构建自我发展能力时，对其他欠发达地区自我发展能力培育的经验教训进行借鉴的必要性和可能性。我国西部地区的自我发展能力构建同样是一个在欠发达地区培育区域自我发展能力的典型案例，因而在比较美国、苏联、日本和巴西等国家关于欠发达地区自我发展能力的培育政策之后，有必要对其中的成功经验进行归纳，以期对我国西部地区的自我发展能力构建实践活动有所指导，更有必要对其中的深刻教训进行总结，以期对我国西部地区的自我发展能力构建实践活动有所警示，确保我国西部地区的自我发展能力构建实践活动得以顺利进行。

一、完善法律体系，提供制度保障

健全的法律体系是欠发达地区自我发展能力培育的重要制度保障。由于自然、经济、社会、历史、文化等多种因素相互交织影响，欠发达地区的自我发展能力构建过程表现出长期性和艰巨性，不可能一蹴而就，因而需要将推动欠发达地区自我发展能力形成的长期政策和发展规划实现法制化，以法律形式固定下来。如美国在开发西部地区时先后颁布实施了《宅地法》、《荒芜土地法令》、《土地再开发法》、《加速公共工程法》、《麻梭浅滩和田纳西河流域发展法》、《田纳西河流域管理法》和《阿巴拉契亚区域开发法》等一系列法律法规；日本在开发北海道地区时颁布实施了《北海道开发法》。这些法律法规的颁布为其落后地区的开发实践和自我发展能力培育提供了稳定可靠的法律保障，确保了开发政策的严肃性、稳定性和连续性。

一个反例是巴西在对亚马逊河流域进行开发时主要采取制订“规划”或“计划”的形式，由于这种“规划”或“计划”的形式不具有法律效力，很容易受到政府更迭和国内外形势变化的影响，而且容易在实施过程中受当政者主观意志影响，出现所谓“丰碑工程”和“政绩工程”，严重影响了这一地区的开发，阻碍了地区自我发展能力的构建进程。

我国西部地区的自我发展能力构建也是一个巨大的系统工程，想要通过对西部地区的开发实现自我发展，同样需要为开发实践活动提供有效的法律保障。

二、成立区域开发机构，提供组织保障

欠发达地区的自我发展能力构建，是一个涉及领域甚广，牵涉利益方众多、工作难度大的系统工程，事关地区经济社会发展以及自然生态环境保护等多个方面，需要多级政府以及多个政府部门通力合作才能够实现。为了确保在地区开发过程中顺利实现自我发展能力培育，需要成立一个有权威性的专门组织管理机构，赋予其强大的行政决策权和独立的财政权，负责协调实施。比如，美国罗斯福政府为了开发田纳西河流域，成立了直属于联邦政府的田纳西河流域管理局，负责对该流域经济活动进行规划和调控；20 世纪 60 年代，为了开发西部和南部地区，先后成立了地区再开发署、经济开发署、阿巴拉契亚区域委员会以及其他的洲际区域开发委员会等管理机构。巴西政府在 20 世纪 80 年代初为了开发落后的东北部、中西部、南部和亚马逊河流域，在这四个区域分别设立了开发管理署，专门负责区域内的经济开发和建设管理工作。第二次世界大战后的日本为了加速北海道地区的发展，在总理府内专门设立了“北海道开发厅”。

同样，我国在新时期通过西部大开发战略的纵深化实施以培育西部地区的自我发展能力，同样需要一个专门的区域开发机构来协调各个方面的工作和利益冲突，确保这一过程的顺利进行。

三、加强基础设施建设，提供基础保障

通过大规模公共基础设施建设提高生产和生活环境质量，是各个国家通过欠发达地区的开发构建自我发展能力的共同经验。交通运输设施的改善，不仅可以降低原材料和产品的运输成本，促进产业集聚，还有利于推动生产要素流动，优化生产要素空间配置。同时，其他生产性基础设施和生活性基础设施的建设，都能够改善地区发展条件，促进地区自我发展能力的形成。

比如美国为了突破西部地区的交通运输瓶颈，在开发过程中投入大量资金构建了铁路网、公路网、信息网络和水利枢纽工程。20 世纪 50 年代以后，日本在北海道的开发过程中，在基础设施建设领域投入大量资金，包括治山治水、道路港湾、住宅和城市街道、下水道及环境卫生建设、林业和水产业的基础设施建设等。巴西政府耗费巨资修建横穿东西的亚马逊公路，建成了以新首都为中心，连接各州主要城市的公路网等，这些措施有力地促进了落后地区的

经济发展。

我国西部地区幅员辽阔，经济社会发展相对落后，基础设施欠账较多，在自我发展能力的培育过程中首先要解决的就是基础设施建设。因此，在我国西部地区的自我发展能力培育过程中，不仅要加强交通、通信、能源等生产性基础设施，以改善欠发达地区的投资环境，而且还要推动教育、卫生、文化等基础设施的建设，提高生活环境质量，吸引高素质人才流入区域内部，以支持地区自我发展能力构建。

四、注重环境保护和生态建设，提供环境保障

在欠发达地区的开发过程中，“先污染，后治理”或“先开发，再环保”的环境保护理念，“有水快流”和“竭泽而渔”的资源开发思路都不利于这些地区自我发展能力的形成。一些地区对资源的掠夺式开采，虽然在短时期内获得了巨额经济效益，但对资源和生存环境造成了很大破坏，导致森林资源和环境植被大规模消失，开发结果往往事与愿违。巴西在对亚马逊河流域的开发过程中，大规模砍伐森林，导致水土流失，河流泛滥，引发了严重的生态问题，致使亚马逊森林以每年5%的速度从地球上消失，教训十分深刻。又比如，美国西部开发初期，曾出现过严重的掠夺式开发问题，草原过牧、森林过伐、土地滥用、洪水泛滥、水质污染，造成了生态环境的严重破坏。生态环境的日益恶化不仅无益于地区自我发展能力的形成，也严重制约了这一地区经济社会的可持续发展。为此，美国政府先后制定了《泰勒放牧法》、《土壤保护和国内配额法》等多部法律，规定开矿必须复田、农牧业开发必须防止水土流失、砍伐森林必须扶植幼林、开办企业必须保护水源等措施。为治理水土流失，联邦政府先后建设了科罗拉多水系工程、阿肯色河的麦米伦克尔水利工程、汤比格比水利工程和田纳西河流域治理工程，以此改善欠发达地区的生态环境。

良好的生态环境条件是构建地区自我发展能力的必要前提。我国西部地区的生态环境同样十分脆弱，因而需要在自我发展能力培育过程中，采取必要的合理措施，形成有效的环境保护和生态建设机制。

五、实施倾斜性财政政策，提供资金保障

为了确保欠发达地区在开发过程中有充足的资金支持，各个国家都会采取积极有效的财政金融政策，通过多个渠道筹措资金投向欠发达地区。一是规范的中央财政转移支付制度。加大中央财政在欠发达地区基础设施、劳动力培训

和科技教育等领域的财政投入。二是税收优惠。比如美国的东北部和五大湖地区的征税高于南部、西部和山地诸州等经济落后地区。为激励资本向西部地区流动，联邦政府扩大州和地方政府的税收豁免权。三是政府采购。通过政府购买扶持欠发达地区企业的发展。四是灵活的金融政策。如经美国联邦政府批准，西部地区的建设项目可向社会发行债券并由州政府担保；给企业长期低息贷款；允许部分企业向社会发行股票；对效益好的中小企业提供进出口信贷等等。

六、大力发展教育科技事业，提供智力支持

“科学技术是第一生产力”。教育科技事业的发展有助于欠发达地区的自我发展能力培育。美国和苏联对欠发达地区的开发，都是通过发展教育科技事业提升地区自我发展能力的典型例子。美国在西部地区开发的各个阶段都很重视科技发展，在早期为推动农业发展，对农业科技投入大量资金；在工业化和信息化阶段，更加注重科技研发。同时向基础教育、职业教育和高等教育等各层次的教育领域投入巨额资金，以提升劳动者基本素质和工作技能。苏联在西伯利亚地区开发过程中，投入巨资建设了“科学城”。

我国西部地区教育科技事业落后，人口的文化技术素质偏低，已经成为制约西部地区自我发展能力形成的重要因素之一。因此，在新时期西部地区的开发过程中，我们应该借鉴美国和苏联依靠教育科技事业发展促进欠发达地区自我发展能力构建的成功经验，采取措施推动西部地区教育科技事业发展。

七、调动地方政府与民间力量积极性

一个地区自我发展能力的培育过程，就是通过各种措施激发区域内部潜能，并实现自我发展的过程。在这一过程中，外源性力量固然重要，但最为重要和关键的一点是区域内部行为主体是否具有发展的冲动和实现发展的能力。美国、日本和巴西等国家都在欠发达地区开发过程中，依靠调动地方政府和民间力量积极性来实现地区发展和自我发展能力构建，并且获得了丰富的成功经验。比如，美国在西部地区开发过程中，在贷款担保和投资等方面对中小企业发展实施倾斜性扶持政策，有效激发了经济发展活力，充分挖掘了地区发展的内部潜能。巴西政府鼓励企业到落后地区投资开发，并针对亚马逊自由贸易区制度相关优惠政策吸引外商投资。

另外，各国在推动欠发达地区发展的过程中，不仅注重调动企业的参与积

极性，还十分注意调动地方各级组织的积极性。比如，美国开发西部的过程中，除了联邦政府采取了大规模的财政补贴和转移支付政策外，赋予州、县等地方政府相当大的经济发展自主权。日本进行北海道开发时，将行政管理人员的配备、权力的分配和经费的支配权等下放到地方政府，充分调动了地方政府的积极性。

虽然我国西部地区的自我发展能力培育仍处于依靠中央政府大规模援助阶段，但是援助效果的好与差，以及西部地区自我发展能力的最终能否形成都依赖于西部地区地方政府和企业参与积极性的高低。因此，在西部地区自我发展能力的培育过程中，国家应该在提供财政与投资支持的同时，注重发挥地方政府、企业等经济主体的能动性，以优惠政策激发内部活力，引导资金、人才、技术流向西部落后地区，使之充分发挥效能，把大开发建立在主要依靠西部自身发奋图强、开拓进取的基础之上。

八、积极调整区域产业结构

通过调整区域产业结构，实现产业结构优化升级，是提高区域资源聚集能力和利用能力的重要途径之一。美国、日本等国家在欠发达地区的开发过程中，之所以能够在短时期内获得开发效果，实现这些地区自我发展能力的迅速提升，一条重要原因就是实施了能够促进区域产业结构转型升级的产业政策，推动了区域产业结构优化升级。20 世纪 30 年代初，美国政府颁布农业调整法，对玉米、小麦等 6 种基本农产品实行价格补贴，这一措施加快了西部和南部的农业现代化步伐。而在第一次世界大战和第二次世界大战期间，美国实施了军工产业发展政策，军工企业得到了快速发展。在冷战后期和冷战结束后，美国政府积极引导国防和军事工业向民用工业转换，有效促进了装备制造业和生产性服务业的长足发展。在最近几十年，美国政府实施推动高新科技产业的产业政策，推动工业化和信息化进程。日本在北海道地区的开发过程中，制订了工业重新布局计划，促进制造业从经济发达的“三湾一海”地带向北海道等边缘地区扩散，具体通过“据点开发”、建设“定居圈”和“技术集成城市”等措施，推动地方工业及其相关产业飞速发展。

在我国西部地区，虽然不乏成都、重庆、西安等工业经济中心，它们具有较高水平的产业发展水平，产业结构优化程度较高，具有较高的创新开发能力、要素集聚能力和资源利用能力，通过扩散效应有效带动了经济腹地的发展，但是西部地区大多数城市的产业结构是资源型，发展粗放，对环境的破坏性极大，不具可持续性，不利于区域自我发展能力的形成。因此，在西部大开发过程中，应该依托区域比较优势，充分发展现代农业、特色旅游业、资源深加工等特色优势产业。与此同时，积极培育区域竞争优势，依托西安、成都、重庆等中心城市，大力发展电子信息，光机电一体化、现代化生物医药和航空航天技术等高新技术产业，抢占产业价值链条高端。通过区域产业结构的优化升级，推动西部地区自我发展能力构建。

国外欠发达地区自我发展能力培育的成功经验，对我国西部地区的自我发展能力培育具有极强的借鉴意义；但是它们所得到的失败教训，对我国西部地区的自我发展能力培育也具有极强的警示作用。

我国西部地区的自我发展能力培育，既有欠发达地区构建区域自我发展能力的一般性，同时也有西部地区构建区域自我发展能力的特殊性。因此，在我国西部地区自我发展能力的构建过程中，既要积极借鉴国外的先进经验，加快构建进程，也要认真吸取它们的失败教训，在积极探索新的自我发展能力培育途径的同时，尽量避免那些在西部地区的特殊环境下容易产生的决策性错误。

第七章　西部地区自我发展能力构建的战略分析

第一节　西部地区自我发展能力构建的总体思路

一、既要调动本土潜能，又要吸引和嵌入外源性资源

区域自我发展能力在本质上是指一个地区依靠自身力量，对区域内外部资源进行优化配置的能力。在西部大开发纵深化推进的新时期，需要通过构建西部地区的自我发展能力，提高西部地区对资源的优化配置效率，以此推动西部地区经济社会的持续健康发展。西部地区资源的优化配置包括两个方面，一是调动本土潜能，诱使西部地区萌发实现自我发展的内在冲动；二是吸引和嵌入外源性资源，加速西部地区自我发展能力的形成过程。

依靠开发和提升本地劳动力素质，积极培育市场主体，大力发展特色优势产业，以调动内部潜能实现的本土化发展是一种源自地方内部的“自家生长”型发展模式。这种发展模式能够将本地潜在的资源优势淋漓尽致地转化为现实的经济优势，增加区域内部的财富创造，为资本积累和改善民生提供更多可能性。更重要的是，本土化的发展方式使得地区经济根植于本地资源，更能够对地区发展做出更持久和可持续的贡献，并且不会对外源性资源产生依赖性。但是，这种源自内部力量的发展形式也不是完美的，原因在于这种发展形式的实现过程中存在种种困难，诸如资本积累不够，缺乏统一、广阔的市场，缺少创业的人文环境等等，而且更重要的是本土化发展的形成需要一个长期过程。总之，本土化发展方式对地方和区域发展来说，是必不可少和有益的，但仅仅依赖本土化发展也是不够的。

在中央政府的倾斜性政策支持以及中东部地区的援助下，目前西部地区的经济社会发展已经初具基础，充分说明外源性资源对地区发展的重要性。在西

部大开发的第二个阶段内，西部地区将会继续受到国家的大力支持。西部地区应该充分利用来自于中央政府和其他地区的援助，培育自我发展能力。通过改善产业发展环境，发展产业配套，积极承接产业转移，并增强这些产业的根植性；通过技术、经济、人才和文化交流，寻求更多的合作关系，积极开拓国际和国内市场；尽可能采取反梯度技术发展战略，培育自己的竞争优势，吸引、集聚、利用外部资源，包括物质资本和人力资本。外源性资源的吸引和利用，将大大加速西部地区自我发展能力的形成和提升。

二、既要依托区域比较优势，又要培育区域竞争优势

目前我国学术界与政府决策部门基本上仍然将发挥比较优势和发展特色产业作为推进西部大开发与西部经济发展的主要目标，我们认为，从全国地域分工来看，西部地区无疑仍然是资源富集地区，继续发挥地区比较优势，开发西部地区自然、经济资源仍然具有很大潜力与发展空间，西部地区总体上应该建立资源导向的特色产业经济体系。

但是，我们也要看到，由于西部经济的历史基础和改革开放 30 年的持续经济增长，西部地区除资源经济以外的加工、制造业及其配套设施体系已经相对比较完备，在西部地区的一些特大城市和经济中心（如成都、重庆、西安等），由于交通、通信、公共服务以及生产性基础设施的改善，大大降低了与中东部之间的运输成本与交易成本，西部地区的特大城市与经济中心正在围绕建立完整产业体系实现工业化而努力，并出现了各地区之间产业结构的趋同化倾向，其结果使得地区间贸易不仅局限于传统的产业间交易，而且产业内贸易也将会大幅提升。加上运输方式的多元化共同发展，这就决定了首先在某些产业领域（如高科技产业）能够做到摆脱资源禀赋约束，继而扩展到关联产业部门，从而从传统的发挥比较优势促进西部发展的增长模式，逐步向在发挥区域比较优势的基础上不断培育区域竞争优势，建立完整的现代产业体系，实现规模经济转变，继而进入经济社会发展的赶超阶段。

同时，西部地区虽然有国家投资和政策的倾斜性支持，但依然面临着承接产业转移与抢占产业高端和价值链高端的矛盾，这其中唯一出路就是知识创新、技术创新，以及激发企业家精神来增强西部地区经济发展内在活力，实现由投资驱动的“外生”发展向由创新驱动的“自我”发展转变。依托区域比较优势完成早期的资本积累，推动西部地区自我发展能力的逐步形成；在具备一定水平的区域自我发展能力之后，依靠早期培育的区域竞争优势，扩大资源创生和集聚范围，提高资源利用能力，创造更多的社会财富，用以提高社会福

利和改善人们生活水平，进一步提升和增强自我发展能力。

三、既要遵循效率优先，又要兼顾公平

如何处理效率与公平之间的关系，是任何一个地区在发展过程中都无法回避的问题，就西部地区而言，也是如此。效率与公平具有一致性，一方面，效率是公平的物质前提、社会公平的逐步实现只有在发展生产力、提高经济效率、增加社会财富的基础上才成为可能。生产效率越高，社会财富越丰富，在社会物质文明增加的基础上构建的人类社会秩序就越完善，人们所享有的自由、民主、公平就越充分，能实现自我、完善自我的机会也就越多。公平是文明进步社会的象征，也是人类所要求的，所祈盼的，也是充分调动全社会的积极性和创造活力，实现经济又好又快发展的保证，更是社会公众的强烈愿望和殷切期待。总之，在公平与效率之间，即不能只强调效率忽视了公平，也不能因为公平而不要效率。应该寻求一个公平与效率的最佳契合点，实现效率，促进公平。

在西部地区的开发过程中，既要遵循效率优先，提高劳动生产效率，增加社会财富产出，提高资本积累和扩大再生产的可能性；也要兼顾公平，寻求经济、社会与生态之间的协调发展，以及社会发展的协调性，以此实现西部地区自我发展能力构建。

四、既要加强资源开发，又要注重环境保护与生态建设

自然生态环境是人类赖以生存和发展的基本条件，自然资源是国民经济与社会发展的物质基础。西部地区不仅是我国重要的自然资源储备区，也是重要的生态平衡和保障区。西部地区的比较优势就体现在丰富的自然资源储备，开发资源能够推动西部地区经济发展，增加社会财富和资本积累。但是在开发过程中会不可避免地造成一定程度的生态环境破坏，而良好的生态环境是实现社会发展，提高人们生存居住质量的重要条件，是实现区域自我发展的重要因素之一。就自然环境来说，生态环境的持续发展不仅是地区经济社会发展的基础，本身也是一个地区自我发展能力的重要内容。因此，在西部地区的开发过程中，既要加强资源开发，也要注重环境保护和生态建设，以此推动区域自我发展能力构建。

第二节　西部地区自我发展能力构建的主要措施

一、逐步完善国家对西部地区发展的制度安排

（一）不断完善促进西部地区发展的法律法规

借鉴国外欠发达地区自我发展能力的培育经验，完善推动西部地区发展的法律法规，构建有利于西部地区自我发展能力形成的长效机制。一是尽快出台《西部开发促进法》，为西部大开发战略的顺利推进提供基本的法律保障。二是将支持西部地区发展的投资、金融、税收、土地等方面的优惠政策以法律形式确定下来，实现西部地区发展长期政策的法制化和制度化。三是完善促进区域合作、援助的法律法规，以及环境保护和生态建设立法。通过法律规范，增强西部地区的资金吸引力和人才吸引力，不断提高西部地区的物质资本、金融资本与人力资本存量，进而推动西部自我发展能力的发育。

（二）推动资源税改革

资源税改革不仅有利于西部地区资源的合理开采和可持续利用，还有助于增加西部地区财政收入，增加资本积累。从总体来讲，现行的资源税制度仍有进一步改革或调整之处。一是改革计征方法，将“从量征收”改为“从价征收”，以销售金额为单位乘以一定的税率来计算税额。二是提高税负水平，即在现有税负水平基础上进一步提高税率。三是扩大征收范围，将水资源、森林资源、草场资源等纳入征收范围。四是将回采率或者资源开采后污染的处理情况与资源税的税率水平联系起来，制定鼓励回收利用的优惠政策。

（三）健全生态补偿机制

近几年来，在西部地区的生态补偿实践中，存在补偿目标难实现、责任主体不明确、受偿主体错位和补偿范围不到位等问题，因此需要从以下几个方面不断完善西部地区的生态补偿机制。一是依据《宪法》中关于环境保护的基本原则，尽快建立退耕还林补偿、森林生态效益补偿和矿产资源补偿费的法律制度，并且加强执法监督，确保生态补偿目标实现。二是成立专门的生态补偿负责机构，明确责任主体。建立国家、地方、区域和行业多层次的补偿系统，实行政府主导、市场运作、公众参与的多样化补偿方式，为西部生态补偿制度提供社会支撑。三是加大对西部地区的项目补偿力度，使西部地区生态建设从“输血”式补偿向“造血”式补偿转变。四是在扩大中央财政向西部省份转移支付的基础上，积极探寻多元化的补偿方式，采取政府补偿、社会补偿、国际

合作和生态移民四种方式不同的组合形式。尤其协调建立相关省区之间的横向财政转移支付制度，加大横向财政转移支付的补偿力度，并且完善财政转移支付补偿机制，强化财政转移支付。五是通过社会捐助、发行生态彩票和自愿义工的方式，开展西部地区生态的社会补偿，争取一些国际组织，如全球环境基金（GEF）、世界自然基金（WWF）等对我国西部地区的生态补偿提供更多的资金援助。六是对西部地区的禁止开发区和限制开发区以及一些特殊的生态保护区，通过财政转移支付、异地项目开发融资，贴息贷款等多种形式支持这些区域进行生态移民，确保这些地区的原生态环境不受到“开发”或破坏。

二、转变国家对西部地区的支持与援助方式

国家和东中部地区在适度加大对西部地区的支持与援助力度的同时，应尽快转变支持与援助的方式和着力点，实现支援方式由“输血式”向“造血式”转变，支援着力点由基础设施建设与生态环境保护向区域自我发展能力培育上转移。在政策制定与资金分配上，不仅要关注西部地区资源开发型项目和特色优势产业的本土化发展，也要在延长产业链条、构建相关配套产业以及发展生产性服务业等方面加大支持力度，以此增强西部地区企业的竞争力和关联度。加大对西部地区的基础教育和科技创新的支持，加强人才培训和智力资本支援，以此加快西部地区人力资本积累。

三、提升劳动力素质

通过基础教育和职业技术培训塑造当地居民的综合能力和工作技能，是培育地区自我发展能力，实现本土化发展的一个重要途径。对我国西部地区而言，在国家西部大开发战略背景下，激发经济发展的内生动力，实现由区域自我发展驱动的内生型增长，就需要从以下五个方面来开发和提升劳动力素质：第一，通过基础教育提升劳动力素质整体水平。西部地区是贫困地区和民族地区重合区域，基础教育建设落后，劳动力素质不高，这是导致西部地区难以实现自我发展的关键因素之一。通过加强基础教育，提高劳动力素质，提升区域劳动生产率，是西部地区实现持续健康发展的必然要求。第二，通过职业培训提升产业工人专业技能。在西部地区大力开展职业教育和技能培训，对产业工人提供更多技能培训机会和社会公益性技能培训等，增加劳动者的基本工作能力和专业技能。第三，通过环境创造留住或吸引高层次人才在西部地区发挥作用。创造更加宜居的生活环境，为高层次人才提供可靠的发展平台，提高待遇

吸引他们留在西部地区。第四，西部地区需要加大基本医疗卫生设施投资，改善医疗卫生条件，提高人口基本素质，增加人力资本积累。第五，针对长期或者暂时失业的群体如女性、残疾青年或老年劳动者等弱势群体，提供特殊职业技能培训使其掌握一技之长。

四、构建现代产业体系

（一）打破地域分工格局构建现代产业体系

按照信息化和新型工业化的发展要求，依据西部地区要素资源的比较优势，以现有区域产业体系为依托，以构建西部地区完整产业链条、增强区域经济内循环为目的，形成结构优化、发展集聚、关联性强的现代产业体系。在关中平原、成都平原及广西、新疆等传统农区，大力发展特色农业、生态农业和观光农业，提高农产品附加值。提高资源禀赋型产品深加工程度，在延长产业链条的同时，占据产业链条高端，增加资源型产品的附加值。依托成渝经济区、关中—天水经济区及北部湾经济区等重点区域内的工业基础，改造提升传统产业，大力发展装备制造、电子信息、化工、航空航天等地区专业化部门，积极构建以高端制造业、生物医药、环保节能、新能源、新能源汽车、新材料、新一代信息技术产业等高科技产业为核心的西部战略性新兴产业体系。在改造和提升传统服务业的技术水平、业态和服务方式的同时，发展知识型的现代服务业，尤其要发展物流、电子商务、中介等生产性服务业。

特大中心城市是区域产业多样性发展的空间结构载体，产业多样性依赖于城市发展的多样化，而西部的特大中心城市已经逐步具备产业多样性发展的“承载力”。在重庆、成都、西安、昆明、南宁、兰州等特大中心城市，应该围绕建设西部经济增长极的地区发展目标，构建完整产业发展体系，形成地理空间相互关联的三次产业结构，并根据产业发展的合理性需求进行动态调整与逐步升级。大力发展金融、物流、总部经济等生产性服务业，依托西部大城市和特大城市提高产业多样性，形成强劲的城市产业发展能力。同时，按照产业空间布局的科学性安排在中小城市发展与特大城市、大城市配套的专业化关联产业，在西部地区大尺度空间构建完整的产业分工体系，在小尺度空间建立地理上邻近与互补的产业链，形成独立的“中心—外围”地理空间经济格局，提升西部地区经济的内循环水平，增强西部资本积累能力，培育与提升区域自我发展能力。

（二）进一步推动区域产业结构优化升级

西部地区应该在国家产业政策的支持下，依托资源要素禀赋和工业发展基础，着力提升产业结构的合理化和高度化，提高产品的科技含量和附加值，真正形成造血机制和自我发展能力，形成传统优势产业、战略性新兴产业和现代服务业协调发展的新格局。

1. 依托区域优势选择主导产业

在选择主导产业时，不仅要以市场潜力大和产业关联度强作为选择标准，也要考虑这一产业的发展是否能够发展区域的资源优势和特色。西南地区选择黑色金属冶炼及压延加工业、化学原料及化学制品制造业、非金属矿物制品业、交通运输设备制造业和通用设备制造业等产业作为主导产业发展。① 西北地区选择煤炭开采和洗选业、交通运输设备制造业、石油和天然气开采业、石油加工、炼焦及核燃料加工业、电力、热力的生产和供应业、化学原料及化学制品制造业、黑色金属冶炼及压延加工业和有色金属冶炼及压延加工业等产业作为主导产业。② 同时，积极扶植潜导产业发展。依托西部地区的科技工业园和高新技术产业基地，发展微电子、光电子、新能源、生物医学工程、新材料等潜导产业，确保西部地区在条件成熟时进行产业结构合理转换。

2. 大力发展关联产业

围绕主导产业发展需要，发展后向关联产业、前向关联产业和旁侧关联产业等关联性产业，尽可能延长产业链条，提高主导产业发展的产业配套能力，降低企业生产成本，增强区域经济凝聚能力。

3. 大力发展基础产业

扩大资金来源，采取多种投资方式和经营管理方式，以适度超前的标准发展交通运输、金融、物流、邮电通信、能源供给、水电供给等生产性基础产业，房地产、生活服务、公共事业等生活性基础产业，教育、科研、卫生、环保等社会性基础产业，提升地区内基础产业的配套能力。尤其是交通运输产业，要加快建设与东中部互通互联的交通基础设施。强化建设与中东部地区相互联系、相互衔接的各类交通基础设施，逐步形成地区之间、城乡之间一体化交通发展战略格局。通过大力发展航空、铁路（包括高速铁路）、高速公路、内河水运等重大交通基础设施，降低地区间运输成本、物流成本与制度成本，为实现积极承接东中部地区产业转移，加大招商引资步伐奠定坚实基础，同时，“交通先行”也为强化地区之间产业内贸易的规模经济，降低交易成本，形成互利互惠的“双赢共存”创造条件。

---

① 孙根紧，李标. 我国西南地区产业结构趋同的实证分析［J］. 区域经济评论，2013（1）：69-74.

② 高新才，周一欣. 西北地区产业结构趋同实证研究［J］. 宁夏社会科学，2012（3）：55-60.

（三）积极承接产业转移

西部地区承接东部发达地区的产业转移，本质上是西部比较优势与东部地区优质的生产要素相结合的过程，有助于提升的要素集聚能力和利用能力，实现资源的合理配置，推动西部地区的资源优势向产业优势和经济优势转化。在这一过程中，西部地区不仅要为承接产业转移打造硬条件和软环境，也要立足本地资源与区位优势，根据不同主体功能区的定位，遵循产业结构演进规律，有选择地进行产业承接。第一，以科学发展观为指导，做好承接产业转移的相关产业规划，确保承接产业转移的质量和效率。第二，西部地区在承接产业转移的过程中，应该遵循地区比较优势原则和可持续发展原则，按照这两条原则，“有所为，有所不为”，有选择地进行承接产业转移。第三，塑造良好的产业承接环境，包括以基础设施为主的硬环境和以人文、政策、服务等为内容的软环境等。第四，根据地区承接产业转移的发展规划，大力发展基础产业，为转移进来的产业提供基本的生存与发展条件。围绕已进入或将要进入的产业，发展关联性产业，搞好产业配套，有效整合产业链，增强产业关联度，实现产业链整体的协调统一，进而促进西部地区经济发展。

另外，在承接产业转移的同时，西部地区应该注重特色优势产业的培育。一方面，推动“土生土长型”特色优势产业发展，增强产业发展本土化，充分挖掘地区比较优势；另一方面，推动原有特色优势产业和新进入产业相互融合，适时推动区域主导产业合理转换。通过增加生产环节，延长产业链条，提高产业的附加值，降低企业生产成本，增加产品利润的区内留存，提高区域的资本积累能力。

五、积极培育和完善西部区域创新体系

从主体培育、平台搭建和环境营造三个方面构建西部区域创新体系，积极培育西部地区产业创新极。建立和完善符合市场经济发展要求的技术改造与科技创新的体制机制，加大鼓励和支持技术改造与科技创新政策支持力度，确立企业在区域创新体系中的核心主体地位，发挥企业在区域创新中的中坚力量作用。通过改革运行机制，提高高校和科研院所的创新能力，增强其基础知识创新与智力支持功能。通过建设服务型政府，规范与发展为科技创新服务的社会中介机构，为企业技术创新和高校与科研机构的科研成果转化提供完善的社会服务体系。积极搭建科技成果转化和孵化平台、知识创新协作同盟与研究资源共享平台、产学研合作平台等区域创新平台，为区域创新活动提供统一载体。加强区域交通基础设施网络、通信信息网络、城市网络及科研网络建设，营造

良好的区域创新外部环境，为区域创新体系建设提供物质载体。

六、大力发展非公有制经济

通过创造一种自由、竞争、开放的商业环境，创造更多的商业机会，刺激企业家精神自发产生。

（一）解放思想，促进民营经济公平发展

一方面，健全法律法规建设，保障民营经济合法权益。为保证民营经济主体平等的法律地位，政府及主管部门要对现有法律、规章制度、操作规程中对民营经济带有歧视性的规定及做法尽快做出清理，为各类主体创造平等竞争的市场环境。另一方面，实施“非禁即入”的行业准入原则，尽快落实具体操作中所要求的实施细则和配套政策，解决民营企业的市场准入问题。

（二）进一步完善资本市场，缓解民营企业融资难问题

允许在监管有序、风险可控的条件下积极发展各类民营银行、贷款公司、投融资机构，促进民间借贷的合法化，拓宽民营企业的融资渠道。制定贷款额度中用于民营企业的比例并认真落实，尽可能简化民营企业的贷款程序，鼓励商业银行根据市场变化和企业需求，适时拓展服务领域，并对创新型的民营企业优先予以支持。建立多元化的融资担保渠道，在风险可控的前提下创新融资担保形式，鼓励地方政府发挥融资担保主导作用。

（三）加大扶持力度，降低企业的生产经营成本

加强对公平经济秩序的维护，加大执法力度，打击哄抬原材料价格等行为，稳定原材料价格，为民营企业发展营造公平有序的竞争环境。设立产业升级配套专项资金，根据民营企业的发展情况，在资金、土地、技术、人才等方面给予优惠政策，加强政策设计并同步形成具体实施方案，使扶持、优惠政策落到实处。制定和落实对于民营企业的税收优惠政策，出台财政补贴、税收优惠与社会投资相结合的扶持、优惠政策，简化纳税程序，并全力落实税收优惠政策，减轻民营经济经营者的负担。

（四）促进人力资本积累，增强民营企业竞争力

一是进一步支持民营企业创造自主知识产权和企业品牌，用产品档次和服务水平的提高来增强企业的核心竞争力，使企业有能力开拓市场、实现利润，提升企业经济实力。二是支持民营企业加强人才队伍建设，增加高素质人才储备；创新引进人才的方式，吸引高层次人才和高技能人进入西部地区的民营企业。建立完备的创业教育培训体系，实现教育培训的制度化，提高民营企业家的经营管理能力。三是要创造良好的科技创新文化环境，营造企业家和专业技

术人员成长的良好氛围，促进民营企业人员的学习及交流。

（五）提升政务服务水平，优化民营经济发展外部环境

一是政府部门要改变观念，不断探索“决策”、“执行”、“监督”职能分离的体制改革，使政府真正成为市场监管、社会管理、公共服务的主角。切实做到“政企分开”，为民营企业的发展营造一个良好的运行环境。二是引导企业向园区集中，促进产业聚集，形成特色园区，增强市场竞争力和外在知名度；发挥园区设施的整体效能，节约成本，实现可持续发展。通过园区发展平台，也能为企业集中提供服务，降低政务服务成本。三是通过政府引导、协会协助，建立一个以企业为主体的交流与合作的网络平台，为民营企业提供合作与交流的信息与渠道，搭建不同经济主体的交流平台，形成自我服务的网络体系，并进行适当的指导，不仅可以使各经济主体相互促进，形成良性循环。

七、促进基本公共服务均等化

中央政府应该尽快制订全国性基本公共服务均等化发展规划，进一步明确基本民生性公共服务、公共事业性服务、公益基础性服务和公共安全性服务的覆盖范围、形成标准、投入重点和发展步骤，提高西部地区地方政府推进基本公共服务的积极性。推进西部地区资源税改革和生态补偿机制，对资源和生态资本给予更多的税收政策倾斜，增加西部地区的财政收入。完善中央对地方转移支付制度，加大对西部地区的转移支付力度。

西部地区通过培养市场主体，扩大税基，改革税收征管办法，提高税收总额，增强地方财政自给能力。建立多元的基本公共服务供给机制，在坚持以政府为主体的基础上，创造条件和环境，引入市场机制，逐步形成由多元社会主体参与的基本公共服务供给机制。完善省以下财政转移支付制度，重点明确地、县财政支出管理责任，通过建立财政支出考核机制，强化地、县政府在基本公共服务方面的支出责任。科学合理地建立县、乡基本财力保障机制，增强基层政府提供基本公共服务的能力。

东部发达地区在不断加强对西部地区进行经济和技术援助的同时，在进一步加强在义务教育、基本医疗等基础性公共服务领域建设的对口支援的同时，建立起一种长效帮扶机制，逐步改善西部地区基本公共服务状况。

八、加强区域合作

一方面，加强西部地区各个省份之间的合作。通过基础设施网络对接、资

源开发、环境保护、特色旅游、优势产业协作与配套等方面的合作，加强资源合作与共享，充分发挥西部地区比较优势。重点突出成渝经济区、关中—天水经济区与北部湾经济区在高新技术、装备制造、航空航天、现代农业等领域的交流与合作，培育西部地区的竞争优势，增强创新开发能力、集聚能力和利用能力。

另一方面，加强西部地区与中东部地区之间的交流合作，完善区域开放型经济体系。继续推进与东部发展地区在产业、项目、产品科技、人才、信息等方面交流合作，实现优势互补、互利共赢、共同发展。基于西部地区的比较优势，积极承接来自于长三角、泛珠三角、京津冀等地区高端制造业、高新技术产业、现代服务业、现代农业、新能源和节能环保产业。另外，以进出口贸易和吸引投资为重点，加强与港澳台地区的交流与合作。

九、扩大对外开放

（一）扩大对外贸易

不断改善对外贸易环境，发挥西部地区“沿边、沿桥、沿江”优势（丁任重，2001）[①]，进一步扩大对外贸易规模，优化对外贸易结构，扩大向西向南开放的新局面。第一，建立健全推动西部地区开放型经济发展的政策体系，通过不断完善涉外服务体系，加强与外贸相关的知识产权保护，开展国际市场动态性研究，加强信用评级制度建设，以及增加跨境贸易人民币结算试点等措施改善对外贸易环境。第二，通过政策支持，鼓励各类企业开展进出口贸易，帮助企业充分依托西部地区的劳动力成本比较优势，以及在资本、技术等方面逐步培育形成的竞争优势参与国际市场竞争，扩大对外贸易规模。第三，提高出口产品中的技术含量和附加值，鼓励发展服务外包产业，大力推动服务贸易发展，鼓励进口先进技术设备和稀缺资源，优化对外贸易结构。第四，在巩固与北美、欧盟、日本、韩国和港澳台地区的传统经贸合作的同时，加强新疆的边境贸易，加快推进广西北部湾经济区的开发开放，积极融入中国—东盟自由贸易区，增进与南亚、中亚、西亚、非洲等新兴潜力市场的经贸合作。

（二）提高利用外资水平

营造良好的外资引进环境，创新利用外资方式，提高外资利用的规模与质量，加快西部地区资本积累。第一，设立专门的外资引进工业园区，加强产业发展硬件建设，提高服务水平，优化产业的发展环境。举行积极开展国际高端

---

① 丁任重. 西部地区经济的潜在优势与开发思路［J］. 福建论坛：经济社会版，2001（1）：5-7.

会议、展览、文化艺术体育等官方或民间交流活动，促进外界对西部地区加深了解。吸引更多国际组织办事机构、外国领事馆在成都、西安、重庆、昆明、南宁等城市落户，与外国交往常态化。第二，创新利用外资方式。引导企业在海外资本市场融资包括海外上市、发行债券、取得国外优惠贷款和国际商业贷款等。探索通过 BOT、TOT、PPP、ABS 等方式更充分的利用外资。第三，强化产业链招商和专业化招商，推动本土企业与外资产业链的衔接。根据成渝经济区、关中—天水经济区、北部湾经济区等重点区域的产业发展需要，以完善重点产业的产业价值链为目标进行选择性招商引资，推动外商投资企业增资扩产，鼓励上下游配套产业集聚发展，打造分工明确、优势突出、配套完善的产业集群。同时，引导外资投向现代服务业、高新技术产业、现代制造业、现代农业等领域，支持跨国公司在成都、西安、重庆等中心城市设立地区总部、研发中心、采购中心、财务管理中心等各种功能性机构。

（三）加强国际经济合作与交流

积极参与国际市场产业分工以适应对外开放新形势，不断提高对外经济合作与交流水准，推动西部地区外向型经济发展。提升对外承包工程和劳务合作的层次，重点支持企业承揽交通水利、通信电力、航站港口等基础设施项目以及生物医药、航空航天等新兴产业项目。实施“走出去”战略，鼓励西部地区有实力的企业通过直接投资或海外并购等方式全球范围内配置生产资源。通过在海外科技资源密集地区设立研发中心的方式，利用境外科技条件和智力资源开发具有自主知识产权的新技术、新产品，积极拓展国际市场。建立包括多层次对话机制、信息交流机制、保障和预警机制以及摩擦和争端解决机制在内的多种合作交流机制。

第八章　结语

第一节　主要结论

本书利用文献分析法、比较分析法、历史分析法，以及规范分析与实证分析相结合、定性分析与定量分析相结合的分析方法，对区域自我发展能力的形成机制与构建途径展开了系统研究。在文献分析的基础上，我们重新界定了区域自我发展能力的内涵，深入分析了区域自我发展能力的形成机理，探讨了区域自我发展能力的生成路径，并利用自行设计的区域自我发展能力评价指标体系，对我国西部地区自我发展能力水平进行了实证分析。基于上述理论分析和实证研究，我们可以得出以下几点结论：

一、构建区域自我发展能力是实现西部地区持续健康发展的根本要求

具备一定水平的自我发展能力，是一个地区实现持续健康发展的根本条件。通过培育欠发达地区的自我发展能力，推动欠发达地区持续发展，是缩小地区发展差距，促进区域协调发展的根本出路。区域自我发展能力在本质上是一种资源优化配置能力，其作用机制依赖于区域系统内部力量的发挥。也就是说，即使在没有外部力量的推动下，一个地区在自我发展能力的作用下依然能够很好地进行资源配置，实现经济社会的内源型发展。

西部大开发战略实施以来，我国西部地区在大量“外源性力量”推动下实现了快速发展，在缩小地区差距、促进区域协调发展方面取得了可喜的成绩，但是如果在开发过程中没有构建西部地区自我发展能力，那么一旦这些“外源性力量”消失，西部地区仍将重返落后和贫穷，而且地区差距将依然存在。由此看来，这种依靠“外源性力量”推动的发展方式终究不是长久之计，只有通过区域开发逐步培育西部地区的自我发展能力，才是推动西部地区持续

健康发展，进而缩小地区差距，实现区域协调发展的根本之道。

二、西部地区自我发展能力形成受多种因素影响

一个地区的自我发展能力是多种影响因素相互作用的综合结果。西部地区自我发展能力形成的影响因素包括自然条件、自然资源、区位条件、物质资本、劳动力资源、科学技术、社会制度和偶然性历史事件等，这些因素相互交织，共同决定着西部地区自我发展能力的形成与否及水平高低。另外，西部地区自我发展能力的表现主体包括西部地区内企业、家庭、地方政府和非政府组织，因而西部地区自我发展能力的形成动力就源于这四个主体的参与积极性。同时中央政府和全国性非政府组织的行为同样对西部地区自我发展能力形成产生影响，这两个行为主体的积极性则是西部地区自我发展能力形成的外部动力。由此说来，西部地区在自我发展能力的形成过程受内部动力和外部动力的共同影响。西部地区自我发展能力的形成受多种因素影响，也必然可以通过多个途径进行构建，这些途径包括开发与提升本土劳动力、培育企业家精神、促进技术进步、优化区域产业结构与空间布局、培育经济增长极、转变地方政府职能，等等。

三、西部地区自我发展能力水平低下

一个地区自我发展能力水平的高低，是与其他地区相互比较而言的。通过设计区域自我发展能力评价指标体系，对全国 31 个省份的自我发展能力水平进行测算、比较，结果发现西部地区各个省份的自我发展能力水平在全国排名都靠后，而东部地区各个省份相对靠前，中部地区各个省份次之。由此得出结论：我国西部地区的自我发展能力水平低下。其原因在于，与东部发达地区相比，我国西部地区整体上自然环境恶劣，区位条件不佳，历史文化传统相对保守，加之长期以来国家对西部地区发展的制度安排不完善，导致西部地区资本积累缓慢，高素质劳动力缺乏，区域创新能力和竞争能力低下。

四、西部各地区自我发展能力水平存在差异

我们发现各个省份以及四川省内各个地区之间的自我发展能力水平也不一样。有些省份的自我发展能力水平高，比如四川、重庆、陕西，而另外一些省份的自我发展能力水平相对较低，比如西藏、广西、青海等。同样，在四川省

内部，有些地区的自我发展能力水平较高，比如成都、德阳、绵阳，而另外一些地区的自我发展能力水平相对较低，比如甘孜，阿坝，凉山和巴中等。另外，各个地区在区域自我发展能力的分级指标评价中的表现也存在差异，一些地区在一些指标评价中表现很好，而在另一些指标评价中表现则较差，而一个地区自我发展能力总体水平则取决于这一地区各个指标评价水平的综合情况。在广袤的西部地区内部，各个地区之间的发展条件和发展基础不同，从而使得西部地区的自我发展能力水平呈现出区域差异性特征。

第二节　可能的创新点

一、科学界定了区域自我发展能力的内涵

在分析区域、发展和能力三个概念深切涵义的基础上，对区域自我发展能力进行了重新界定，并阐述了区域自我发展能力的丰富内涵。作者认为，区域自我发展能力是指在发展过程中，区域主体基于自身现实条件，依靠系统内部发展机制，充分利用区域内外部各种资源，发挥区域优势、扬长避短，挖掘区域发展潜力，激发区域发展活力，以实现区域内部经济、社会、生态等持续健康发展的一种能力。它是一种综合性概念，是强调在开放环境下，依靠区域系统自身力量对区域内外部的各种资源进行优化配置以实现区域的内源型发展能力，其本质是区域系统利用自身力量对区域内外部各种资源实现优化配置的能力。区域自我发展能力具有空间一般性，欠发达地区、中等发达地区和发达地区都面临着地区自我发展能力培育、提升或维持问题。

二、提出了区域自我发展能力的阶段性特征

在区域自我发展能力阶段性特征分析中，我们将一个地区的自我发展能力水平发展分为四个阶段：初始发展阶段、较低自我发展能力水平阶段、较高自我发展能力水平阶段和完备自我发展能力水平阶段。阐述了一个地区在每个自我发展水平阶段的表现，间接回答了“一个地区实现什么样的发展状态，才算是具有了自我发展的能力？”这一问题。

三、构建了区域自我发展能力形成机理的理论模型

区域自我发展能力的承载主体包括区域内部企业、家庭、地方政府和非政

府组织，而区域自我发展能力形成的推动主体除上述四类行为主体外，还包括区域外部的中央政府和其他地区。区域内部企业、家庭、政府和非政府组织在区域自我发展能力的形成过程中发挥根本性基础作用，而来自中央政府和其他地区的推动力量要通过区域内部行为主体发挥作用，但其强弱则能够加快或延缓地区自我发展能力的形成进程。

四、为“西部地区自我发展能力低下”这一论断提供了有力证据

通过构建区域自我发展能力评价指标体系，对东、中、西部地区自我发展能力对比分析，研究结论直接支持了“西部地区自我发展能力低下”这一直观判断，也为东西部地区发展差距的长期存在找到了深层次原因，为实现区域协调发展提供了一个全新的视角。

第三节　进一步研究展望

一、区域自我发展能力阶段性相关研究

在理论研究中，我们探讨了区域自我发展能力的一般性阶段特征，但是在实际发展过程中，处于同一自我发展能力水平阶段的不同类型地区，或同一地区在不同自我发展能力水平阶段都会因具有不同的自我发展能力要素构成，而表现出独特的自我发展特征，这些特征是我们判断一个地区是否具有自我发展能力及其自我发展能力水平高低的标准。因此，对处于同一自我发展能力水平阶段的不同类型地区的自我发展能力构成要素进行比较分析，以及对同一地区在不同自我发展能力水平阶段的自我发展能力要素构成进行历史演进角度考察都是很有意义的研究方面。

二、基于不同视角的西部区域自我发展能力构建研究

从总体上对西部地区自我发展能力构建进行研究固然是好事，但是因过于宏观难免导致研究结论相对粗糙。因此，可以考虑从不同的视角对西部地区的自我发展能力构建进行研究，比如产业发展、城市建设、财税制度、金融市场建设等较为细致的层面进行专题研究。

三、西部各种类型地区自我发展能力构建研究

在西部地区内部，各个地区的自我发展能力水平之间也有很大差异，而且处于同自我发展能力水平阶段的地区所具有的能力构成要素也存在很多差异，这种差异性必然导致各个地区自我发展能力构建路径各不相同。因此，要从地级市层面对西部地区的自我发展能力水平进行整体把握，因地制宜地按照一定的标准对各个地区进行分类，针对各种具有不同自我发展能力构成要素的地区，分别对其自我发展能力构建途径进行研究。

参考文献

[1] Amartya Sen. "The Concept of Development", in T. N. Srinivisan and H. B. Chenery, eds., Handbook of Development Economics 1 (Amsterdam: Elsevier Science Publishers), 1988: 9-26.

[2] Armstrong, H. and Taylor, J. Regional Economics and Policy (3rd edn). Oxdord: Blackwell, 2000.

[3] Arrow, Kenneth J., The Economic Implications of Learning by Doing [J]. Review of Economic Studies, 1962, 29: 156-172.

[4] Barro, Robert J., Economic Growth in a Cross Section of countries [J]. Quarterly Journal of Economics , 1999: 106.

[5] Becker, G. S. Investment in human capital: a theoretical analysis', Journal of Political Economy LXX: 1962: 9-49.

[6] Beer, A., Haughton, G., and Maude, A. Developing Locally: An International [M]. Comparison of Local and Regional Economic Development. Bristol: Policy Press, 2003: 5.

[7] Canzanelli, G., Overview and Learned Lessons on Local Economic Development, Human Development, and Decent Work. Geneva: ILO/Universitas Working Paper, 2001: 6. www.ilo.org/public/english/universitas/publi.htm.

[8] Chong-EnBai, ZhigangTao, Bureaucratic Integration and Regional Specialization in China, China Economic Review, 2008, 19 (2): 308-319.

[9] Cornelia Flora, Jan L. Flora, Gary P. Green, Frederick E. Schmidt. Rural Economic Development Through Local Self-Development Strategies' [J]. AGRICULTURE AND HUMAN VALUES - SUMMER, 1991, 19-24.

[10] DanO'Donogllue and Ivan J. Townshend. Diversifieation, Specialization, Convergence and Divergence of Sectoral Employment Structures in the British Urban System, 1991-2001 [J]. Reg Studies, 2005, 395: 585-601.

[11] Firestone S. Diverse cities and knowledge spillovers. The Annals of Regional Science, 1998, 44 (1): 1-20.

[12] Gary P. Greena, Jan L. Florab, Cornelia Florac & Frederick E. Schmidtd. Local Self-Development Strategies: National Survey Results [J]. Community Development Society Journal, 1990, 21 (2): 55-73.

[13] Geddes, M. and Newman, I. Evolution and Conflict in Local Economic Development, Local Economy, 1999, 13 (5): 12-25.

[14] Glaeser, E. L., H. D. Kallal, and J. A. Scheinkman. Growth in Cities [J]. Journal of Political Economy, 1992, 100 (6): 1126-1152.

[15] Haughton, G. and Counsell, D., Regions, Spatial Strategies and Sustainable Development. London: Routledge and Regional Studies Association, 2004.

[16] Henderson, J., Dicken, O., Hess, M., Coe, N. and Yeung H. W-C. Global production networks and the analysis of economic development, Review of international Political Economy, 2002, 9 (3): 436-464.

[17] Henry Bruton, "Import Substitution," in T. N. Srinivisan and H. B. Chenery, eds., Handbook of Development Economics , Amsterdam: Elsevier Science Publishers, 1989: 1602.

[18] Jacobs, J. The Economy of Cities [M]. New York: Vintage Press, 1969.

[19] Jan L. Flora, Gary P. Green, Edward A. Gale, Frederick E. Schmidt, Cornelia Butler Flora. Self-Development: A viable Rural Development Option? [J]. Policy Studies Journal, 1992, 20 (2): 276-288.

[20] Jeff S. Sharpa, Jan L. Florab. Entrepreneurial Social Infrastructure and Growth Machine Characteristics Associated with Industrial-Recruitment and Self-Development Strategies in Nonmetropolitan Communities [J]. Community Development Society Journal, 1999, 30 (2): 131-153.

[21] Jeff S. Sharp, Kerry Agnitsch, Vern Ryan, Jan Flora. Social infrastructure and community economic development strategies: the case of self-development and industrial recruitment in rural Iowa [J]. Journal of Rural Studies, 2002 (18): 405-417.

[22] Kueh, Y. Y., Foreign Investment and Economic Change in China, The China Quarteerly, 1992, 637-681.

[23] Lucas Robert E. , Jr., On the Mechanics of Development [J]. Journal of Monetory Economies, 1988, 22: 3-40.

[24] Malizia, EE and Ke, S. The influence of economic diversity on employment and stability [J]. Journal of Regional Science, 1933, 33 (2): 221-235.

[25] Massey, D. Spatial Divisions of Labour: Social Structure and the Geography of Production, London: Macmillan, 1995.

[26] Mitchell, S. New rules for the new localism: favoring communities, deterring corporate chains', Multinational Monitor 23 (10-11): 1-10.

[27] Morgan, K. 2004, Sustainable regions: governance, innovation and scale, European Planning Studies, 12 (6): 871-889.

[28] Myrdal, G. Economic Theory and Under-Development Regions, London Duckworth, 1957: 26.

[29] P. Krugman, Geography and Trade, Cambridge, MA: MIT Press, 1991a.

[30] Rammel C. and J. C. van den Bergh. Evolutionary policies for sustainable development: Adaptive flexibility and risk minimizing [J]. Ecological Economics, 2003 (47): 121-133.

[31] Regional Economic Development, Edited by B. Higgins and D. J. Savoie, Unwin Hyman Ltd, 1988.

[32] Romer, P. M. Increasing returns and long-run growth [J]. Journal of Political Economy, 1986, 94 (5): 1002-1037.

[33] Simmie J. Innovation and urban regions as national and international nodes for the transfer and sharing of knowlege. Reg Stud, 2003 (6): 607-620.

[34] Storper, M. The Reional World: Territorial Development in a Global Economy. London: Guilford. 1997.

[35] Toni Saarivirta. In Search of Self-Renewal Capacity——Defining concept and its theoretical framework. University of Tampere Research Unit for Urban and Regional Development Studies. SENTE Working Papers, 2007 (10): 1-11.

[36] Williams, R. Keywords. London: HarperCollins. 1983: 103.

[37]（澳）罗伯特·J. 斯廷森，罗杰·R. 斯托，布莱恩·H. 罗伯茨. 区域经济发展分析与规划战略 [M]. 朱启贵，译. 上海：格致出版社，上海人民出版社，2012.

[38]（德）奥古斯特·勒施. 经济空间秩序 [M]. 王守礼，译. 北京：商务印书馆，2010.

[39]（德）柯武刚，史漫飞. 制度经济学：社会秩序与公共政策 [M]. 韩朝华，译. 北京：商务印书馆，2008.

[40]（法）弗朗索瓦·佩鲁. 略论增长极概念［M］. 经济学译丛，1988（9）.

[41]（美）W. 艾萨德. 区域科学导论［M］. 陈宗兴，等，译. 北京：高等教育出版社，1991.

[42]（美）阿林·杨格. 报酬递增与经济进步［J］. 经济体制比较，1996（4）.

[43]（美）阿瑟·奥沙利文. 城市经济学［M］. 周京奎，译. 北京：北京大学出版社，2008.

[44]（美）艾伯特·赫希曼. 经济发展战略［M］. 曹征海，潘照东，译. 北京：经济科学出版社，1991.

[45]（美）艾德加·M. 胡弗，弗兰克·杰莱塔尼. 区域经济学（中译本）［M］. 郭万清，等，译. 上海：上海远东出版社，1992.

[46]（美）道格拉斯·C. 诺思. 制度、制度变迁与经济绩效［M］. 刘瑞华，译. 上海：上海三联书店，1994.

[47]（美）凡勃伦. 有闲阶级论［M］. 蔡受百，译. 北京：商务印书馆，1964.

[48]（美）菲利普·阿吉翁，彼得·霍伊特. 内生经济增长［M］. 陶然，倪彬华，译. 北京：北京大学出版社，2004.

[49]（美）赫希曼. 经济发展战略［M］. 北京：经济科学出版社，1991.

[50]（美）杰弗里·萨克斯，费利普·拉雷恩. 全球视角的宏观经济学［M］. 费方域，等，译. 上海：格致出版社，上海三联出版社，上海人民出版社，2006.

[51]（美）迈克尔·波特. 国家竞争优势［M］. 李明轩，邱如美，译，北京：华夏出版社，2002.

[52]（美）斯图亚特·R. 林恩. 发展经济学［M］. 王乃辉，倪凤佳，范静，译. 上海：上海人民出版社，2009.

[53]（美）斯图亚特·R. 林恩. 发展经济学［M］. 王乃辉，倪凤佳，范静，译. 上海：格致出版社，上海三联书店，上海人民出版社，2009.

[54]（美）托达罗. 第三世界经济发展（上）［M］. 于同申，等，译. 北京：中国人民大学出版社，1988.

[55]（美）约翰·奈斯比特 .90 年代世界十大趋势［M］. 北京：中国经济出版社，1991.

[56]（美）詹姆斯·A. 道，等. 发展经济学的革命［M］. 黄祖辉，蒋文华，译. 上海：上海三联书店，2000.

[57]（瑞典）贝蒂尔·奥林. 区际地区间贸易和国际贸易［M］. 王继祖，译. 北京：首都经济贸易大学出版社，2008.

[58]（瑞典）纲纳·缪尔达尔. 世界反贫困的挑战［M］. 顾朝阳，等，译. 北京：北京经济学院出版社，1991.

[59]（苏）全俄经济区划委员会. 苏联经济区划问题［M］. 北京：商务印书馆，1961.

[60]（印）阿马蒂亚·森. 以自由看待发展［M］. 任赜，于真，译. 北京：中国人民大学出版社，2002.

[61]（英）E. F. 舒马赫. 小的是美好的［M］. 虞鸿钧，郑关林，译. 北京：商务印书馆，1984.

[62]（英）阿弗里德·马歇尔. 经济学原理［M］. 廉运杰，译. 北京：华夏出版社，2005.

[63]（英）阿弗里德·马歇尔. 经济学原理：上卷［M］. 北京：商务印书馆，1997.

[64]（英）安迪·派克，安德烈·罗德里格斯·珀斯，约翰·托梅尼. 地方和区域发展［M］. 王学峰，等，译. 上海：上海人民出版社，2011.

[65]（英）大卫·李嘉图. 政治经济学及赋税原理［M］. 郭大力，王亚南，译. 南京：译林出版社，2011.

[66]（英）亚当·斯密. 国富论［M］. 郭大力，王亚南，译. 南京：译林出版社，2011.

[67] 安虎森. 增长极理论评述［J］. 南开经济研究，1997（1）.

[68] 安虎森，等. 新经济地理学原理［M］. 北京：经济科学出版社，2009.

[69] 安虎森，蒲业潇. 循环累积因果机制与我国区域协调发展［J］. 华中师范大学学报：人文社会科学版，2010，49（3）.

[70] 茶洪旺. 区域经济理论新探与中国西部大开发［M］. 北京：经济科学出版社，2008.

[71] 钞小静，任保平. 中国经济增长质量的时序变化与地区差异分析［J］. 经济研究，2011（4）.

[72] 陈才. 区域经济地理学［M］. 北京：科学出版社，2001.

[73] 陈栋生，等. 区域经济学［M］. 郑州：河南人民出版社，1993.

[74] 陈健生. 西部开发制度分析两题［J］. 经济学家，2002（2）.

[75] 陈秀山. 中国区域经济问题研究［M］. 北京：商务印书馆，2007.

[76] 陈秀山，张可云. 区域经济理论［M］. 北京：商务印书馆，2007.

[77] 程必定. 效率、公平与区域协调发展 [J]. 财经科学, 2007 (5).

[78] 程必定. 区域经济学 [M]. 合肥: 安徽人民出版社, 1989.

[79] 程必定. 区域和区域经济学的研究对象 [J]. 安徽财贸学院学报, 1989 (3).

[80] 程广斌, 任严岩, 程楠, 张盼盼. 西部地区自我发展能力——内容解构、评价模型与综合测评 [J]. 工业技术经济, 2014 (1).

[81] 单海鹏. 西部大开发: 10 年绩效评价 [J]. 兰州商学院学报, 2010, 26 (1).

[82] 丁任重. 西部经济发展与资源承载力研究 [M]. 北京: 人民出版社, 2005.

[83] 丁任重. 经济区的理论与实践 [M]. 西安: 陕西人民出版社, 1988.

[84] 丁任重. 经济增长: 资源、环境和极限问题的理论争论与人类面临的选择 [J]. 经济学家, 2005 (4).

[85] 丁任重. 西部地区经济的潜在优势与开发思路 [J]. 福建论坛: 经济社会版, 2001 (1).

[86] 丁任重, 李标. 马克思的劳动地域分工理论与中国的区域经济格局变迁 [J]. 当代经济研究, 2012 (11).

[87] 恩格斯. 反杜林论, 载马克思恩格斯选集: 第三卷 [M]. 北京: 人民出版社, 1995.

[88] 樊纲, 王小鲁, 张立文, 朱恒鹏. 中国各地区市场化相对进程报告 [J]. 经济研究, 2003 (3).

[89] 反复论证 天府新区选址成都之南 [EB/OL], http://scnews.newssc.org/system/2011/12/26/013405477.shtml, 2011-12-26.

[90] 范恒山. 我国促进区域协调发展的理论与实践 [J]. 经济社会体制比较, 2011 (6).

[91] 方创琳. 区域发展规划论 [M]. 北京: 科学出版社, 2000.

[92] 费洪平. 区域经济增长理论再评述 [J]. 改革与战略, 1994 (1).

[93] 甘峰. 内发式发展与公共治理 [M]. 北京: 人民出版社, 2009.

[94] 高新才, 周一欣. 西北地区产业结构趋同实证研究 [J]. 宁夏社会科学, 2012 (3).

[95] 谷国峰. 区域经济发展的动力系统研究 [M]. 东北师范大学出版社, 2008.

[96] 郭将. 中国区域差距扩大与公平问题研究——基于比较优势的思考 [J]. 经济问题探索, 2009 (10).

[97] 郭岚. 中国区域差异与区域经济协调发展研究 [M]. 成都：巴蜀书社，2008.

[98] 郭丽. 区域后发优势实现机制研究 [M]. 长春：吉林大学出版社，2009.

[99] 郭利平，沈玉芳. 新经济地理学的进展与评价 [J]. 学术研究，2003 (7).

[100] 郭蓉，李晓红. 基于要素聚集的区域自我发展能力差异分析 [J]. 山地农业生物学报，2013，32 (6).

[101] 郭蓉，李晓红“区域自我发展能力”的经济学界定及经验含义 [J]. 经济问题，2013 (7).

[102] 郭熙保，胡汉昌. 后发优势新论 [J]. 武汉大学学报：哲学社会科学版，2004，57 (3).

[103] 国家统计局. 中国统计年鉴 (2012) [M]. 北京：中国统计年鉴出版社，2012.

[104] 郝寿义，安虎森. 区域经济学 [M]. 北京：经济科学出版社，2004.

[105] 何顺果. 比较开发史 [M]. 北京：世界图书出版公司，2002.

[106] 洪银兴. 从比较优势到竞争优势——兼论国际贸易的比较利益理论的缺陷 [J]. 经济研究，1997 (6).

[107] 侯景新，尹卫红. 区域经济分析方法 [M]. 北京：商务印书馆，2004.

[108] 胡鞍钢. 中国：走向区域协调发展 [J]. 经济前沿，2007 (Z1).

[109] 黄陵东. 内发的变迁 [M]. 北京：社会科学文献出版社，2007.

[110] 江世银. 区域产业结构调整与主导产业选择研究 [M]. 上海：上海人民出版社，2004.

[111] 姜文仙. 区域协调发展的动力机制研究 [D]. 暨南大学博士学位论文，2011.

[112] 靳卫东，高波，吴向鹏. 企业家精神：含义、度量和经济绩效的评述 [J]. 中南财经政法大学学报，2008 (4).

[113] 李昌明. 中国区域发展态势、差距、原因及对策研究 [J]. 经济学动态，2010 (2).

[114] 李国璋，周彩云，江金荣. 区域全要素生产率的估算及其对地区差距的贡献 [J]. 数量经济技术经济研究，2010 (5).

[115] 李建平，李闽榕，高燕京，等. 中国省域经济综合竞争力发展报告

(2005—2006)［M］. 北京：社会科学文献出版社，2007.

［116］李盛刚. 甘肃精神与甘肃民族地区的自我发展［J］. 西北民族大学学报：哲学社会科学版，2008（5）.

［117］李正中，韩智勇. 企业核心竞争力：理论的起源及内涵［J］. 经济理论与经济管理，2010（8）.

［118］联合国开发计划署. 1993年人文发展报告［EB/OL］. http://ch.undp.org.cn/，1993.

［119］梁琦. 产业集聚论［M］. 北京：商务印书馆，2006.

［120］梁双陆. 西部自我发展能力构建的理论思考［C］. 西部省区市社科联第四次协作会议暨西部发展能力建设论坛论文集，2011.

［121］林建华，任保平. 西部大开发战略10年绩效评价：1999—2008［J］. 开发研究，2009（1）.

［122］林善炜. 中国经济结构调整战略［M］. 北京：中国社会科学出版社，2003.

［123］林世昌. 生产全球化的发展变革与我国经济发展能力的构建［M］. 上海行政学院学报，2008，9（1）.

［124］林毅夫. 后发优势与后发劣势［J］. 经济学（季刊），2003，2（4）.

［125］林毅夫. 后发国家究竟是有优势还是劣势？［J］. 经济前沿，2002（10）.

［126］林毅夫. 自生能力、经济发展与转型：理论与实证［M］. 北京：北京大学出版社，2004.

［127］林毅夫. 自生能力与改革的深层次问题［J］. 经济社会体制比较，2002（2）.

［128］林毅夫，刘培林. 自生能力和国企改革［J］. 经济研究，2001（9）.

［129］林毅夫，谭国富. 自生能力、政策性负担、责任归属和预算软约束［J］. 经济社会体制比较，2000（4）.

［130］刘秉镰，杜传忠. 区域产业经济概论［M］. 北京：经济科学出版社，2010.

［131］刘凤朝，潘雄锋，施定国. 基于集对分析法的区域自主创新能力评价研究［J］. 中国软科学，2005（11）.

［132］刘学敏. 国外典型区域开发模式的经验与借鉴［M］. 北京：经济科学出版社，2010.

［133］卢现祥. 新制度经济学［M］. 武汉：武汉大学出版社，2004.

[134] 陆大道. 区位论及区域研究方法 [M]. 北京：经济科学出版社，1988.

[135] 陆大道. 区域发展及其空间结构 [M]. 北京：科学出版社，1999.

[136] 陆大道，等. 中国区域发展的理论与实践 [M]. 北京：科学出版社，2003.

[137] 罗守贵，曾尊固. 可持续发展研究述评 [J]. 南京大学学报，2002，39 (2).

[138] 罗晓梅，何关银，陈纯柱. 从生存方式变革看待发展——西部生存方式变革与自我发展能力研究 [M]. 重庆：重庆出版社，2007.

[139] 聂华林，李泉，杨建国. 发展区域经济学通论 [M]. 北京：中国社会科学出版社，2006.

[140] 马克思恩格斯全集：第1卷 [M]. 北京：人民出版社，1956.

[141] 马克思恩格斯全集：第39卷 [M]. 北京：人民出版社，2004.

[142] 马克思恩格斯选集：第16卷 [M]. 北京：人民出版社，1964.

[143] 马克思恩格斯选集：第23卷 [M]. 北京：人民出版社，1972.

[144] 马克思恩格斯选集：第4卷 [M]. 北京：人民出版社，1972.

[145] 孟庆红. 区域优势的经济学分析 [M]. 成都：西南财经大学出版社，2000.

[146] 闵庆文，李文华. 区域可持续发展能力评价及其在山东五莲的应用 [J]. 生态学报，2002，22 (1).

[147] 欧阳峣. 大国综合优势 [M]. 上海：格致出版社，2011.

[148] 彭定赟. 中国区域基尼系数的测算及其非参数模型研究 [J]. 中南财经政法大学学报，2012 (5).

[149] 彭文斌，刘友金. 我国东中西三大区域经济差距的时空演变特征 [J]. 经济地理，2010，30 (4).

[150] 邵建平，何晓琦. 区域可持续发展能力“三阶段增长模型”解析 [J]. 科技进步与对策，2008，25 (5).

[151] 沈坤荣. 中国经济转型期的政府行为与经济增长 [J]. 管理世界，1998 (2).

[152] 盛洪. 分工与交易 [M]. 上海：上海三联书店，上海人民出版社，2006.

[153] 石风光，李宗植. 中国区域经济差距收敛性的协整检验 [J]. 管理评论，2010，22 (4).

[154] 世界银行. 世界发展报告：变革世界中政府 [M]. 北京：中国财政

经济出版社，1997.

[155] 孙冬煜，王震声. 自然资本与环境投资的涵义 [J]. 环境保护，1999 (5).

[156] 孙根紧，丁志帆. 经济增长极的选择与培育 [J]. 理论观察，2011 (6).

[157] 孙根紧，李标. 我国西南地区产业结构趋同的实证分析 [J]. 区域经济评论，2013 (1).

[158] 孙久文，夏文清. 区域差距与亟待解决的问题 [J]. 改革，2011 (6).

[159] 万劲波，叶文虎. 地方政府推进区域可持续发展能力建设的思考 [J]. 中国软科学，2005 (3).

[160] 汪丁丁. 创新：企业家的自由 [J]. 沪港经济，1997 (1).

[161] 王必达. 后发优势与区域发展 [M]. 上海：复旦大学出版社，2004.

[162] 王国新. 论西藏传统文化在西部大开发中的作用 [D]. 西南师范大学硕士学位论文，2002.

[163] 王建廷. 区域经济发展动力与动力机制 [M]. 上海：上海人民出版社，2007.

[164] 王磊，赵大新，苏鸿，柏文喜. 大开发：世界各国开发落后地区实录 [M]. 北京：北京图书馆出版社，2000.

[165] 王绍光，胡鞍钢. 中国国家能力报告 [M]. 沈阳：辽宁人民出版社，1993.

[166] 王淑莉. 新经济地理与区域经济学研究述评——以区域为例 [J]. 广西社会科学，2006，132 (6).

[167] 王小鲁，樊纲. 中国地区差距的变动趋势和影响因素 [J]. 经济研究，2004 (1).

[168] 王艳华，等. 基于资源禀赋、技术学习的企业自生能力构建 [J]. 商业研究，2008 (11).

[169] 卫炜，刘客. 邓小平理论发展史 [M]. 上海：上海人民出版社，2002.

[170] 魏后凯. 现代区域经济学 [M]. 北京：经济管理出版社，2011.

[171] 魏后凯. 西方区域经济发展理论 [J]. 开发研究，1990 (5).

[172] 魏后凯. 外商直接投资对中国区域经济增长的影响 [J]. 经济研究，2002 (4).

[173] 魏后凯，高春亮. 中国区域协调发展态势与政策调整思路 [J]. 河南社会科学，2012，20 (1).

[174] 吴传清. 马克思主义区域经济理论研究 [M]. 北京：经济科学出版社，2006.

[175] 肖慈方. 中外欠发达地区经济开发的比较研究 [D]. 四川大学博士学位论文，2003.

[176] 幸强国. 西部跨越式发展的国际比较 [M]. 成都：西南财经大学出版社，2006.

[177] 徐承红. 产业集群与西部地区经济竞争力研究 [M]. 成都：西南财经大学出版社，2006.

[178] 徐康宁. 产业聚集形成的源泉（自序） [M]. 北京：人民出版社，2006.

[179] 徐李全. 地域文化与区域经济发展 [J]. 江西财经大学学报，2005，38 (2).

[180] 许召元，李善同. 近年来中国地区差距的变化趋势 [J]. 经济研究，2006 (7).

[181] 闫磊，姜安印：区域自我发展能力的内涵和实现基础——空间管制下区域自我发展能力研究 [J]. 甘肃社会科学，2011 (2).

[182] 杨开忠. 中国区域发展研究 [M]. 北京：海洋出版社，1989.

[183] 杨瑞龙，杨其静. 追踪新制度经济学的最新发展动态 [J]. 经济学动态，2003 (11).

[184] 杨晓光，樊杰，赵燕霞 .20 实际 90 年代中国区域经济增长的要素分析 [J]. 地理学报，2002，57 (6).

[185] 殷存毅. 区域协调发展：一种制度性的分析 [J]. 公共管理评论，2004 (2).

[186] 余永跃. 当代中国西部大开发的制度创新 [M]. 北京：中国社会科学出版社，2005.

[187] 张敦富. 区域经济学原理 [M]. 北京：中国轻工业出版社，1999.

[188] 张敦富. 区域经济开发研究 [M]. 北京：中国轻工业出版社，1998.

[189] 张二勋，陈晓霞 .20 世纪国外发展观的嬗变与启示 [J]. 城市问题，2008 (5).

[190] 张军扩，侯永志. 中国区域政策与区域发展 [M]. 北京：中国发展出版社，2010.

[191] 张美涛，陈永志．政府政策与区域经济差距的新经济地理学思考［J］．贵州社会科学，2012（7）．

[192] 张艳．试论回族文化对宁夏区域经济发展的影响［J］．现代经济，2008，7（3）．

[193] 赵祥．趋同还是趋异？——一个关于区域经济差距变动的新视角［J］．江淮论坛，2012（4）．

[194] 郑长德．中国民族地区自我发展能力构建研究［J］．民族研究，2011（4）．

[195] 郑长德．世界不发达地区开发史鉴［M］．北京：民族出版社，2001.

[196] 郑京淑，吴秦．产业结构多样性化对区域经济发展的影响——研究综述与政策启示［J］．广东外语外贸大学学报，2010（5）．

[197] 中共中央、国务院在北京召开西部大开发工作会议［EB/OL］．http://www.gov.cn/ldhd/2010-07/06/content_1647116.htm，2010-07-06.

[198] 中国社会科学院语言研究所词典编辑室．现代汉语词典［M］．北京：商务印书馆，1997.

[199] 中华人民共和国国民经济和社会发展第十二个五年规划纲要［N］．中国青年报，2011-03-17.

[200] 中央政府门户网站．地方概览［EB/OL］．http://www.gov.cn/test/2007-08/07/content_708271.htm.

[201] 周黎安．晋升博弈中政府官员的激励与合作——简论我国地方保护主义和重复建设问题长期存在的原因［J］．经济研究，2004（6）．

[202] 周起业，刘再兴，祝诚，张可云．区域经济学［M］．北京：中国人民大学出版社，1989.

[203] 朱孔来．创新、自主创新、自主创新能力相关理论研究［J］．山东工商学院学报，2008（5）．

[204] 朱玲．文献研究的途径［J］．经济研究，2006（2）．

[205] 朱玉福．西部大开发10周年：成就、经验及对策［J］．贵州民族研究，2010，31（3）．

后　记

本书是在我的博士学位论文《中国西部地区自我发展能力及其构建研究》基础上，经过扩充、修改而成的。在本书即将出版之际，几多感慨与感激油然而生。

首先要感谢的是我的第一导师丁任重教授。在三年的博士阶段学习中，丁老师从平时的论文写作、课堂讨论到课题研讨都不辞辛劳地给予指导，我所取得的每一点进步无不凝聚着恩师的心血。在毕业论文写作过程中，从选题、构思到最终完成，始终得到了丁老师的悉心指导。丁老师渊博的理论知识、睿智的思维、独到的见解，使我在论文构思与写作过程中得到了很大启发和帮助。丁老师严谨的治学态度、执着的探索精神、一丝不苟的工作作风，给我树立了人生榜样，使我终生难忘。

感谢我的第二导师陈健生研究员。在博士论文的写作过程中，我得到了陈老师的悉心指导，每每与他交谈，都会有很大的收获。他严谨的治学态度、一丝不苟的学风、敏捷而富于逻辑的思维、深厚的理论修养和高尚的情操都给我留下了深刻的印象。不仅如此，作为长辈和朋友，陈老师在生活上也给予了我无微不至的关心和帮助，陈老师乐观、奋进、豁达的人生态度潜移默化地影响着我，使我受益终身。

师恩难忘，在此谨向两位恩师表达我衷心的感谢！

感谢导师组的徐承红教授。我在平时的课程学习、课题写作，以及毕业论文的选题、构思、写作过程中都得到了徐老师的悉心指导。在日常的交往中，徐老师还教给我许多做人、处事的道理，使我终身受益。再次向徐老师致以诚挚的谢意！

感谢同门的陈静博士，她不远千里从北国新疆到成都求学，她的精神激励着我努力学习。感谢河南大学的丁志帆博士、河南工业大学的李文启博士、北京师范大学的张亮亮博士，以及康传坤博士、舒锐博士、马俊伟博士、高文玲博士、徐成波博士、刘海二博士、韩晓娜博士、张广宇博士、胥兴安博士、老大哥彭闯博士和刘大伟博士，感谢他们在日常生活中对我的鼓励和帮助。还要感谢李标、朱博、臧志宜、邹金凤、何悦、李俞、张未、华敬志、俞磊等师弟师妹，是他们让我在学校不再觉得孤单。

感谢四川农业大学旅游学院领导和同事在本书稿修改过程中给予的支持和帮助！

还要十分感谢许多知名和不知名的专家、学者，正是您的专著、论文给了我许多启迪和可供引用的资料及数据，我已尽量在文中一一标注，但难免有疏漏之处，在此表示歉意！

感谢我的父亲母亲，三十多年来无怨无悔地抚育我，给予我无私的爱。已过而立之年的我仍没有机会尽孝道，心中充满愧疚，希望能在以后的日子里多多弥补吧。

感谢我的岳父岳母对我生活上的照顾和学习上的支持，更重要的是感谢他们养育了一位温柔贤惠的女儿，并同意把她嫁给我。

感谢我的哥哥姐姐，没有他们的支持，我现在可能就是一个在建筑工地上光着膀子干活的小工，也就没有机会在这风景如画的校园里心情愉悦地工作和学习了，谢谢他们给予我无私的关爱。

感谢我的爱人王燕，对我生活无微不至的照顾，对我学习的支持和督促，让我身体健康，学习进步。我取得的博士学位，其中有一半是属于她的；书稿的顺利完成，有她很大的功劳。

仅以此书献给多年来给予我关心、支持与帮助的亲朋好友，也献给为我付出一切的亲人们！

孙根紧

2014 年春于都江堰